Germanistische
Arbeitshefte     36

Herausgegeben von
Otmar Werner und Franz Hundsnurscher

Gabriele Diewald

# Grammatikalisierung

Eine Einführung
in Sein und Werden
grammatischer Formen

Max Niemeyer Verlag
Tübingen 1997

Die Deutsche Bibliothek – CIP-Einheitsaufnahme

*Diewald, Gabriele Maria:*
Grammatikalisierung : Eine Einführung in Sein und Werden grammatischer Formen / Gabriele
Diewald. – Tübingen : Niemeyer, 1997
  (Germanistische Arbeitshefte ; 36)

ISBN 3-484-25136-0    ISSN 0344-6697

Gedruckt auf alterungsbeständigem Papier.
Druck: Weihert-Druck GmbH, Darmstadt
Buchbinder: Industriebuchbinderei Hugo Nädele, Nehren

# Inhaltsverzeichnis

# Vorbemerkung

Die vorliegende Arbeit ist der Versuch einer Integration. Ausgangspunkt ist die germanistische Linguistik mit ihren bei uns oft deutlich getrennten Schwerpunkten der diachronen und der synchronen Erforschung und Beschreibung des Deutschen. Integriert werden soll eine Forschungsrichtung, die sich in den letzten zehn bis fünfzehn Jahren unter dem Stichwort der Grammatikalisierung geformt und entfaltet hat. Ihr zentrales Anliegen ist die Untersuchung der Entstehung grammatischer Sprachzeichen aus dem Lexikon und der Verstärkung der grammatischen Funktion bereits bestehender grammatischer Formen. Die Untersuchung solcher Gegenstände ist nicht neu; die historische Sprachwissenschaft befaßt sich schon immer mit derartigen Phänomenen als einem Teilbereich des Sprachwandels. Die Neuartigkeit der Grammatikalisierungsforschung ergibt sich aus ihrer spezifischen Perspektive: die kontinuierliche Entstehung immer neuer grammatischer Elemente und die Flexibiltät grammatischer Systeme werden als Grundprinzipen der Sprache betrachtet und ins Zentrum der Forschung gerückt. Dadurch kann die Vorstellung eines stabilen synchronen Zustands nicht aufkommen, die Grenzen zwischen Synchronie und Diachronie erweisen sich als prinzipiell künstlich. Nicht nur die Einbeziehung dieser Forschungsrichtung in die Germanistik ist also integrativ, auch die inhaltliche Tendenz der Grammatikalisierungsforschung weist eine integrierende Zusammenführung verschiedener Zweige der Sprachwissenschaft auf.

Die bahnbrechende Arbeit für diesen neuen Ansatz (für den es natürlich Vorläufer gab) ist Christian Lehmanns Schrift von 1982 mit dem Titel *Thoughts on grammaticalization: A programmatic sketch, vol. I.* Als "graue Literatur" in den Arbeiten des Kölner Universalien-Projekts (Nr 48) war sie schnell vergriffen und ist erst seit 1995 im Buchhandel erhältlich. Trotz der eingeschränkten Zugänglichkeit erfuhr sie eine begeisterte Rezeption und löste eine ganze Reihe von Arbeiten zu diesem Thema aus.

Von den zentralen Arbeiten zur Grammatikalisierung seien nur einige genannt: so Heine/Reh 1984 zur Grammatikalisierung in afrikanischen Sprachen; die universalistisch orientierte empirische Untersuchung zur Morphologie von Bybee 1985, sowie Bybee/Pagliuca/Perkins 1994. Eine Fülle von Einzelunteruchungen enthalten die zweibändige Sammlung von Traugott/Heine, Hgg., 1991 und der Sammelband von Pagliuca, Hg., 1994. Auch liegen inzwischen sehr nützliche Nachschlagewerke zu diesem Forschungsgebiet vor: so Lessaus dreibändiges terminologisches Wörterbuch zur Grammatikalisierung von 1994 und das Lexikon typischer Grammatikalisierungkanäle in afrikanischen Sprachen von Heine [u. a.] 1993. Der Einführung von Heine/Claudi/Hünnemeyer 1991, die die synchrone Perspektive in den Vordergrund stellt, und der Einführung von Hopper/Traugott 1993, die diachrone Aspekte betont, ist die vorliegende Arbeit in besonderem Maße verpflichtet.

Der Hintergrund der genannten Werke ist meist sprachtypologisch-universalistisch mit teilweise starker Ausrichtung auf außereuropäische Sprachen. In der Germanistik ist die

Grammatikalisierungsforschung bisher noch nicht in dem ihr zukommenden Maße rezipiert worden, was sich vor allem im Fehlen einer auf das Deutsche - als Objekt- und Metasprache - zugeschnittenen Einführung bemerkbar macht. Dadurch ist die Lehrbarkeit dieses Forschungsgebietes im Rahmen eines germanistischen Studienganges stark eingeschränkt. Die vorliegende Einführung will hier in zweifacher Hinsicht Abhilfe schaffen. In deutscher Sprache geschrieben, soll sie zum einen den Studierenden die Rezeption dieses komplexen Gegenstandes erleichtern, zum andern behandeln die vier ausführlichen Fallstudien Probleme der deutschen Sprache in den Bereichen der Hilfsverben und der nichtflektierenden Wortarten, also Themen, die in Einführungskursen und Syntaxseminaren erfahrungsgemäß eher am Rande behandelt werden.

Aus dieser Zielsetzung ergibt sich für den Aufbau der Arbeit ein Wechsel zwischen Theoriekapiteln (das sind die Kapitel 1, 3 und 5), die der Vermittlung der Forschungsinhalte dienen, und illustrativen Fallstudien (Kapitel 2 und 4), die die theoretischen Erkenntnisse auf Grammatikalisierungserscheinungen im Deutschen anwenden.

Den Anstoß zu dieser Einführung gab ein an der Universität Erlangen-Nürnberg gehaltenes Proseminar in der germanistischen Linguistik mit dem Titel "Grammatikalisierung". Mein Dank gilt allen Teilnehmerinnen und Teilnehmern dieser Veranstaltung für ihre engagierte Mitarbeit und Wißbegierde.

# 1. Was ist Grammatikalisierung?

In diesem ersten Kapitel sollen die Grundbegriffe geklärt werden, die zur Beschreibung von Grammatikalisierungsprozessen unverzichtbar sind. Dabei geht es zunächst nur um eine möglichst exakte Beschreibung der formalen Eigenschaften der grammatikalisierten Zeichen. Die Beschreibung von kognitiven und kommunikativen Strategien sowie von Motiven, die den Grammatikalisierungsvorgängen zugrunde liegen, bleibt den späteren Kapiteln vorbehalten. In Abschnitt 1.1. wird das begriffliche und terminologische Instrumentarium vorgestellt, das zur Beschreibung der verschiedenen Zeichen bzw. Morphemtypen, die bei der Grammatikalisierung relevant sind, von Nutzen ist. In Abschnitt 1.2. geht es um die Analyse von Grammatikalisierungsprozessen, die ja graduell und kontinuierlich ablaufen, um bestimmte prägnante Stufen und um die Richtung dieser Vorgänge.

## 1.1. Verschiedene Aspekte der Grammatikalisierung

Die Sprachzeichen können, wenn man von den Eigennamen absieht, in zwei große Gruppen eingeteilt werden: die lexikalischen Zeichen und die grammatischen Zeichen. Andere Benennungen für diese beiden Gruppen sind "Inhaltswörter" versus "Funktionswörter", "auto-semantische Zeichen" versus "synsemantische Zeichen" oder auch "Lexem" versus "Grammem" (Henne 1995:553).[1] Schon Sapir (1921:99ff.) unterscheidet Zeichen, die "basic concepts", also "konkrete Inhalte", ausdrücken, von solchen, die "relational concepts", also "abstrakte" Beziehungen, ausdrücken.

Die meisten der genannten Begriffspaare sind nicht optimal, da sie stark vereinfachen und jeweils eine Eigenschaft der zu klassifizierenden Zeichen benennen, die zwar prototypisch ist, aber eben nicht immer zutrifft. So haben auch die "Funktionswörter" einen "Inhalt" (sonst wären sie keine Sprachzeichen), doch ist diese Inhaltskomponente im Vergleich zu den "Inhaltswörtern" merkmalsarm und nicht dominant. Obwohl also die genannte binäre Klassifikation eine Vereinfachung ist, die im folgenden mehrfach revidiert werden muß, kann sie zunächst als Ausgangsbasis dienen, da sie hervorstechende und intuitiv einleuchtende Grundtypen von Zeichen beschreibt. Die lexikalischen Zeichen dienen der Benennung von außersprachlichen Inhalten, z.B. der Beschreibung von Dingen oder Vorgängen. Sie haben denotative Funktion. Die grammatischen Zeichen dagegen dienen dazu, Beziehungen zwischen

---

[1] Man findet auch die Unterscheidung zwischen lexikalischen und grammatischen "Formativen" (Anderson 1985:150), zwischen "full words" und "form words" (Matthews 1993:110), oder auch zwischen "content words" und "function words" (Sasse 1993:652). Wertvolle Hinweise zu terminologischen Fragen der Grammatikalisierung gibt das "Dictionary of Grammaticalization" von Lessau (1994).

den Sprachzeichen oder zwischen Sprachzeichen und Sprechsituation herzustellen. Sie haben relationale Funktion. Dazu ein Beispiel:

(1)     *Sabine muß zu Fuß gehen, weil sie den letzten Bus verpaßt hat.*

In diesem Satz sind *gehen*, *Bus* und *verpaßt* lexikalische Zeichen, die außersprachliche Inhalte darstellen. *Weil*, *sie* und *hat* dagegen sind grammatische Zeichen. Die Konjunktion *weil* bringt eine Relation zwischen den beiden Teilsätzen zum Ausdruck, das Personalpronomen *sie* stellt eine Verbindung zu *Sabine* her und das Hilfsverb *hat* bildet mit dem Partizip II *verpaßt* das Perfekt und bringt als Tempusform das Verhältnis zwischen Sprechzeit und Ereigniszeit zum Ausdruck.

Mit dieser inhaltlichen bzw. funktionalen Differenzierung von zwei Zeichentypen überschneidet sich die formale Differenzierung nach freien und gebundenen Morphemen. Freie Morpheme können ohne Hinzufügung weiterer Elemente als selbständige Wörter auftreten, gebundene Morpheme sind nur in Verbindung mit weiteren Morphemen wortfähig. *Weil* ist ein freies grammatisches, *Bus* ein freies lexikalisches Morphem. In *gehen* dagegen liegt das gebundene lexikalische Morphem *geh-* vor, das, wenn man vom Imperativ *geh!* absieht, nur in Verbindung mit einem weiteren Morphem ein vollständiges Wort ergibt. In diesem Fall ist es das gebundene grammatische Morphem *-en*, das hier den Infinitiv signalisiert. Gebundene grammatische Morpheme heißen auch Affixe; je nach Stellung werden sie differenziert in Präfixe (vor dem lexikalischen Element, z.B. *ver-* in *verpaßt*), Suffixe (hinter dem lexikalischen Element, z.B. *-en* in *gehen*) und Infixe (in das lexikalische Element eingeschoben, z.B. Wortbildungen mit eingeschobenem *-un-* wie *entscheidungs-un-freudig* aus *entscheidungsfreudig*, siehe Fleischer/Barz 1992:33). Eine weitere Unterscheidung der Affixe richtet sich nach ihrer Funktion: dienen sie der Wortbildung, so heißen sie Derivative (z.B. *-bar* in *lesbar*), dienen sie der Wortformenbildung, also der Flexion, so heißen sie Flexive (z.B. das Plural-*s* in *Autos*, dazu später; vgl. Linke/Nussbaumer/Portmann 1991:62ff.).

Die Beispiele aus Satz (1) zeigen, daß sowohl grammatische als auch lexikalische Zeichen jeweils frei oder gebunden auftreten können. Das leicht veränderte Diagramm aus Henne (1995:554) veranschaulicht die Zusammenhänge:

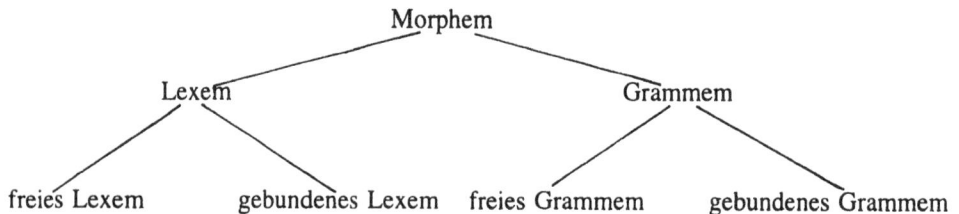

Die Bezeichnung Grammem entspricht in etwa dem, was Bybee/Dahl (1989:51) "gram" nennen: Es ist ein Sammelbegriff für alle grammatischen Zeichen ohne Rücksicht auf ihre morphologische Gestalt, ihre Freiheit oder Gebundenheit, und umfaßt daher Präfixe, Suffixe, Infixe, Präpositionen, Postpositionen, Klitika, Auxiliare, Reduplikation, Suppletion, Ablaut und andere (Aufzählung nach Bybee/Dahl 1989:51, vgl. Abschn. 1.2.). Mit diesem Begriff wird also der gesamte Bereich der grammatischen Erscheinungen überspannt, ob sie nun traditionellerweise zur Morphologie oder zur Syntax gerechnet werden.

Die Symmetrie des Diagramms ist in gewisser Hinsicht irreführend. Es besteht nämlich die Tendenz, daß lexikalische Zeichen eher frei, grammatische Zeichen eher gebunden auftreten. Schon Sapir (1921:106f.) hält fest, daß die Grundkonzepte ("basic concepts"), die Gegenstände, Handlungen und Eigenschaften benennen, normalerweise durch freie Morpheme oder Wurzelelemente ausgedrückt werden, während die relationalen Konzepte ("relational concepts") vorwiegend durch Affixe oder durch Stammveränderung ("inner modification of radical elements") realisiert werden (auch Linke/Nussbaumer/Portmann 1991:61). Bybee 1985 zeigt anhand einer statistischen Untersuchung der Verbmorphologie einer zufallsgenerierten Auswahl von 50 Sprachen, daß eine Beziehung besteht zwischen der Art der Bedeutung und der Art der sprachlichen Form, in der diese Bedeutung ausgedrückt werden kann (z.B. Bybee 1985:7f.).

Darauf ist an späterer Stelle einzugehen; hier sei nur eine generelle Feststellung gemacht, die im folgenden immer wieder von Bedeutung sein wird, daß nämlich bei den Phänomenen, die hier betrachtet werden, nicht mit absoluten, hundertprozentigen Aussagen zu rechnen ist, sondern mit mehr oder weniger starken Tendenzen. Die beiden in scheinbarem Gegensatz stehenden Aussagen, das Diagramm einerseits, die Erkenntnisse von Sapir und Bybee andererseits, können also zu einer Tendenzaussage vereinigt werden, die so lautet: Zwar können sowohl grammatische und lexikalische Zeichen frei oder gebunden auftreten, doch besteht die Tendenz, grammatische Zeichen als gebundene Morpheme zu realisieren, was sich u.a. darin zeigt, daß beim Sprachwandel freie grammatische Morpheme häufig zu gebundenen werden und folglich freie grammatische Morpheme seltener sind als gebundene.

Ein weiterer Unterschied zwischen lexikalischen und grammatischen Zeichen betrifft die Größe und Geschlossenheit der jeweiligen Gruppe (die als Wortart oder als Flexionsparadigma realisiert sein kann). Lexikalische Zeichen, z.B. die Adjektive, bilden ein sehr lockeres Wortfeld, das nur durch die Wortartenkategorie zusammengehalten wird. Es handelt sich um eine offene Klasse, die Zahl ihrer Mitglieder ist nicht bestimmbar, da ständig neue hinzukommen und alte verlorengehen. Grammatische Zeichen dagegen neigen zu strenger Paradigmatisierung; sie bilden geschlossene Klassen, d.h. es gibt eine begrenzte und benennbare Anzahl von Mitgliedern, die weitgehend konstant bleibt (vgl. auch Schachter (1985:4f.,23f.) und Sasse (1993:652f.) zu den offenen und geschlossenen Wortarten). Eine geschlossene Klasse sind zum Beispiel die Hilfsverben der Tempusbildung im Deutschen, die nur die drei Elemente *haben, sein* und *werden* umfaßt.

Dies bedeutet nun aber nicht, daß keinerlei neue grammatische Zeichen entstehen können. Ein kurzer Blick in die Sprachgeschichte zeigt, daß auch geschlossene grammatische Klassen Veränderungen ihres Mitgliederbestandes erfahren. So ist z.B. das deutsche Futur mit *werden* + Infinitiv eine Form, die sich erst im Laufe der letzten Jahrhunderte in dieser Funktion herausgebildet hat. Die geschlossene grammatische Klasse der Tempusmorpheme ist damit erweitert und wesentlich umstrukturiert worden. Es ist ein Charakteristikum der geschlossenen im Gegensatz zu den offenen Klassen, "daß punktuelle Veränderungen tendenziell eingreifende Auswirkungen auf das gesamte Inventar haben" (Henne 1995:553), d.h. daß eine einzige

Veränderung mit einer Verschiebung und Restrukturierung des ganzen Paradigmas verbunden sein kann.

Zwar neigen, wie oben ausgeführt, lexikalische Zeichen dazu, als freie Morpheme in offenen Klassen aufzutreten, grammatische Zeichen dagegen neigen zur Realisierung als gebundene Morpheme in geschlossenen Klassen, doch ist diese Zuordnung eine starke Idealisierung. Es gibt sogar Zeichen, die sich einer definitiven Zuordnung zu einer der beiden Klassen wiedersetzen. Ein Beispiel ist *haben*:

(2)  *Sie hat gelacht.*

(3)  *Sie hat ihr Zimmer aufzuräumen.*

(4)  *Sie hat eine Katze.*

In Satz (2) liegt *hat* als grammatisches Zeichen vor: es dient als Hilfsverb zur Bildung des Perfekts. In Satz (4) dagegen ist *hat* ein lexikalisches Zeichen: es hat eine denotative Bedeutung, die man mit 'besitzen' umschreiben kann. Dieses Bedeutungselement ist in Satz (2) nicht vorhanden. Angesichts dieses Unterschieds ist es nicht möglich, *haben* insgesamt und pauschal entweder den lexikalischen oder den grammatischen Zeichen zuzuordnen. Die Wörterbücher geben meist einen Eintrag, ein Lemma, *haben* und führen die Hilfsverbverwendung als Bedeutungsvariante unter diesem einen Lemma an (z.B. Paul/Henne 1992). Für die Grammatiken sei der Duden 1995 exemplarisch zitiert. Dort heißt es: "*Hilfsverben* sind die Verben *haben*, *sein* und *werden*, wenn sie der Umschreibung von Verbformen (zusammengesetzte Tempora, Passiv) dienen" (Gelhaus 1995:92). Während also die Wörterbücher die funktionale Unterscheidung zwischen Vollverb und Hilfsverb tendenziell eher als Bedeutungsunterschied darstellen, setzen die Grammatiken für ein Verb wie *haben* eine doppelte Zuordnung zu zwei funktionalen Gruppen bzw. Wortklassen, nämlich Vollverb und Hilfsverb, voraus. Je nach Darstellungsinteresse nimmt man also klare Kategorisierungen in der einen oder anderen Richtung vor: die Wörterbücher heben eher die Einheit des sprachlichen Ausdrucks in verschiedenen Verwendungen hervor, die Grammatiken betonen die funktionalen Differenzierungen.

Wie steht es nun aber mit Satz (3)? Ist *hat* hier ein grammatisches oder ein lexikalisches Zeichen? Liegt *haben* in diesem Satz in einer lexikalischen oder in einer grammatischen Bedeutung vor? Oder muß man von einem dritten Zeichentyp ausgehen, der zwischen den beiden anderen liegt? Derartige Abgrenzungsprobleme sind keineswegs selten. Die disjunkten Kategorien, die in der Linguistik zur Beschreibung der Sprache angesetzt werden, also z.B. die Wortartenkategorien "Vollverb" und "Hilfsverb", sind Idealisierungen, die zwar viele sprachliche Einheiten angemessen klassifizieren, bei anderen jedoch versagen. Sprachliche Kategorien lassen sich nicht durchgängig als disjunkt, d.h. mit Entweder-Oder-Entscheidungen, beschreiben, sondern sie weisen kontinuierliche Übergänge auf. Auch darauf hat Sapir (1921:108) schon hingewiesen. Er stellt fest, daß die Unterscheidung zwischen lexikalischen und grammatischen Konzepten zwar eigentlich eine "unüberwindbare Kluft" ("impassable gulf") darstellt; diese Kluft werde jedoch in der Sprache durch eine kontinuierliche Skala überbrückt, die unmerklich von den konkretesten Inhalten zu den subtilsten Relationen führt.

Bezüglich der Kategorisierungsfrage im verbalen Bereich spricht Reis 1976 sich daher für eine flexible, gradierende Betrachtung aus und fordert, daß "ein adäquates Grammatikmodell [...] in der Lage sein [müßte], Vielfalt und 'Übergänglichkeit' der Fakten im Auxiliar- und Verbalbereich als solche zu beschreiben" (280). Die Grammatikalisierungsforschung, die zum Zeitpunkt von Reis' Forderung noch kaum existent war, ist nicht nur in der Lage, dies zu tun, also die Übergangsfälle zwischen den sauber getrennten Kategorien zu integrieren, sondern sie kehrt die Argumentationsrichtung quasi um und erwartet von vorne herein keine scharfen Grenzen zwischen Einheiten und Kategorien; sie geht stattdessen von verschiedenen Grammatikalisierungsgraden aus.

Am radikalsten tut dies Paul Hopper mit seinem Konzept der "emergent grammar" (1988, 1990, 1991). Er betont, daß die Grammatik des synchronen Zustands einer Sprache letztlich kein deutlich abgegrenztes, homogenes und stabiles Regelsystem ist, wie wir im allgemeinen anzunehmen gewohnt sind, seit de Saussure den Begriff der *langue* prägte. Stattdessen beschreibt er die Grammatik als eine Ansammlung von "sedimentierten" wiederkehrenden Teilen, deren mehr oder weniger regelhafte Strukturen nie stabil oder vollständig sind, sondern permanent im Sprachgebrauch verändert werden (1988:118). Diese 'entstehenden Strukturen' ("emergent constructions" 1991:27) sind daher nicht eindeutig und definitiv von lexikalischen und phraseologischen Erscheinungen zu trennen (1991:19). In einem solchen Modell, das die unaufhörliche Dynamik der Bildung und Umbildung musterhafter Strukturen zum Grundprinzip macht, stellt die Frage nach festen kategorialen Einordnungen nicht die zentrale Frage dar, was nicht heißen soll, daß sie überhaupt nicht gestellt wird.[2] Dieser Punkt verdient Beachtung und wird von Givón (1989:XVII) sehr deutlich hervorgehoben: Die Tatsache, daß es keine absolute Ordnung gibt, heißt nicht, daß es absolut keine Ordnung gibt.

Die Aufgabe, die sich die Grammatikalisierungsforschung setzt, ist es, diese mehr oder weniger "starken" Ordnungen und die mehr oder weniger ausgeprägte Kategorialität von Formen zu untersuchen. Mit Bezug auf *haben* kann man daher festhalten, daß es im heutigen Deutsch in mehreren Verwendungsweisen auftritt, die auf einer Skala von lexikalischer zu grammatischer Bedeutung angeordnet werden können. Die Verwendungen als Vollverb wie in Satz (4) und als Perfektauxiliar wie in Satz (2) sind dabei jeweils der lexikalische bzw. der grammatische Endpunkt der Grammatikalisierungsskala.

Das gleichzeitige Auftreten eines sprachlichen Zeichens in verschiedenen Stufen zwischen lexikalischer und grammatischer Funktion stellt den *synchronen Aspekt* der Grammatikalisierung dar, dem ein *diachroner Aspekt* hinzugefügt werden kann (vgl. Lehmann 1985). Letzterer betrifft die Entstehung grammatischer Bedeutung bei einem Zeichen, das zunächst nur lexikalische Bedeutung hatte. Es war dieser historische Aspekt der Grammatikalisierung, der zuerst in der Sprachwissenschaft Beachtung fand und Anlaß zur inzwischen berühmten ersten Definition der Grammatikalisierung gab. Sie stammt von Meillet [1912] 1926, der in dem Aufsatz "L' évolution des formes grammaticales" zeigt, daß grammatische Formen durch zwei verschiedene Prozesse entstehen, nämlich einerseits durch Analogie, d.h. durch die

---

[2] Hopper ist soweit zuzustimmen, als er die Flexibilität und den ständigen Umbau des Sprachsystems betont; nicht mehr nachvollziehbar scheint dagegen die gelegentlich durchklingende Auffassung, daß es keinerlei feste, verbindlich regelhafte Strukturen in der Sprache gebe.

Bildung einer Form "sur le modèle d'une autre" ('nach dem Modell einer anderen', S. 130), oder eben durch Grammatikalisierung, die er beschreibt als "le passage d'un mot autonome au rôle d'élément grammatical" ('der Übergang eines autonomen Wortes in die Rolle eines grammatischen Elements', S. 131) und "l'attribution du caractère grammatical à un mot jadis autonome" ('die Zuweisung eines grammatischen Charakters an ein einst autonomes Wort', S. 131). Meillet war nicht der erste, der auf solche Erscheinungen aufmerksam wurde; schon Humboldt untersuchte in einer Abhandlung von 1822 "das Entstehen der grammatischen Formen" ([1822] 1988:31-63). Einen Überblick über die Vorgänger der heutigen Grammatikalisierungsforschung gibt Lehmann (1982:1-8).[3]

Die Entwicklung von *haben*, dessen verschiedene Verwendungsweisen im heutigen Deutsch schon kurz vorgestellt wurden, ist auch ein gutes Beispiel für den diachronen Aspekt der Grammatikalisierung. Die Verwendung von *haben* + Partizip II als Vergangenheitstempus, wie in Satz (2)

    (2)   *Sie hat gelacht*,

ist eine noch relativ junge Erscheinung im Deutschen. In den älteren Sprachstufen des Deutschen wurde der Bezug auf relativ zur Sprechzeit vergangene Sachverhalte nicht durch eine sogenannte analytische bzw. periphrastische ('umschreibende') Konstruktion (die Verbindung aus Hilfsverb und Vollverb) ausgedrückt, sondern synthetisch durch die Flexion des Hauptverbs. Auch heute haben wir noch ein synthetisches Vergangenheitstempus, nämlich das Präteritum wie in *wusch* und *lachte*. Dieses wird jedoch in vielen Fällen durch die analytischen Formen *hat gewaschen, hat gelacht* ersetzt.[4] Darin zeigt sich die weitreichende Tendenz des Deutschen vom synthetischen zum analytischen Sprachbau, auf die später noch einzugehen ist.

In älteren Sprachstufen des Deutschen besaß also *haben* noch nicht so stark grammatikalisierte Verwendungsweisen, wie es heute der Fall ist, und es gab noch kein Perfekt. Die Konstruktionen, aus denen sich später das Perfekt bzw. das Plusquamperfekt entwickelte, sahen z.B. so aus:

    (5)   *phigboum habeta sum giflanzotan in sinemo wingarten* (Tatian 102,2).[5]

Eine neuhochdeutsche Paraphrase wäre:

    (6)   *Einen Feigenbaum hatte einer als gepflanzten in seinem Weingarten.*

---

[3] Lehmanns "Thoughts on Grammaticalization" wird im folgenden grundsätzlich in der ursprünglichen Fassung von 1982 zitiert; die Seitenzahlen der alten und der neuen Fassung von 1995 entsprechen sich mit leichten Verschiebungen; die neue Fassung wurde jeweils auf eventuelle Korrekturen hin überprüft.

[4] Das Verhältnis zwischen Präteritum und Perfekt im Deutschen ist umstritten. Im süddeutschen Sprachraum hat das Perfekt weitgehend die Funktion des geschwundenen Präteritums übernommen, für das Standarddeutsche gilt laut Gelhaus (1995:150): "Präteritum und Perfekt sind zwar nicht funktionsgleich, aber doch funktionsähnlich: beide beziehen sich auf ein vergangenes, abgeschlossenes Geschehen"; dort auch Details und weiterführende Literaturangaben. Vgl. auch Eisenberg (1995:125f.).

[5] Für dieses Beispiel und andere siehe Ebert (1978:58) und Dal (1966:121). Eine Besprechung dieses Satzes unter dem Gesichtspunkt der Grammatikalisierung von *haben* findet sich auch in Abraham (1992:6).

Die Form *habeta...giflanzotan* ist kein Plusquamperfekt, sondern ein Verb und ein als Adjektiv verwendetes Partizip II. Das Hauptverb des Satzes ist *habeta* mit seiner Vollverbbedeutung 'haben, besitzen'. Von ihm ist das direkte Objekt *phigboum* abhängig. Dieses wiederum ist modifiziert durch das Adjektiv *giflanzotan*, das mit seinem übergeordneten Nomen, also *phigboum*, in Hinblick auf Kasus, Numerus und Genus kongruiert. Aus Konstruktionen wie diesen entsteht allmählich das Plusquamperfekt:

(7)  *Einer hatte einen Feigenbaum in seinem Weingarten gepflanzt.*

Hier ist *hatte* ein Hilfsverb zur Tempusbildung, *gepflanzt* das Hauptverb des Satzes, das als das verbale Zentrum und als Valenzträger die Nominalphrase *einen Feigenbaum* als Ergänzung im Akkusativ fordert. In diachroner Perspektive ist *haben* in diesen Fällen von einem Vollverb, einem lexikalischen Zeichen, zu einem Hilfsverb, zu einem grammatischen Zeichen, geworden. Es hat dabei einen Prozeß der Grammatikalisierung durchlaufen. Da nun aber das lexikalische Vollverb *haben* in der Bedeutung 'haben, besitzen' weiterhin vorhanden ist, ergibt sich im heutigen Deutsch das schon besprochene Nebeneinander verschiedener Gebrauchsweisen von *haben*, die unterschiedliche Grammatikalisierungsgrade aufweisen.

Das Konzept der Grammatikalisierung eignet sich nicht nur zur Einordnung von synchronen Erscheinungen und zur Beschreibung historischer Entwicklungen, sondern auch zu sprachvergleichenden Untersuchungen. Ein Beispiel zum Vergleich des Englischen mit dem Deutschen: Auf die Frage *Where are the children?* lautet die Antwort im Englischen (im passenden Kontext):

(8)  *They are playing.*

Auf die entsprechende Frage im Deutschen, also auf die Frage *Wo sind die Kinder?*, kann man sich, ebenfalls den passenden Kontext vorausgesetzt, folgende Antworten als möglich vorstellen:

(9)  *Sie spielen,*

(10)  *Sie spielen gerade,*

(11)  *Sie sind am Spielen.*

Nicht-standardsprachlich ist auch möglich:

(12)  *Die tun spielen.*

Die spezifische Bedeutung des englischen "continuous" oder "progressive aspect", d.h. der Konstruktion *be* + Verb-*ing*, ist die Betonung des Verlaufs eines Verbalgeschehens (Quirk [u.a.] 1985:197ff.). Der deutsche Satz (9) macht über diesen Bedeutungsbestandteil keinerlei Aussage, in Satz (10) wird er durch das Temporaladverb *gerade* zum Ausdruck gebracht. In Satz (11) wird dafür die umgangssprachliche Konstruktion *sein* + *am* Verb-*en*, in Satz (12) die nur außerhalb der Standardsprache mögliche Umschreibung mit *tun* und dem Infinitiv des Hauptverbs verwendet. Wo im Englischen eine grammatische Form mit einer klar umrissenen Bedeutung verwendet wird, ja sogar verwendet werden muß, besteht im Deutschen die Möglichkeit, die entsprechende Inhaltskomponente entweder überhaupt nicht oder durch lexikalische Mittel oder durch eine syntaktische Konstruktion auszudrücken. Im Englischen findet man die Beschreibung der Verlaufsform in der Grammatik in den Kapiteln über das Verbum, d.h. es handelt sich um eine analytisch gebildete Verbalkategorie (so wie das Perfekt im heutigen Deutsch auch eine analytische Verbalkategorie ist). In einer Grammatik des

Standard-Deutschen dagegen findet man nichts Entsprechendes bei der Beschreibung des Verbums; es gibt keinen "progressiven Aspekt" als Verbalkategorie im Deutschen. Den Sprechern steht es frei, diesen Inhalt auf unterschiedlichste Weise auszudrücken oder nicht. Die Bedeutung 'Verlauf des Verbalgeschehens' ist im Englischen stärker grammatikalisiert als im Deutschen.

Dieses Beispiel, dem man noch sehr viele andere hinzufügen könnte, zeigt deutlich, wie wichtig es (auch in der Grammatikalisierungsforschung) ist, zwischen der Bedeutungs- oder Inhaltsseite und der Form- oder Ausdrucksseite der Sprache zu unterscheiden. Diese beiden Aspekte, die ja seit de Saussure ([1916] 1967:78f.) unter den Termini "signifié/ Bezeichnetes" und "signifiant/Bezeichnendes" als die Grundkonstituenten des sprachlichen Zeichens bekannt sind, gelten sowohl für lexikalische als auch für grammatische Zeichen. Erst diese Unterscheidung öffnet die Augen für die Tatsache, daß die "gleichen" Inhalte sowohl lexikalisch als auch grammatisch ausgedrückt werden können (damit ist nichts über die Tendenz oder Wahrscheinlichkeit gesagt, mit der sie das tun, siehe oben).

Terminologisch wird im folgenden die Unterscheidung zwischen der Formkategorie, dem Grammem, der grammatischen Kategorie, und der inhaltlichen, konzeptuellen, semantischen Kategorie getroffen (vgl. Bybee/Dahl 1989:51f.). Die Formkategorie kann man mit den besprochenen Unterscheidungen in freie und gebundene Morpheme usw. beschreiben. Die inhaltliche Kategorie ist schwieriger zu erfassen, da sie übereinzelsprachliche, semantisch-kognitive Domänen wie "Temporalität", "Definitheit", "Aspektualität", "Modalität" usw. betrifft, die in einer Sprache entweder als grammatische Kategorien realisiert oder auch durch andere Mittel (z.B. lexikalische) zum Ausdruck gebracht werden können.

Diese wichtige Unterscheidung kann mit einem Begriffspaar aus der Semantik verdeutlicht werden. Dort unterscheidet man die semasiologische und die onomasiologische Betrachtungsrichtung. Die Semasiologie geht vom Zeichen (vom Wort) aus und untersucht dessen Bedeutung(en). Die Onomasiologie dagegen geht vom Inhalt bzw. vom Begriff aus und untersucht dessen "Verkörperung" in den Zeichen der Sprache(n). Die Untersuchung der Grammeme nimmt also eine semasiologische Betrachtung vor; das Ausgehen von den Inhalten, die durch grammatische Kategorien ausgedrückt werden können, ist dagegen ein onomasiologisches Verfahren.

Als Beispiel sei die Domäne der "Temporalität" gewählt; sie bezieht sich auf die zeitliche Einordnung des Besprochenen. Temporalität kann im Deutschen durch sehr verschiedene formale Mittel ausgedrückt werden: einmal durch freie, lexikalische Formen, z.B. durch das Temporaladverb *gestern* in

(13) *Gestern war ich im Kino*,

oder durch einfache, gebundene grammatische Formen wie das Präteritalflexiv *-te* in

(14) *Sie besuchte ihre Tante*,

oder auch durch komplexe grammatische Formen mit freien grammatischen Morphemen wie das Perfekt in

(15) *Sie hat ihre Tante besucht.*

Der Inhalt 'Verlauf einer Handlung', der zur semantisch-kognitiven Domäne der Aspektualität gehört, also zur inneren Strukturierung eines Verbalgeschehens (vgl. Leiss 1992), wird, wie die Sätze (9) bis (12) zeigen, im Deutschen (anders als im Englischen) nur mit lexikalischen Mitteln oder freien Konstruktionen, nicht mit gebundenen Formen ausgedrückt.

Spätestens an dieser Stelle drängt sich die Frage auf: "Was ist eine grammatische Kategorie?" Hierzu gibt es unterschiedliche Auffassungen, über die man sich z.B. bei Eisenberg (1995:33-44) einen Überblick verschaffen kann. Für die hier verfolgten Zwecke ist die enge (und traditionell geläufigste) Auffassung am sinnvollsten: Die grammatischen Kategorien einer Sprache sind ihre obligatorisch realisierten grammatischen Inhalte (z.B. aus der Domäne der Temporalität), die ein kleines geschlossenes Paradigma bilden und in definierten, geordneten Oppositionen stehen. Eisenberg (1995:36) nennt sie "Flexionskategorien" oder "Einheitenkategorien". Sie werden durch Affixe oder durch analytische bzw. periphrastische (aus freien grammatischen Zeichen gebildete) Formen zum Ausdruck gebracht. So wird, wie Satz (14) zeigt, das Präteritum im Deutschen (unter anderem) durch das Suffix -te, das Perfekt durch die analytische Form *haben* + Partizip II des Vollverbs zum Ausdruck gebracht. Wie schon erwähnt, sind die Affixe, genauer die Flexive (z. T. auch Erscheinungen wie Umlaut und Ablaut, s.u.), und nicht die periphrastischen Formen, der prototypische Ausdruck grammatischer Kategorien (Bybee 1985:191).

Einige Verwirrung entsteht gelegentlich bei der Benennung der übergeordneten Ebene, z.B. von Tempus oder Kasus, die die Einzelkategorien, Präsens, Präteritum usw. resp. Nominativ, Akkusativ usw. enthalten. Bybee/Dahl (1989:97) sprechen von "Oberkategorien" ("supercategories"). Im folgenden wird, sofern keine Mißverständnisse auftreten können, der Terminus "Kategorie" für die übergeordneten Kategorien sowie für die Einzelkategorien verwendet.

Oben wurde festgestellt, daß grammatische Kategorien "relationale Konzepte" ausdrücken. Welche sind dies? Es ist unwahrscheinlich, daß eine Bedeutung wie 'Lichtverhältnisse während des Geschehens' in irgendeiner Sprache als grammatische Kategorie ausgedrückt wird. Wie Bybee/Dahl (1989:52) für die Tempus- und Aspekt-Systeme zeigen, sind die Bedeutungen von Grammemen übereinzelsprachlich sehr ähnlich, so daß es möglich ist, eine kleine Zahl an übereinzelsprachlichen Grammemtypen zu postulieren. Dies macht Bybee (1985:13) in folgendem Zitat deutlich (vgl. hierzu auch Schachter 1985):

> When one looks around casually at the languages of the world, one is struck by the fact that the same or very similar inflectional categories appear in one language after another. Verbal systems quite commonly inflect for aspect and/or tense, mood, and person and number agreement with the subject. Somewhat less frequently, it seems, one finds inflectional causatives, negation, voice, and object agreement. For nouns, number, gender or other types of classifiers, case and sometimes deixis are expressed inflectionally.

Als Faktoren, die zu dieser relativ kurzen Liste an möglichen Inhalten für grammatische Kategorien führen, nennt Bybee vor allem zwei Punkte: Relevanz und Allgemeinheit ("relevance" und "generality" 1985:13, 19). Nur eine Bedeutung, die für das lexikalische Element einen bestimmten (mittleren) Grad an Relevanz aufweist, wird mittels eines Flexivs mit dieser lexikalischen Einheit verbunden.

So ist für Verben, die ja Prozesse und Zustände ausdrücken, die Temporalität ein Konzept mit relativ hoher Relevanz, daher ist die Tempuskategorie universal gesehen eine weit verbreitete Verbalkategorie; auf die erwähnten Lichtverhältnisse trifft dies nicht zu. Extrem hohe Relevanz, andererseits, wird nicht mehr flexivisch sondern lexikalisch ausgedrückt, d.h. als selbständiges Lexem realisiert. Zum Beispiel kann man die Bedeutung von *waten* beschreiben als die Verbindung der Bedeutung von *gehen* 'sich zu Fuß schrittweise fortbewegen' mit dem zusätzlichen Bedeutungselement 'durch Wasser' (Beispiel in Anlehnung an Bybee 1985:13). Dieses Bedeutungselement ist höchstrelevant für den durch das Verb *gehen* beschriebenen Prozeß; es wird nicht flexivisch sondern durch ein eigenes Lexem zum Ausdruck gebracht. Eine zu autonome, eigenständige Bedeutung dagegen ist für das betreffende Lexem nicht mehr relevant und wird daher eher syntagmatisch, d.h. in einer Konstruktionen mit mehreren Elementen ausgedrückt (Bybee 1985:19, 23). Während das Bedeutungselement 'durch Wasser' höchste Relevanz für das durch 'gehen' ausgedrückte Konzept hat und daher lexikalisch durch *waten* realisiert wird, ist das Bedeutungselement 'bei Dunkelheit' für *gehen* nicht relevant. Daher ist es ausgesprochen unwahrscheinlich, daß die Bedeutungselemente 'sich zu Fuß schrittweise fortbewegen' und 'bei Dunkelheit' in einem Lexem lexikalisiert auftreten; im Deutschen stehen zum Ausdruck dieses Inhalts syntagmatische Konstruktionen wie *bei Dunkelheit gehen* zur Verfügung.

Die zweite Bedingung, die Erfordernis der relativen semantischen Abstraktheit bzw. All-gemeinheit, ergibt sich daraus, daß grammatische Kategorien obligatorisch an jedem in Frage kommenden Wort möglich sein und daher mit der ganzen Spanne der lexikalischen Be-deutungen kompatibel sein müssen (Bybee 1985:16f.). So ist zwar Temporalität eine geläufige Verbalkategorie, Kausativität dagegen wird sehr selten flexivisch ausgedrückt, da sie nur mit einer geringen Zahl von Verben verbindbar ist (Bybee 1985:18). Bybee/Dahl (1989:96) führen aus, daß es sich bei Tempus- und Aspektkategorien um eine kleine Zahl sehr allgemeiner Funktionen handelt, die die Beziehung des beschriebenen Sachverhalts zur außersprachlichen Situation (z.B. 'vor dem Sprechzeitpunkt' vs. 'gleichzeitig zum Sprechzeitpunkt') und zum umgebenden Text (z.B. die Vorzeitigkeit des beschriebenen Sachverhalts im Verhältnis zu einem anderen dargestellten Sachverhalt) ausdrücken; es handelt sich also in der Tat um die schon erwähnten relationalen Funktionen, die für grammatische Kategorien typisch sind.

Die Grammatikalisierungsforschung befaßt sich also mit den unterschiedlichen Ausdrucks-möglichkeiten bestimmter konzeptueller Domänen; sie untersucht, welche konzeptuellen Domänen (bevorzugt) mit grammatischen Formkategorien ausgedrückt werden, wie diese grammatischen Formkategorien entstehen und wie ihre Beziehung zu lexikalischen Form-kategorien beschaffen ist. Daraus ergibt sich, daß sich die Grammatikalisierungsforschung vor allem mit Übergangsbereichen befaßt: mit Übergängen zwischen Lexikon und Grammatik, zwischen einer Struktur mit lexikalischer und einer anderen mit grammatischer Bedeutung, mit Übergängen zwischen verschiedenen linguistischen Ebenen (z.B. zwischen Morphologie und Phonologie, wenn aus einem ehemaligen Morphem ein phonologisches Merkmal wird, siehe 1.2) und mit dem Verhältnis zwischen historischer Entwicklung und gegenwärtigem System (vgl. Hopper/Traugott 1993:1ff.). Die Einteilung der linguistischen Phänomene in verschiedene Strukturebenen (phonologische, morphologische usw.) darf also nicht im Sinne einer strengen Grenzziehung verstanden werden, sondern sie ist zu sehen als ein Bereich kontinuierlicher Übergänge mit bestimmten markanten Stufen. Aus den gleichen Gründen erfordert die

Untersuchung von Grammatikalisierungsprozessen eine integrative Perspektive auf synchrone und diachrone Phänomene, also die Aufhebung einer rigiden Trennung von Sprachsystem und historischer Entwicklung.


## 1.2. Prozeß und Stadien der Grammatikalisierung

Der Übergang einer lexikalischen, autonomen Form zu einer grammatischen, unselbständigen Form ereignet sich nicht plötzlich und abrupt. Es ist ein Vorgang, der sich über sehr lange Zeiträume erstreckt und eine fließende, evolutive Veränderung darstellt, so daß es nicht möglich ist, einen bestimmten Punkt in der historischen Entwicklung anzugeben, von dem an zum Beispiel *haben* eindeutig als Tempusauxiliar zu bezeichnen wäre. Die Veränderung betrifft sowohl die Inhalts- als auch die Ausdrucksseite der Zeichen, wobei sie auf der Inhaltsseite beginnt und zunächst formal nicht sichtbar ist (vgl. Brinton 1988:161f., 237). So läßt sich in den beiden Verwendungsweisen von *haben*, die in den Sätzen

(4)  *Sie hat eine Katze*

und

(2)  *Sie hat gelacht*

vorliegen, ein deutlicher semantischer Unterschied feststellen. Wie schon im letzten Abschnitt erwähnt, bedeutet *hat* in Satz (4) 'besitzen', während es in Satz (2) keine lexikalische Bedeutung aufweist, sondern zusammen mit dem Partizip II die grammatische Bedeutung 'Vergangenheit' ausdrückt, ähnlich wie die Flexionsendung *-te* in

(16)  *Sie lachte.*

Ein formaler Unterschied an den beiden Vorkommen von *hat* ist dagegen im Nhd. nicht festzustellen. Dies deutet auf den relativ "jungen" Charakter der grammatischen Funktion von *haben* als Tempusauxiliar hin. "Ältere", weiter fortgeschrittene Grammatikalisierungsprozesse weisen auch formale Veränderungen der grammatikalisierten Zeichen auf, und zwar insofern, als grammatikalisierte Zeichen nach und nach ihren Status als freie Morpheme verlieren und zu gebundenen Morphemen werden. Dies hängt mit der schon besprochenen Tendenz zusammen, daß lexikalische Zeichen freie Morpheme, grammatische Zeichen jedoch gebundene Morpheme sind. Givón bringt diesen Zusammenhang auf die einprägsame Formel: "Today's morphology is yesterday's syntax" (1971:413). In einer späteren Arbeit unterteilt er diesen evolutiven Prozeß in fünf theoretisch isolierbare Stufen, die zum Teil unterschiedliche Motivationen aufweisen (Givón 1979).

Die erste Stufe dieses Prozesses ist die Entstehung syntaktischer Strukturen aus freien Diskursstrukturen. Die zunächst freie, pragmatisch in den aktuellen Kommunikationsbedürfnissen begründete Anordnung der Zeichen im Diskurs, also in der Rede, wird überführt in geregelte syntaktische Strukturen, also z.B. bestimmte obligatorische Wortstellungsregeln. Diese Entwicklung von der Stufe des "discourse" zur stärker regularisierten, durch grammatische Regeln geordneten syntaktischen Struktur, nennt Givón *Syntaktisierung* ("syntactization", 209). Als Beispiel kann die Entstehung der Hypotaxe (d.h. der Unterordnung von Nebensätzen) gelten. Aus einer pragmatisch motivierten Satzfolge wie

(17)  *Ich weiß das: Er kommt*

entsteht die syntaktischen Regeln unterworfene Hypotaxe

(18)  *Ich weiß, daß er kommt* (Beispiel aus Ebert 1978:26).

Eine ähnliche Beziehung kann man sich denken zwischen

(19)  *Ich befehle dir: du gehst*

und

(20)  *Ich befehle dir zu gehen.*

Die zweite Stufe ist der Übergang syntaktisch geordneter freier Wörter zu gebundenen Morphemen, die Givón als *Morphologisierung* bezeichnet (1979:209). Auch Wurzel 1990 befaßt sich mit diesem Prozeß; er definiert Morphologisierung als "die Herausbildung neuer formaler Mittel zur Symbolisierung grammatischer Kategorien am Wort (innerhalb der Wortgrenzen)" (1990:130).

Diesen Übergang kann man in mehrere Teilprozesse zerlegen. Die erste Stufe des Übergangs eines freien Wortes zu einem gebundenen Morphem ist die Klitisierung, d.h. das Anhängen eines Wortes an ein anderes unter bestimmten Umständen, wie z.B. schnelles Sprechtempo und schwache Betonung. Je nach der Richtung, in der sich ein Wort an das andere "anlehnt", unterscheidet man die Enklise, die Anlehnung an das vorhergehende Wort, und die Proklise, die Anlehnung an das folgende Wort.

| Enklise: | *kommste* | *< kommst du* |
|---|---|---|
| | *(die) hams* | *< (die) haben es* |
| | *zum* | *< zu dem* |
| Proklise: | *'s Fenster* | *< das Fenster* |

Vor allem Pronomina, Hilfsverben, Präpositionen und Kopulaverben, also freie Morpheme, die bereits grammatische Funktion haben und häufig im Schwachton stehen, werden oft klitisiert. Klitische Formen sind noch keine Affixe, also keine Morpheme, die immer und ausschließlich gebunden vorkommen. Hopper/Traugott (1993:5) bestimmen die Klitika als "forms that are not affixes, but are constrained to occurring next to an autonomous word, known as the host" (vgl. auch Anderson 1985:154ff., Schachter 1985:53ff., Bybee 1985:12, 42). Es ist nun keineswegs so, daß alle klitisierten Formen sich zu Affixen weiterentwickeln. Im Mittelhochdeutschen (Mhd.) gibt es eine große Anzahl von Klitisierungen, die im Neuhochdeutschen (Nhd.) nicht mehr gebräuchlich sind. Sie wurden rückgängig gemacht und sind nicht grammatikalisiert worden.

(a) Mhd. Klitisierungen (nach Gerdes/Spellerberg 1986:63-66):

| | | |
|---|---|---|
| *diech < die ich* | *deich < daz ich* | *vander < vant er* |
| *hetes < hete si/ës* | *mohten < mohte in* | *zir < ze ir* |
| *sin < si in* | *deiz < daz ëz* | *duist < diu ist* |
| *umben < umbe dën* usw. | | |

Ein typisches Beispiel für die Klitisierung als erster Schritt der Morphologisierung ist das Verhalten des englischen Auxiliars *has* bei der Bildung des Perfekts im Gegensatz zu seinem Verhalten als Vollverb. Während im ersten Fall die Klitisierung möglich und in der Tat sehr häufig ist, (siehe (21) und (22)), ist die Klitisierung von *has* in seiner Vollverbfunktion ausgeschlossen, und Satz (24) ist als Entsprechung zu Satz (23) ungrammatisch.[6]

(21) *She has done ist.*

(22) *She's done it.*

(23) *She has a cat.*

(24) *\*She's a cat.*

Im Vergleich zum deutschen Tempusauxiliar *haben* ist also die englische Entsprechung stärker grammatikalisiert, da nicht nur eine semantische Veränderung, sondern auch eine formale (phonologische und morphologische) Veränderung eingetreten ist.

Die zweite Stufe der Morphologisierung ist erreicht, wenn aus dem Klitikon, d.h. aus der angelehnten, aber noch ablösbaren Form, ein Affix geworden ist, d.h. ein gebundenes Morphem, das auch bei langsamem Sprechtempo nicht mehr als freies Morphem auftreten kann. Dieser Prozeß wird auch *Fusion* genannt. Dazu Bybee (1985:27):

> *Inflectional* expression must be distinguished from syntactic expression [...]. *Boundedness* is the primary criterion for distinguishing inflectional from syntactic expression. If a morpheme is inseparable from the stem, and/or occurs in a fixed order contiguous to the stem, or with only closed class items intervening between it and the stem, it is considered bound.

Ein gutes und häufig genanntes Beispiel für diese Stufe ist das französische Futur. Das Paradigma der Futurformen weist Suffixe auf, die den freien Formen des Präsens des Verbums *avoir* 'haben' gleichen bzw. mit ihnen identisch sind. Dieses flexivische Futur ist im Laufe der Zeit aus einer ehemals periphrastischen Konstruktion des Infinitivs mit einer Form des Verbs der Bedeutung 'haben' entstanden.

---

[6] Der Satz *She's a cat* ist natürlich möglich als Variante von *She is a cat*; dazu Quirk [u.a.] (1985:122f., 130ff.).

(b) Das französische Futur:

| | Futur I des Verbs *parler* 'sprechen, reden' | Ind. Präs. des Verbs *avoir* 'haben' |
|---|---|---|
| 1.Sg. | *parlerai* | *ai* |
| 2.Sg. | *parleras* | *as* |
| 3.Sg. | *parlera* | *a* |
| 1.Pl. | *parlerons* | *avons* |
| 2.Pl. | *parlerez* | *avez* |
| 3.Pl. | *parleront* | *ont* |

Ein weiteres Beispiel für die Entstehung eines Affixes aus einer klitischen Form ist ein Fall aus dem Türkischen (nach Bassarak 1988:224ff.). Das Türkische hat keine Präpositionen, sondern Postpositionen, d.h. die unflektierbaren freien Morpheme, die lokale, temporale und andere Relationen ausdrücken, werden nicht vor, sondern hinter die ihnen zugeordnete Nominalphrase gestellt. Die Verbindung eines Substantivs mit der Postposition *ile* 'mit' liegt vor in Fällen wie *baba ile* 'mit Vater'. Aus diesem Syntagma entstand *babayla* ('mit Vater'), bei dem die ursprüngliche Postposition *ile* mit dem zugehörigen Substantiv zu einer Wortform verschmolzen ist, was man unter anderem daran erkennt, daß sie der Vokalharmonie unterworfen ist. Aus der Postposition ist ein Kasusaffix für einen neuen Instrumental geworden.

Eine derartige Fusion kann nicht beliebig stattfinden, sondern ist bestimmten Bedingungen unterworfen. Vorauszusetzen ist, daß die betreffenden Elemente in ausreichender Häufigkeit und in direkter Nachbarschaft vorkommen. Da es im Deutschen keine Postpositionen gibt (von wenigen Ausnahmen wie *zufolge* in *dem Bericht zufolge* abgesehen; vgl. Gelhaus 1995:377), könnten auf die oben beschreibende Weise gar keine neuen Kasusendungen entstehen. Bybee (1985:41) hebt neben diesen formalen Bedingungen die semantische Voraussetzung hervor, daß ein Klitikon, damit es als Affix mit seinen Träger verschmelzen kann, einen relevanten semantischen Bezug zu diesem aufweisen muß, da nur dann eine kohärente Bedeutungsstruktur entstehen kann.

Die bisher beschriebenen Übergänge von Diskursstrukturen zur Morphologie können auf folgender Skala angeordnet werden:

Diskurs -> (Syntaktisierung) -> Syntax -> (Morphologisierung) -> Morphologie

Givón (1979:209) führt aus, daß diese Prozesse oft gleichzeitig stattfinden und nennt als Grund für die Entwicklung dieser ersten Hälfte der Skala "kommunikative Bedürfnisse". Weiter vertritt er die Auffassung, daß die zweite Hälfte der Skala (von der Morphologisierung bis zum völligen Schwund eines grammatischen Formativs, s.u.) nicht mehr durch kommunikative Bedürfnisse, sondern durch phonologische Abschwächung ("phonological attrition") motiviert ist, wobei natürlich zu fragen ist, ob nicht auch die phonologische Abschwächung Ergebnis eines kommunikativen Bedürfnisses ist (siehe Kapitel 5 zu den Motiven der Grammatikalisierung). Wie sehen diese weiteren Stufen der Grammatikalisierung im einzelnen aus?

Ein gebundenes grammatisches Morphem trägt im Deutschen normalerweise nicht den Hauptton des Wortes; es wird schwachtonig ausgesprochen und neigt zur Reduktion der phonologischen Substanz. Dieser Prozeß ist aus der Sprachgeschichte des Deutschen sehr gut bekannt. Er dient (neben anderen Kriterien) zur Abgrenzung der Epochen Althochdeutsch und Mittelhochdeutsch. Während im Ahd. auch schwachtonige Silben noch alle Arten von Vokalen aufweisen können, sind die Schwachtonvokale im Mhd. zum Schwa-Laut reduziert (der graphisch als *e* wiedergegeben wird):

ahd. *gibu* > mhd. *(ich) gebe*
    geb-1SG

ahd. *gebemēs* > mhd. *(wir) geben*
    geb-1PL

Die phonologische Abschwächung erfaßt nicht nur die Vokalqualität (Schwa), sondern führt unter Umständen zum Schwund von Silben. Ein Beispiel ist die Entwicklung von ahd. *gebemēs* zu mhd. *geben*; ein weiteres ist der heute zu beobachtende Schwund des Dativ-*e* im Deutschen:

*am Tage* > *am Tag.*

Ein anderer Fall der Abschwächung liegt vor, wenn die abgeschwächte (und möglicherweise ganz geschwundene) Silbe vorher noch assimilatorische Reflexe im Stamm hinterlassen hat. Dies geschah zum Beispiel beim *i*-Umlaut im Deutschen. Der Konjunktiv II von *geben* wies im Ahd. in der Endung ein *i* auf. Dieses bewirkte den Umlaut, der heute noch vorhanden ist, obwohl das *i* längst zum Schwa-Laut abgeschwächt ist:

ahd. *ih gābi* > nhd. *ich gäbe*

Im heutigen Deutsch ist dieser Vokalwechsel im Stammvokal der einzige Unterschied zwischen Konjunktiv I und Konjunktiv II:

*ich gebe* vs. *ich gäbe.*

Man spricht hier auch von innerer Flexion: der formale Ausdruck der grammatischen Bedeutung hat keinen segmentalen Status mehr, sondern wird ausschließlich von einem phonologischen Merkmal (in diesem Fall vom Öffnungsgrad des Stammsilbenvokals) ausgedrückt. Ein noch deutlicherer Fall ist der Umlautplural, wie er im Standarddeutschen (vgl. *Apfel/ Äpfel*) und in größerem Umfang im Bairischen oder auch im Yiddischen auftritt: die Opposition zwischen Singular und Plural wird ausschließlich durch Vokalwechsel der Stammsilbe ausgedrückt. So wird im Bairischen zum Singular *Dǫg* 'Tag' der Plural *Deg* 'Tage' gebildet, zum Singular *Fuas* 'Fuß' lautet der Plural (mit zusätzlicher Fortisierung des auslautenden Konsonanten) *Fiass* 'Füße' (nach Zehetner 1985:118f., wo sich weitere Beispiele finden). Beispiele für reine Umlautplurale im Yiddischen sind folgende (nach Sapir 1921:190f.):

| Sg. | *gast,* | *tag,* | *fus,* | *shuch* | Pl. | *gest,* | *teg,* | *fis,* | *shich* |
|-----|---------|--------|--------|---------|-----|---------|--------|--------|---------|
|     | 'Gast, | Tag, | Fuß, | Schuh' |     | 'Gäste, | Tage, | Füße, | Schuhe' |

Dieser Übergang von einem Morphem (Affix) zu einem morphophonemischen Element ohne segmentalen Status (also einem morphologisch funktionalisierten phonologischen Merkmal) soll in Anlehnung an Lehmann (1982:14) Demorphemisierung ("demorphemicization") genannt werden. (Lehmann weist Givóns ursprünglichen Begriff der Lexikalisierung aufgrund von dessen Vieldeutigkeit zurück).

Der nichtsegmentale Status des Umlauts ist bereits ein Problemfall für die morphologische Beschreibung, da bei ihm die für alle bedeutungtragenden Elemente (Sprachzeichen) postulierte, untrennbare Zuordnung von Inhalts- und Ausdrucksseite (*signifié* und *signifiant*) nicht gegeben ist (vgl. Anderson 1985:159f.). Noch schwieriger wird es, wenn eine bestimmte Bedeutung durch ein "morphologisches Nichts" ausdrückt wird. Man spricht hier von einem *Nullallomorph*. Ein solches kann man sinnvollerweise nur dort ansetzen, wo in analogen Fällen ein anderes Allomorph steht. Die verschiedenen Pluralallomorphe im Deutschen sind ein Beispiel dafür:

(c) Pluralallomorphe im Deutschen (nach Gelhaus 1995:226):

| Pluralallomorph | Singular | Plural |
|---|---|---|
| -e | *Schuh* | *Schuhe* |
| -s | *Auto* | *Autos* |
| -n | *Katze* | *Katzen* |
| -er | *Schild* | *Schilder* |
| Umlaut, -e | *Baum* | *Bäume* |
| Umlaut, -er | *Haus* | *Häuser* |
| Umlaut | *Apfel* | *Äpfel* |
| {0} = Nullallomorph | *Fenster* | *Fenster* |

Die Möglichkeit, daß ein substantielles Nichts einen Inhalt ausdrückt, ist also nur dann gegeben, wenn in einem Paradigma an einer Stelle eine "Lücke", also ein Nullallomorph, auftritt, die ansonsten von erkennbaren Morphemen besetzt ist. Dieser Fall ist nicht so selten, wie man zunächst annehmen könnte. Er tritt nicht nur an einzelnen Lücken innerhalb einer bestimmten Kategorie auf, also als Nullallomorph wie im Falle des Plurals *Fenster*, sondern die "Architektur" der grammatischen Kategorien insgesamt basiert sehr häufig auf der Beteiligung eines Nullelements. Alle unmarkierten grammatischen Kategorien neigen dazu, ohne flexivische Kennzeichnung ausgedrückt zu werden. Der Begriff "unmarkiert" bezieht sich auf kognitive Einfachheit, d.h. er betrifft die Basiskategorien, auf denen die anderen, markierten Kategorien aufbauen. Die unmarkierten Kategorien werden oft mit einem Nullelement, also formal merkmallos ausgedrückt, die markierten Kategorien dagegen mit einem grammatischen Formelement (Jakobson [1939] 1974, Mayerthaler 1981, Lehmann 1982:172, Bybee 1985:4, 52, Leiss 1992, Bybee 1994).

Ein Beispiel ist das Kategoriengefüge der Tempora im Deutschen. Das Präteritum als die markierte Kategorie ist formal mit einem Merkmal versehen (Suffix, Ablaut, oder auch Suppletion), das Präsens als die unmarkierte Kategorie ist formal merkmallos:

(d) Zum verbalen Paradigma des Deutschen

| Infinitiv | 1.Sg.Präs. | 1.Sg.Prät. |
|-----------|------------|------------|
| *lachen* | *ich lache* | *ich lachte* |
| *gehen* | *ich gehe* | *ich ging* |
| *geben* | *ich gebe* | *ich gab* |

Das Präsens hat mehrere Funktionen. Es ist einerseits die temporale Opposition zum Präteritum, andererseits die neutrale Kategorie, also diejenige, die für Tempus nicht markiert ist. Dies zeigt sich unter anderem darin, daß das Präsens nicht nur zur Darstellung präsentischer Zeitbezüge, sondern auch für "überzeitliche", allgemeine Aussagen, für zukünftige und im sogenannten "historischen Präsens" sogar für vergangene Zeitbezüge verwendet werden kann; das Präteritum dagegen ist auf vergangene Zeitbezüge eingeschränkt (wenn man von modalen Verwendungen absieht). Diesen asymmetrischen Aufbau grammatischer Kategorien hat Jakobson [1939] 1974 in dem Aufsatz "Das Nullzeichen" beschrieben. Die formal nicht gekennzeichnete Kategorie ist die semantisch unspezifischere, allgemeinere, da sie "weder das Vorhandensein noch das Fehlen dieses [Merkmals] A (weder A noch Nicht-A)" ausdrückt, so daß diese Form grundsätzlich in zwei verschiedenen Funktionen verwendet werden kann, nämlich "wo A und Nicht-A nicht unterschieden werden" und zweitens "wo Nicht-A bezeichnet werden soll" ([1939] 1974:48).[7] Das folgende Diagramm verdeutlicht die Ökonomie des Aufbaus von Merkmalsstrukturen: Eine Form kann aufgrund ihrer Unbestimmtheit und formalen Merkmallosigkeit, je nach Kontext entweder als übergeordnete Kategorie, oder als Basiskategorie in Opposition zur markierteren verwendet werden.

(e) Oppositionen im deutschen Tempussystem

| Tempusneutrale Stufe: | Präsens (weder A noch Nicht-A) | |
|-----------------------|--------------------------------|---|
| Aufbau der Tempusopposition: | Präsens (Nicht-A) | Präteritum (A) |

Damit ist zugleich gesagt, daß die Nullstufe nur grammatische, aber keine lexikalische Bedeutung ausdrücken kann. Lexikalische Bedeutungen sind so zahlreich und vielschichtig miteinander verbunden, daß man keine eindeutige Opposition aufbauen kann (Man kann nicht sagen: "Wenn ich *blau* sage, meine ich 'blau', wenn ich nichts sage, meine ich 'rot'").

Wenn oben festgestellt wurde, daß es im Bereich der freien und auch im Bereich der gebundenen Morpheme sowohl lexikalische als auch grammatische Zeichen gibt, daß aber eine Tendenz besteht, die frei und lexikalisch einerseits und gebunden und grammatisch andererseits assoziiert, dann kann diese Aussage nun dahingehend präzisiert werden, daß diese

---

[7] Dazu auch Kuryłowicz (1964:245), Haiman (1980:528), Eisenberg (1995:38ff.). Leiss 1992 zeigt, daß die gesamte Architektur der verbalen Kategorien diesem Markiertheitsprinzip folgt.

Tendenz am Ende der Grammatikalisierungsskala sich vollständig durchsetzt: Nullallomorphe gibt es nur bei grammatischer Bedeutung. Nun kann die gesamte Grammatikalisierungsskala dargestellt werden (nach Givón 1979:209, mit kleinen Änderungen in Anlehnung an Lehmann [1982] 1995:13):

Diskurs -> (Syntaktisierung) -> Syntax -> (Morphologisierung) -> Morphologie ->
-> (Demorphemisierung) -> Morphonologie -> (Schwund) -> Null

Wichtig ist, daß dieser Prozeß sowohl die formale als auch die inhaltliche Seite meint. Daher kann man die Skala folgendermaßen verfeinern (ähnlich Lehmann [1982] 1995:13):[8]

| Ebene: | Diskurs | -> | Syntax -> | Morphologie | -> Morphonologie |
|--------|---------|-----|-----------|-------------|------------------|
| Form: | freie Kombin. | -> Syntagma -> Klitisierung -> Affix -> phonol. Merkm. -> Null |
| Inhalt: | lexikalische Bedeutung | | -> | grammatische Bedeutung |

Diese Skala verläuft nahezu immer von links nach rechts und nicht umgekehrt. Wenn eine Form einmal den Prozeß der Grammatikalisierung begonnen hat, ist es sehr unwahrscheinlich, daß dieser Prozeß sich umkehrt. Aus einem Affix kann man nicht mehr das ursprüngliche freie Morphem deduzieren (ein Murmelvokal kann aus allen möglichen Vokalen hervorgehen), aus einer abgeschwächten Bedeutung kann man nicht mehr die volle Bedeutung zurückerfinden. Hopper/Traugott (1993:6) sprechen von einem "natural pathway" bzw. einem "slippery slope" ('glitschigen Abhang'), der allgemeine Begriff ist "cline" ('Entwicklungslinie', 'Entwicklungsrichtung', 'Entwicklungsskala'). Aufgrund dieser einseitigen, unumkehrbaren Gerichtetheit spricht man auch davon, daß der Prozess der Grammatikalisierung unidirektional ist.

Während Lehmann (1982:16ff.) noch die Auffassung vertritt, daß es keine Ausnahme von dieser Entwicklungsrichtung, also keine Fälle von "Degrammatikalisierung" gebe (s.a. Heine/ Claudi/Hünnemeyer 1991:4f., 51ff., 212, Hopper/Traugott 1993, Kap. 5), hat man inzwischen einige Gegenbeispiele gefunden (s. Traugott [demn.] in ihrer Rezension von Lehmann [1982] 1995). Dennoch kann man festhalten, daß die Verlaufsrichtung des Wandels von stärker lexikalischen zu stärker grammatischen Zeichen die typische und bei weitem häufigste ist.

Die Gerichtetheit des Grammatikalisierungsprozesses betrifft also beide Seiten des Zeichens: auf der formalen Seite/Ausdrucksseite äußert sie sich in der Skala von einem freien Morphem über ein gebundenes Morphem zum totalen Schwund. Dieser Prozess betrifft die Lautsubstanz und wird meist als Abschwächung, "Abschleifung" (Lehmann 1989:14) oder engl. "attrition" ('Abrieb', 'Zerreibung') bezeichnet. Auf der Bedeutungsseite betrifft der Grammatikali-

---

[8] Ähnliche Skalen sind weit verbreitet: z. B. mit Bezug auf Givón 1979 Heine/ Claudi/Hünnemeyer (1991:213, 245); weitere in Bybee (1985:12) und Vinogradov 1990. Hopper/Traugott (1993:6) stellen folgende Skala vor: "content word > grammatical word > clitic > inflectional affix". Für die hier verfolgten Zwecke ist diese Skala nicht optimal, da die Ausdrucks- und die Inhaltsseite vermischt werden.

sierungsprozeß die Entwicklung von lexikalischer zu grammatischer Bedeutung. Dies wird oft als semantische Ausbleichung, "Bedeutungsentleerung" (Havers 1931:17), "Desemantisierung" (Lehmann 1989:14) usw. bezeichnet.[9] Bybee (1985:137f.) spricht von der "allmählichen Erosion" ("gradual erosion") bzw. von "semantischer Verallgemeinerung" ("semantic generalization", S. 12), die von lexikalischer zu eher abstrakter grammatischer Bedeutung führt.

Man kann also beide Prozesse unter dem Begriff der Reduktion zusammenfassen und dann zwischen phonologischer Reduktion und semantischer Reduktion unterscheiden (vgl. Bybee 1985:8, Lehmann 1989:14). Allerdings muß man hier einschränkend vermerken, daß es durchaus nicht klar ist, ob man bei grammatischer Bedeutung wirklich von "Ausbleichung" usw. sprechen sollte, oder ob es nicht vielmehr so ist, daß zwar die alte, lexikalische Bedeutung zurückgedrängt wird bzw. verloren geht, daß aber gleichzeitig eine neue Bedeutung entsteht: nämlich die grammatische Bedeutung.

Es ist nicht zu bestreiten, daß grammatische Bedeutung im Vergleich mit der lexikalischen Bedeutung typischer Nomina und Verben hochgradig abstrakt ist (Bybee 1985:137f.), sonst könnte sie die oben genannten Aufgaben einer grammatischen Kategorie nicht wahrnehmen. Unter diesem Gesichtspunkt fungiert die phonologische Reduktion im Sinne einer Verdeutlichung der neuen grammatischen Funktion. Jakobson (1965:29) weist darauf hin, daß Flexive tendenziell nur aus einer sehr kleinen Anzahl von Phonemen gebildet werden (die z.T. auch durch Reduktionsprozesse entstehen) und somit nicht nur einen semantischen, sondern auch einen phonologischen Kontrast zu den in beiden Hinsichten "reicheren", "weniger abstrakten" lexikalischen Zeichen bilden. Zum Beispiel enthalten die Pluralsuffixe des Deutschen keinen anderen Vokal als den Schwa-Laut und nur die Konsonantenphoneme /s/, /r/ oder /n/ (vgl. Tabelle (c); Fremdwörter sind hier ausgenommen). Auf diese Weise wird der Kontrast zwischen beiden Zeichentypen gestärkt und das schnelle, automatische Erkennen der grammatischen Zeichen gefördert. Jakobson spricht daher von einem ikonischen Abbildungsverhältnis ("clear-cut diagrammatic character") in der Relation zwischen lexikalischen und grammatischen Zeichen (zu diesen Begriffen s. Kap. 3.).

Wichtig ist, daß die unumkehrbare Verlaufsrichtung von Grammatikalisierungsprozessen nur die jeweiligen Einzelformen betrifft, die einen Wandel von lexikalischen zu grammatischen Funktionen erfahren. Die Existenz von bestimmten Bedeutungen oder grammatischen Kategorien in einer Sprache und die in einer Sprache vorhandenen Strukturtypen werden davon nicht berührt. Wenn ein bestimmter periphrastischer Ausdruck durch Grammatikalisierung zu einer flektierten Wortform geworden ist, z.B. das oben genannte türkische *baba ile* (Nomen mit Postposition 'mit Vater'), das zu *babayla* (Nomen mit Kasusaffix 'Instrumental') grammatikalisiert wurde, so ist damit nicht der Strukturtyp Nomen mit Postposition verschwunden. Im Gegenteil, es ist durchaus denkbar, daß die neu entstandene suffigierte Wortform abermals mit einer Postposition verbunden wird, die eine ganz ähnliche Bedeutung hat, wie diejenige, die nun zum Kasusaffix geworden ist, so daß der periphrastische

---

[9]   Meillet ([1912] 1926:139f.) spricht von "affaiblissement du sens" und von "un élément privé de sens propre"; "fading" (Anttila 1989:145).

Strukturtyp Nomen mit Postpostition als solcher erhalten bleibt. Derartige Vorgänge werden im letzten Kapitel im Zusammenhang mit den Motiven für sprachlichen Wandel behandelt.

## 1.3 Aufgaben

1.3.1 Versuchen sie, die verschiedenen Verwendungsweisen von *werden* im heutigen Deutsch zu unterscheiden, die in den folgenden Sätzen vorliegen:

(1) *Es werde Licht.*
(2) *Bei dem feuchten Wetter wird sie wieder Schnupfen haben.*
(3) *Die Möbel werden nur mit Bienenwachs eingelassen.*
(4) *Sie will Bühnenbildnerin werden.*
(5) *Die Präsidentin des Bundesrats wird zur Eröffnung eine Rede halten.*

Trennen sie nach lexikalischen und grammatischen Funktionen und benennen sie die jeweiligen grammatischen Kategorien und die übergeordnete Kategorisierung.

1.3.2 Mit welchen sprachlichen Mitteln kann man im Deutschen zukünftigen Zeitbezug ausdrücken? Nennen sie anhand von Beispielsätzen mindestens drei verschiedene Mittel und bestimmen sie den syntaktisch-morphologischen Status der relevanten Einheiten.

# 2. Fallstudien zur Grammatikalisierung im Deutschen I: Verben

Nachdem im letzten Kapitel in konzentrierter Form die theoretischen Grundlagen geklärt wurden, stehen in den folgenden Fallstudien die sprachlichen Erscheinungen im Vordergrund. Es wird sich zeigen, daß die bisher erarbeiteten Differenzierungen nicht ausreichen, um konkrete Fälle angemessen zu beschreiben, sondern daß weitere Faktoren berücksichtigt werden müssen.

## 2.1. Grammatikalisierungsparameter und die Modalverben

In Abschnitt 1.1. wurde am Beispiel von *haben* deutlich, daß ein sprachliches Zeichen zu einer bestimmten Zeit, also in einem synchronen Schnitt, in verschiedenen Verwendungsweisen vorkommen kann, die nicht als einfache Bedeutungsunterschiede erklärt werden können, sondern die als unterschiedliche Grammatikalisierungsgrade (und damit als funktionelle Unterschiede) eingeordnet werden müssen. Die Beispielsätze waren:

(1)   *Sie hat gelacht.*
(2)   *Sie hat ihr Zimmer aufzuräumen.*
(3)   *Sie hat eine Katze.*

Es ist also nicht immer der Fall, daß eine Form, wenn sie grammatikalisiert wird, insgesamt den in Abschnitt 1.2. beschriebenen "glitschigen Abhang" hinunterschlittert, sondern sie kann sich sozusagen aufspalten in eine Form, die diesen Grammatikalisierungsweg geht und eine andere Form, die sich weiterhin wie ein normales lexikalisches Zeichen verhält. Dieses Phänomen verursacht die erwähnten Probleme beim Versuch, einen gemeinsamen Nenner (also z.B. Vollverb oder Hilfsverb) für ein solches Zeichen zu finden. Hopper (1990:159, vgl. auch Hopper/Traugott 1993:116-120) nennt diese Erscheinung "divergence" und beschreibt sie so: "When a lexical form undergoes grammaticalization to a clitic or affix, the original lexical form may remain as an autonomous element and undergo the same changes as ordinary lexical items".

Wenn sich die beiden Formen so weit auseinander entwickelt haben, daß sie von den Sprechern der Sprache nicht mehr als zusammengehörig empfunden werden, wie z.B. die frz. Futurendung und das Verb *avoir*, dann hat eine vollständige Trennung in zwei verschiedene Zeichen/Morpheme stattgefunden, eine Vermehrung des Zeicheninventars sozusagen, die nicht mehr problematisch ist (Heine/Reh (1984:57ff.) sprechen hier von "split"). Schwieriger ist es in den Fällen, in denen, wie bei *haben*, die "Einheit" des Zeichens durchaus noch wahrgenommen wird, die Verwendungsweisen aber eine deutliche Spaltung anzeigen. Die Feststellung, daß *haben* in (3) ein Vollverb und *haben* in (1) ein grammatikalisiertes Hilfsverb ist, ist noch relativ leicht zu treffen und ist ja auch in jeder Grammatik so nachzulesen. Die Beurteilung des Grammatikalisierungsgrades von *haben* in (2) ist wesentlich problematischer. Für die Beurteilung solcher Fälle hat Lehmann 1985 einen Test entwickelt (sehr ausführlich schon in Lehmann 1982:120-179), der im folgenden dargestellt werden soll, wobei zunächst die von Lehmann verwendeten Begriffe und Differenzierungen im Zusammenhang erläutert werden (vgl. Diagramm (a) zur Orientierung). Eine ausführliche Darstellung erfolgt im Anschluß anhand der Modalverben des Deutschen.

Als übergeordnetes Kriterium, mit dem die Grammatikalisierungsstufe eines Zeichens bestimmt werden kann, nennt Lehmann die Autonomie (Selbständigkeit, Unabhängigkeit) des Zeichens. Ein nichtgrammatikalisiertes Zeichen ist autonom; mit zunehmender Grammatikalisierung jedoch sinkt seine Autonomie. Autonomie und Grammatikalisierungsgrad verhalten sich also umgekehrt proportional. Lehmann (1985:306) präzisiert den in dieser allgemeinen Form noch wenig aussagekräftigen Autonomiebegriff in dreifacher Hinsicht und unterteilt die Autonomie in die drei Aspekte Gewicht, Kohäsion und Variabilität. Damit ist folgendes gemeint: Das *Gewicht* bezieht sich auf das Ausmaß der Unterscheidbarkeit des Zeichens von anderen Zeichen seiner Klasse und auf seine Auffälligkeit im Syntagma. Je mehr Gewicht ein Zeichen hat, desto autonomer und desto weniger grammatikalisiert ist es. Die *Kohäsion* bezieht sich auf den Zusammenhang mit anderen Zeichen. Je stärker ein Zeichen mit anderen zusammenhängt, desto weniger autonom und desto stärker grammatikalisiert ist es. Die *Variabilität* bezieht sich auf die Verschiebbarkeit in Bezug auf andere Zeichen. Je variabler ein Zeichen ist, desto autonomer und desto weniger grammatikalisiert ist es.

Die drei Aspekte der Autonomie werden weiter präzisiert durch die Unterscheidung der syntagmatischen und der paradigmatischen Achse der Zeichenverwendung (Syntagma = Nacheinander, Linearisierung; Paradigma = Statteinander, Substituierbarkeit). Auf diese Weise erhält Lehmann sechs Grammatikalisierungsparameter (vgl. Lehmann 1985:306-309):

(a) Die Grammatikalisierungsparameter nach Lehmann (1985:306):

|  | paradigmatisch | syntagmatisch |
|---|---|---|
| Gewicht | Integrität | Skopus |
| Kohäsion | Paradigmatizität | Fügungsenge |
| Variabilität | paradigmatische Variabilität | syntagmatische Variabilität |

Das paradigmatische Gewicht oder die *Integrität* betrifft die semantische und phonologische Größe des Zeichens. Ein wenig grammatikalisiertes Zeichen hat eine größere Integrität (vgl. Temporaladverb vs. Tempusflexiv). Die Integrität wird geschwächt durch Erosion und Desemantisierung ("attrition"). Das syntagmatische Gewicht oder der *Skopus* meint die "Reichweite" des Zeichens bezüglich der Konstruktionen, an denen es teilhat, d.h. seinen Stellenwert in der Konstituentenstruktur des Satzes. Ein Vollverb kann den ganzen Satz regieren, ein Hilfsverb oder ein Flexiv dagegen modifiziert nur ein lexikalisches Element. Der Skopus eines Zeichens verkleinert sich bei der Grammatikalisierung. Dies ist allerdings ein problematischer Punkt in Lehmanns Ansatz, nicht nur, weil der Begriff Skopus sonst anders verwendet wird, sondern weil es durchaus Fälle von Grammatikalisierung gibt, die mit einer Vergrößerung der Reichweite eines Zeichens einhergehen. Ein Beispiel ist die Entstehung von subordinierenden Konjunktionen (wie *daß*) aus Demonstrativa (wie *das*): das Demonstrativum nimmt eine Position innerhalb der Konstituentenstruktur des Satzes ein, die Konjunktion dagegen verknüpft den gesamten untergeordneten Satz mit dem übergeordneten Satz.

Die paradigmatische Kohäsion oder die *Paradigmatizität* meint den Grad der Eingliederung eines Zeichens in ein Paradigma. Er ist um so höher, je stärker das Zeichen grammatikalisiert ist. So sind die einzelnen Kasusflexive fest in das geschlossene Kasusparadigma integriert, während dies für Präpositionen, die in Verbindung mit Nominalphrasen oft eine ähnliche Funktion wie die Kasus übernehmen, nicht im gleichen Ausmaß gilt (vgl. Abschn. 4.1.). Die syntagmatische Kohäsion oder die *Fügungsenge* ("bondedness") bezieht sich auf den Grad der Verschmelzung bzw. Fusion. Dieser nimmt mit steigender Grammatikalisierung zu, wie es in Abschnitt 1.2. anhand des Übergangs von freien zu gebundenen Elementen erläutert wurde.

Die *paradigmatische Variabilität* meint den Grad der freien Verwendbarkeit eines Zeichens. Je stärker die Grammatikalisierung, desto geringer die paradigmatische Variabilität und desto größer die Obligatorik. So ist im Deutschen für jeden finiten Satz eine Tempusmarkierung im Rahmen der Verbalphrase obligatorisch, während Temporaladverbien je nach kommunikativer Absicht gesetzt werden können. Bereits in Kapitel 1. wurde darauf hingewiesen, daß das obligatorische Auftreten eines Zeichens in bestimmten Kontexten eines der wichtigsten Kriterien ist, um zu beurteilen, ob eine sprachliche Erscheinung als grammatische Kategorie zu betrachten ist. In diesem Sinne definiert Hagège (1987:250) "Grammatik" als das, "was obligatorisch ist" und fährt fort:

> Wenn innerhalb eines Paradigmas mehrere Möglichkeiten zur Wahl stehen wie zum Beispiel Akkusativ, Genitiv usw. in den flektierenden Sprachen, dann wird in Abhängigkeit von dem, was man sagen will, zwischen den vorgeschriebenen Möglichkeiten gewählt. Es handelt sich also um eine Auswahl, die durch all das begrenzt wird, was nicht möglich ist.

Im Verlauf dieses Kapitels wird sich zeigen, daß selbst das wichtige Kriterium der obligatorischen Verwendung kein Absolutum ist, und daß es auch von grammatischen Kategorien, deren Status unzweifelhaft ist, nicht vollends erfüllt wird (ein Beispiel hierzu findet sich auch in Lehmann 1982:12).

Die *syntagmatische Variabilität* meint den Grad der Verschiebbarkeit eines Zeichens im Syntagma. Er sinkt bei zunehmender Grammatikalisierung. Z.B. kann ein Demonstrativpronomen in verschiedenen Positionen im Satz auftreten, eine subordinierende Konjunktion dagegen ist auf eine Position festgelegt.

Die Grammatikalisierungsparameter benennen keine absoluten Werte, vielmehr geben sie die Grammatikalisierungsskala wieder, die in Abschnitt 1.2. besprochen wurde. Sie lösen diese Skala in verschiedene Faktoren auf, für die dann jeweils ein Wert angegeben werden kann.

24

Die Summe dieser sechs Werte ergibt den Grammatikalisierungsgrad einer Form im Vergleich mit einer anderen. Man kann die Parameter diachron auf zwei verschiedene historische Stufen eines Zeichens beziehen (z.B. *haben* + Partizip II im Ahd. und im Nhd.); man kann aber auch einen synchronen Vergleich zweier Gebrauchsweisen durchführen (z.B. *haben* in den Sätzen (1)-(3)). Letzteres wird im folgenden anhand der Modalverben durchgeführt (dazu ausführlich Diewald 1993 mit entsprechenden Literaturverweisen).

Die Modalverben, deren Kernbestand von den sechs Verben *dürfen, können, mögen, müssen, sollen* und *wollen* gebildet wird, treten in zwei Gebrauchsweisen auf, die durch folgende Beispiele illustriert seien:

(4)   a. *Sie darf ins Kino gehen.*

     b. *Sie kann Auto fahren.*

     c. *Sie mag nicht tanzen.*

     d. *Sie muß zuhause bleiben.*

     e. *Sie soll den Abwasch machen.*

     f. *Sie will surfen lernen.*

(5)   a. *Sie dürfte inzwischen fertig sein.*

     b. *Sie kann mit dem Auto gefahren sein.*

     c. *Sie mag recht haben.*

     d. *Sie muß in der Stadt gewesen sein.*

     e. *Sie soll Sängerin gewesen sein.*

     f. *Sie will geschlafen haben.*

Die Gebrauchsweise unter (4) nennt man meist "deontisch", was hier, obwohl der Terminus eigentlich zu eng ist, beibehalten wird,[1] die Verwendung unter (5) nennt man "epistemisch".[2] Beim deontischen Gebrauch bringt das Modalverb typischerweise einen Zustand des Subjekts zum Ausdruck. In 4a wird vom Subjekt ausgesagt, daß es die Erlaubnis hat, die im Infinitivkomplement dargestellte Handlung auszuführen; in den übrigen Sätzen unter (4) kann der Zustand des Subjekts mit Begriffen wie 'die Fähigkeit, den Wunsch, die Verpflichtung, den Befehl haben' etc. umschrieben werden. Das heißt, in diesen Sätzen ist das Modalverb Bestandteil des im Satz dargestellten Sachverhalts.

Beim epistemischen Gebrauch dagegen ist dies nicht der Fall. Mit *dürfte* in 5a wird nicht ausgesagt, daß das Subjekt eine Erlaubnis hat; stattdessen handelt es sich hier um eine Vermutung *des Sprechers* bezüglich der "Realität" des dargestellten Sachverhalts. Eine Paraphrase für diesen Satz ist: "Ich halte es für wahrscheinlich, daß sie inzwischen fertig ist". Entsprechendes gilt auch für die übrigen Beispiel in (5): die Modalverben bringen hier zum Ausdruck, daß der Sprecher dem Sachverhalt eine mehr oder weniger große Wahrscheinlich-

---

[1]  "Deontisch" ist abgeleitet aus griechisch *déon* 'das Nötige' (Bußmann 1990 s.v. "deontische Logik"). Der Terminus ist als Oberbegriff deshalb zu eng, weil nicht alle Sätze in (4) unter dem Gesichtspunkt der Notwendigkeit zu beschreiben sind. Andere Bezeichnungen für diesen Gebrauch sind "agensorientiert" (z.B. Bybee/ Pagliuca/Perkins 1991) oder "nichtepistemisch".

[2]  "Epistemisch" kommt ebenfalls aus dem Griechischen und bedeutet "die Erkenntnis betreffend" (siehe Bußmann 1990 s.v. "epistemische Logik").

keit zumißt (dies ist bei *dürfte, kann, mag* und *muß* der Fall) bzw. daß er die Behauptung eines anderen wiedergibt (hierzu dienen *soll* und *will*). Diese sprecherabhängige Einschätzung der Realität des dargestellten Sachverhalts wird im folgenden als Faktizitätsbewertung bezeichnet. Eine derartige Relation zwischen Sprecher und sprachlicher Äußerung wurde in Kapitel 1. bereits als typisches Merkmal grammatischer Bedeutungen gekennzeichnet. So bringen z.B. Tempusflexive die sprecherabhängige *temporale* Einordnung des dargestellten Sachverhalts zum Ausdruck. Die epistemisch verwendeten Modalverben haben eine ganz ähnliche Funktion, mit dem Unterschied, daß nicht die temporale Beziehung zwischen Sprecher und Dargestelltem, sondern die *modale* Beziehung (also der Grad der Faktizität, des Tatsache-Seins) ausgedrückt wird. Damit rücken die epistemisch gebrauchten Modalverben in die Nähe der Verbmodi (Indikativ, Konjunktiv I und Konjunktiv II), und sie werden daher auch gelegentlich als analytische Modi bezeichnet.

Schon nach dieser stark vereinfachenden Beschreibung der beiden Gebrauchsweisen der Modalverben liegt die Vermutung nahe, daß es sich hier nicht um einen bloßen Bedeutungsunterschied, sondern um unterschiedliche Grammatikalisierungsgrade handelt. Während die Modalverben im deontischen Gebrauch durchaus noch mit Vollverben vergleichbar sind, nähern sie sich im epistemischen Gebrauch den Hilfsverben. Diese noch intuitive Einschätzung soll nun an den Lehmannschen Grammatikalisierungsparametern überprüft werden: wenn bei den beiden Gebrauchsweisen unterschiedliche Grammatikalisierungsgrade vorliegen, dann sollte sich dies in unterschiedlichen Ausprägungen der Parameter niederschlagen.

Da die sechs Parametern sehr fein differenzieren, ergibt sich nicht bei allen ein Unterschied. So zeigt die Fügungsenge (syntagmatische Kohäsion) keinen Unterschied zwischen den beiden Gebrauchsweisen. Die Modalverben treten in jedem Fall als freie Morpheme auf, sie sind nie klitisiert. Auch die syntagmatische Variabilität zeigt keine Differenz: keine der beiden Varianten ist im Satz frei verschiebbar, was daran liegt, daß Verben im Deutschen immer an feste Positionen gebunden sind und so die verschiedenen Strukturtypen des Satzes erzeugen. Im Aussagesatz nimmt das finite Verb immer die zweite Position ein (Kernsatz), im eingeleiteten Nebensatz die letzte (Spannsatz), im Fragesatz (Entscheidungsfrage) immer die erste (Stirnsatz). Bei der Grammatikalisierung von Verben im Deutschen ist dieser Parameter also nicht relevant.

Bei den restlichen vier Parametern können deutliche Unterschiede zwischen beiden Gebrauchsweisen festgestellt werden. Der *Skopus* (syntagmatisches Gewicht, "Reichweite") ist um so größer, je schwächer eine Form grammatikalisiert ist. Deontisch gebrauchte Modalverben sind prädikationsfähig, d.h. sie sagen etwas über das Subjekt aus (s.o.). Ihre Valenz bindet verschiedenartige Aktanten, was durch Beispiel (6) illustriert wird, in dem das Modalverb nominale bzw. pronominale Objekte, Infinitivkonstruktionen oder einen durch *daß* eingeleiteten Nebensatz bindet:

(6)  *Er will*  $\begin{cases} \textit{Schokolade} \\ \textit{das} \\ \textit{schwimmen} \\ \textit{das Zimmer streichen} \\ \textit{daß du ihm hilfst.} \end{cases}$

Keiner dieser Sätze ergibt die epistemische Lesart, bei der das Modalverb als Auxiliar fungiert und mit dem Infinitiv eine periphrastische Konstruktion bildet. In 5f z.B. bildet das Modalverb zusammen mit dem Infinitiv Perfekt die Konstituente [*will geschlafen haben*], während in (6) zwei Konstituenten vorliegen: [*will*] [*Schokolade/.../schwimmen/...*].

Die *Integrität*, das paradigmatische Gewicht, bezieht sich auf die phonologische Substanz und den semantischen Gehalt. Während sich in der phonologischen Substanz kein Unterschied zwischen beiden Varianten ergibt, so ist dies doch bezüglich der Semantik der Fall. Im deontischen Gebrauch haben die einzelnen Modalverben eine relativ spezifische Semantik, so daß sie nicht gegeneinander ausgetauscht werden können, ohne die Satzbedeutung erheblich zu verändern. Dies zeigt sich, wenn man *kann* in (7) durch *muß* in (8) ersetzt:

(7)　*Sie kann Klavier spielen.*

(8)　*Sie muß Klavier spielen.*

Bei der epistemischen Variante dagegen sind die Bedeutungen "ausgeblichen", die Modalverben enthalten weniger spezifische Merkmale und sind einander in der Bedeutung ähnlicher. In den Sätzen (9) und (10)

(9)　*Sie kann Klavier gespielt haben.*

(10)　*Sie muß Klavier gespielt haben.*

drücken die Modalverben unterschiedliche Grade der Wahrscheinlichkeit aus, die der Sprecher der Aussage *Sie hat Klavier gespielt* zumißt. Man kann sich vorstellen, daß sie in dieser Verwendung leicht gegeneinander austauschbar sind, d.h. daß der Bedeutungsunterschied wesentlich geringer ist als der zwischen (7) und (8). Diese gegenseitige Substituierbarkeit ist jedoch nur zwischen den vier Verben *dürfen, können, mögen* und *müssen* gegeben (und auch dies ist eine Vereinfachung, die für den hier verfolgten Zweck der Illustration eines Prinzips jedoch zulässig scheint). *Sollen* und *wollen* bringen zwar ebenfalls eine Faktizitätsbewertung zum Ausdruck, doch ist hier ein zusätzlicher Aspekt zu berücksichtigen; vgl. folgende Sätze:

(11)　*Sie soll Sängerin gewesen sein.*

(12)　*Sie will Sängerin gewesen sein.*

*Soll* in Satz (11) verweist darauf, daß die Sachverhaltsbehauptung nicht vom Sprecher selbst (und auch nicht vom Satzsubjekt) stammt, sondern von einem anderen, und daß der Sprecher deshalb den Sachverhalt nicht als faktisch bezeichnen kann. *Will* in (12) verhält sich analog, mit dem Unterschied, daß es hier das Satzsubjekt ist, das die Behauptung äußert, die der Sprecher nicht als faktisch mittragen will. Derartige Markierungen kann man als "Quotative" bezeichnen (Palmer 1986, vgl. engl. *to quote* 'zitieren'). Hopper (1990:159 und 1991:22) spricht in diesem Zusammenhang von "specialization" und beschreibt sie folgendermaßen:

> Within a functional domain, at one stage a variety of forms with different semantic nuances may
> be possible; as grammaticalization takes place, this variety of formal choices narrows and the
> smaller number of forms selected assume general grammatical meanings.

Aus dieser Bestimmung wird deutlich, daß Lehmann auf mehrere Grammatikalisierungsparameter aufteilt (semantische Integrität, Paradigmatizität und paradigmatische Variabilität), was Hopper in einem Begriff zusammenfaßt.

Bei der *Paradigmatizität,* der paradigmatischen Kohäsion, sind die Unterschiede offenkundig. Die deontischen, weniger grammatikalisierten Varianten weisen nur geringe paradigmatische Kohäsion auf. Sie bilden zusammen mit Nichtmodalverben und syntaktischen Konstruktionen offene und lose strukturierte semantische Felder in den Bereichen 'Erlaubnis', 'Verbot', 'Befähigung', 'Wunsch' usw. Solche Ausdrücke sind z.B. *vermögen, erforderlich sein, wünschen, beabsichtigen, in der Lage sein, lassen, befugt sein* usw. Ein Satz wie (13) bildet ein semantisches Feld mit den Sätzen (14) bis (15). Entsprechendes gilt für Satz (16) und die "Paraphrasen" in (17) bis (18).

(13) *Sie kann Auto fahren.*

(14) *Sie ist in der Lage/hat gelernt, Auto zu fahren.*

(15) *Ihr ist es möglich, Auto zu fahren.*

(16) *Sie will surfen lernen.*

(17) *Sie hat den Wunsch/die Absicht, surfen zu lernen.*

(18) *Sie beabsichtigt/wünscht/hat vor, surfen zu lernen.*

Die stärkere Grammatikalisierung der epistemischen Variante dagegen geht mit stärkerer Paradigmatizität einher. Die Funktion als analytischer Modus, also der Ausdruck der epistemischen Bedeutung, wird von der kleinen, geschlossenen Gruppe der in (5) aufgeführten Verben übernommen (Es gibt noch einige wenige weitere Verben, z.B. *werden,* die hier aus verschiedenen Gründen ausgeklammert sind und an dem grundsätzlichen Befund nichts ändern). Außerdem sind die epistemisch gebrauchten Modalverben in das Modusparadigma integriert und stehen in Opposition zu den anderen Verbmodi, also zum Indikativ und zu den Konjunktiven. Dies kann an folgenden Beispielen illustriert werden:

(19) *Sie dürfte inzwischen fertig sein.*

(20) *Sie ist inzwischen fertig.*

(21) *Sie sagt, sie sei inzwischen fertig.*

(22) *Sie wäre inzwischen fertig, wenn du sie nicht gestört hättest.*

(23) *Sie ist nicht fertig.*

Die unsichere Faktizitätsbewertung des epistemischen *dürfte* in (19) steht in Opposition zur Behautung der sicheren Faktizität, die der Indikativ in (20) leistet, ebenso wie zu den typischen Funktionen der beiden Konjunktive. Der Konjunktiv I in (21) markiert den Verweis auf eine andere Quelle der Faktizitätsbewertung, d.h. er kennzeichnet die indirekte Rede. Der Konjunktiv II in (22) signalisiert Nichtfaktizität ('Sie ist nicht fertig') und verweist auf Bedingungen, die nicht erfüllt sind und deren Nichterfüllung der Grund für die Nichtfaktizität ist (der Nebensatz). Auch die Negation in (23) gehört als Sonderfall in die grammatische Kategorie der Modalität: Die Negation der Faktizität ist zugleich die Faktizität der Negation, d.h. durch den Indikativ wird das Nicht-Faktisch-Sein, das durch die Negationspartikel *nicht* ausgedrückt wird, als Faktum gekennzeichnet. Die epistemischen Modalverben bilden also insgesamt eine kleine geschlossene Gruppe und sind deutlich in das geschlossene Paradigma der Verbmodi integriert.

Der letzte Grammatikalisierungsparameter, die *paradigmatische Variabilität,* bringt die deutlichsten Unterschiede zutage. Die weniger grammatikalisierten deontischen Modalverben weisen große Variabilität auf. Sie werden den kommunikativen Absichten entsprechend ver-

28

wendet, und zwar nicht nur hinsichtlich der Auswahl der jeweiligen Lexeme, sondern auch bezüglich der Kategorien Tempus und Modus. In der deontischen Verwendung haben die Modalverben (fast) das gesamte Spektrum flexivischer Kategorien normaler Vollverben. Sie können in den verschiedenen Modi und in synthetischen und periphrastischen Tempora gebraucht werden. Satz (24) zeigt, daß deontisches *müssen* im Indikativ Präsens und Präteritum, ebenso wie in den beiden Konjunktiven verwendet wird. Satz (25) illustriert den Gebrauch von deontischem *müssen* in periphrastischen Formen anhand des Perfekts *hat müssen*:

(24) *Er muß/müsse/mußte/müßte das Buch bis Dienstag lesen.*

(25) *Er hat das Buch bis Dienstag lesen müssen.*

In der epistemischen Verwendung dagegen sind die Wahlmöglichkeiten eingeschränkt. Insbesondere können hier keine periphrastischen Tempora gebildet werden, d.h. ein Satz wie (25) hat keine epistemische Lesart. Auch die distinktive Bedeutung des Konjunktivs II ist aufgegeben und bewirkt höchstens eine Gradierung der Faktzitätseinschätzung, wie in (26).

(26) *Er muß/müßte inzwischen zuhause sein.*

Bei der deontischen Lesart dagegen ist die Modusunterscheidung, die oben besprochen wurde, voll erhalten. Während in Satz (27) das Müssen als faktisch dargestellt ist, ist in (28) ausgesagt, daß die Verpflichtung nicht eingehalten wird.

(27) *Er muß das Buch bis Dienstag lesen.*

(28) *Er müßte das Buch bis Dienstag lesen.*

Auch die Opposition zwischen Präsens und Präteritum wird bei der epistemischen Lesart zu einer neuen, obligatorischen Unterscheidung umfunktioniert, die keine freie Wahl mehr läßt, also die paradigmatische Variabilität einschränkt. Sie dient fast ausschließlich der Kennzeichnung "erlebter Rede", d.h. einem metasprachlichen, textstrukturierenden Zweck. Sie signalisiert die Überlagerung zweier Perspektiven: eine Perspektive hat im erzählenden Sprecher ihren Ausgangspunkt (ihre Origo, s. Bühler [1934] 1982:102-140), die zweite geht von der erzählten Person aus. So drückt *mußte* in (29) eine Vermischung zweier Standpunkte aus: die Vermutung der erzählten Person zu einem Zeitpunkt, der vom Sprecher aus betrachtet vergangen ist.

(29) *Sie suchte schon zehn Minuten nach ihrem Schirm. Er war nicht da. Sie mußte ihn in der U-Bahn vergessen haben.*

Ferner ist hier zu erwähnen, daß bei einigen Modalverben überhaupt nur eine oder zwei Formen epistemisch verwendet werden können:

(30) *Sie mag/mochte/?möge/\*möchte darüber sehr verärgert sein.*

(31) *Sie dürfte/\*darf/\*dürfe/\*durfte nicht mehr ganz nüchtern sein.*

(32) *Sie will/?wollte im Büro gewesen sein.*

(33) *Sie soll/?sollte im Büro gewesen sein.*[3]

Die Auswahl innerhalb der Mitglieder des epistemischen Paradigmas wird von grammatischen Regeln gesteuert und ergibt die schon erwähnte Opposition zwischen nichtquotativen und quotativen Modalverben, also *dürfen, können, mögen, müssen* einerseits und *sollen, wollen* andererseits (vgl. die Sätze 5 a-d und 5 e,f).

---

[3] Nach Helbig/Buscha (1986:136) sind *wollte* und *sollte* nicht ausgeschlossen.

Die Wahlmöglichkeiten nach bestimmten kommunikativen Bedürfnissen, die bei den deontischen Modalverben vorliegen, sind also im epistemischen Gebrauch entweder völlig abgebaut oder haben textstrukturierende Funktionen.

Der epistemische Gebrauch der Modalverben ist jedoch noch nicht so stark grammatikalisiert, daß keinerlei freie Wahl mehr bestünde. Man kann epistemische Modalverben durch Modalwörter wie *vielleicht, sicherlich, vermutlich, wahrscheinlich* usw. ersetzen:

(34) *Sie dürfte inzwischen zuhause sein.*

(35) *Sie ist wahrscheinlich/vermutlich inzwischen zuhause.*

Allerdings sind die beiden Sätze nicht völlig bedeutungsgleich. Das Modalwort *wahrscheinlich* (bzw. *vermutlich*) in (35) hebt die unsichere Faktizität, die der Sprecher dem dargestellten Sachverhalt zumißt, stärker hervor als das Modalverb *dürfte* in (34) (siehe Kapitel 5.).

Ein weiteres Anzeichen gesteigerter Grammatikalisierung ist die Ausweitung der Distribution der stärker grammatikalisierten Form im Vergleich zur weniger grammatikalisierten Entsprechung. Dies ist eine Folge der Verringerung der paradigmatischen Variabilität: eine Form, die unter bestimmten syntaktischen Bedingungen obligatorisch geworden ist (also ihre paradigmatische Variabilität eingebüßt hat), erfährt notwendigerweise eine Ausweitung ihrer Distribution (vgl. 1.1.). Bei den epistemisch gebrauchten Modalverben zeigt sich die Distributionsausweitung darin, daß beliebige Nominalphrasen als Subjekte zugelassen sind. Formale Aktanten wie *es* in (36) sind hier sogar relativ häufig (vgl. Jäntti 1983):

(36) *Es kann regnen.*

Das epistemisch gebrauchte *kann* in (36) bringt eine Vermutung des Sprecher bezüglich der Faktizität des gesamten dargestellten Sachverhalts (*es regnet*) zum Ausdruck, und eine solche ist unabhängig von der Art des Subjekts in allen Aussagesätzen möglich. Beim deontischen Gebrauch dagegen, wie er in (13) vorliegt, prädiziert *kann* die Befähigung oder Möglichkeit des Subjekts, die Infinitivhandlung durchzuführen.

(13) *Sie kann Auto fahren.*

In diesem Gebrauch treten bevorzugt solche Nominalphrasen als Subjekte auf, die eine Person denotieren, oder zumindest einen "Gegenstand", dem man 'Fähigkeit' etc. zusprechen kann. Formale Subjekte wie *es* in (36) sind bei deontisch gebrauchten Modalverben äußerst selten: ihre Distribution ist beschränkter als die der epistemisch gebrauchten Modalverben.

Zum Fall der Modalverben kann man zusammenfassend festhalten, daß die Anwendung der Grammatikalisierungsparameter einen deutlichen Unterschied der Grammatikalisierungsgrade der beiden Varianten ergibt. Die epistemischen Varianten der Modalverben sind dabei, sich zu analytischen Modi zu entwickeln und sind stärker grammatikalisiert als die deontischen Varianten, die in etwa dem Verhalten "normaler" Vollverben entsprechen.

## 2.2. Das Dativpassiv im heutigen Deutsch

Das Dativpassiv (auch Rezipientenpassiv, Adressatenpassiv oder *bekommen*-Passiv genannt)
liegt vor in einem Satz wie:

(37) *Sabine bekommt das Buch geschenkt.*

Statt *bekommen* kann auch *erhalten* oder *kriegen* als "Hilfsverb" des Dativpassivs verwendet
werden:

(38) *Sabine erhält/kriegt das Buch geschenkt.*

Wie die Bezeichnung "Passiv" andeutet, fällt es in den Bereich des Genus verbi bzw. der
Diathesen, also derjenigen grammatischen Kategorie, die die semantischen Rollen der
Verbergänzungen und die Gerichtetheit des im Verbum ausgedrückten Prozesses betrifft. Es
handelt sich um eine ausgesprochen komplexe und umstrittene Kategorie, die hier nur so weit
erörtert werden kann, als es für die Fragestellung, die Funktion des Dativpassivs, wichtig ist.
Eine hervorragende und umfassende Behandlung des Passivs findet sich in Leiss (1992:72-
155), auf die sich auch die folgende Skizze der Funktion der Diathesen gründet. Im Deutschen
unterscheidet man die beiden Diathesen Aktiv (39) und Passiv (40):

(39) *Claudia besucht Sabine.*

(40) *Sabine wird besucht.*

Sätze im Aktiv weisen keine formale Markierung des Verbs auf, Sätze im Passiv dagegen
haben eine formal markierte Verbalphrase, nämlich die Verbindung des Auxiliars *werden* mit
dem Partizip II des Hauptverbs. Beim Passiv findet eine Reduktion der ursprünglichen Valenz
des Hauptverbs, eine Intransitivierung, statt. Während im aktiven Satz (39) das Verb *besuchen*
als zweiwertiges Verb auftritt, das eine Ergänzung im Nominativ (*Claudia*) und eine
Ergänzung im Akkusativ (*Sabine*) erfordert, ist im passivischen Satz (40) nur mehr eine
Valenzposition frei, nämlich die Ergänzung im Nominativ, die in diesem Fall von *Sabine*
eingenommen wird.

Ergänzungen sind nicht nur syntaktische Positionen, sondern sie entsprechen semantischen
Rollen, d.h. den Mitspielerrollen in der durch das Verb ausgedrückten Szene. Im Aktivsatz
korreliert die Ergänzung im Nominativ mit der semantischen Rolle des Agens, also dessen,
der die Handlung ausführt. Die Ergänzung im Akkusativ übernimmt die semantische Rolle des
Patiens, d.h. dessen, der von der Handlung betroffen ist. Bezogen auf Satz (39) heißt dies, daß
*Claudia* die Besucherin, *Sabine* die Besuchte ist. Allgemeiner formuliert: das Agens ist der
Ausgangspunkt, das Patiens der Zielpunkt der im Verb ausgedrückten Handlung. Satz (39)
kann daher in folgendem Diagramm wiedergegeben werden (vgl. Leiss 1992:153):

(41) *Claudia*    ->    *besucht*    ->    *Sabine.*

Im Passivsatz (40) ist nur noch eine syntaktische Position (die Ergänzung im Nominativ) und
nur noch eine semantische Rolle vorhanden. Wenn nun das Passiv eine bloße Valenz*reduktion*
wäre, dann müßte diese verbleibende Rolle das Agens sein. Dies ist aber nicht der Fall. Die
semantische Rolle, die in Satz (40) als Nominativergänzung auftritt, ist das Patiens, die
Besuchte (*Sabine*). Das Agens wird durch das Passiv aus dem Valenzrahmen hinausgedrängt
und taucht, wenn überhaupt, nur noch als Angabe in Form einer Präpositionalphrase (*von
Claudia*) auf (vgl. Leiss 1992:87).

(42) *Sabine wird von Claudia besucht.*

Das Passiv leistet also eine Umkehrung der Verbalrichtung. Leiss (1992:150) nennt die Verbalrichtung des Aktivs "Handlungsperspektive", diejenige des Passivs "Geschehensperspektive". Das Subjekt des Passivsatzes ist der Zielpunkt eines Geschehens; der ursprüngliche Ausgangspunkt liegt nicht mehr im Kernbereich der Verbalrelation und muß nicht benannt werden. Die Reduktion der Valenz ist nur ein Nebenprodukt dieser Umkehrung der Verbalrichtung. Die Verbalrichtung von Satz (40) läßt sich folgendermaßen darstellen (vgl. Leiss 1992:153):

(43) *Sabine*     <-     *wird besucht (<- von Claudia).*

Die semantische Rolle von *Sabine* in (39) und (40) ist jeweils die gleiche, nämlich das Patiens, der Zielpunkt. Ihre syntaktische Position ist jedoch eine andere: Akkusativergänzung im Aktivsatz (39) und Nominativergänzung im Passivsatz (40). Bei Sätzen mit dem *werden*-Passiv entspricht die Ergänzung im Nominativ also einer Akkusativergänzung des Aktivsatzes.

Dativergänzungen dagegen können nicht mit Subjekten eines *werden*-Passivs in Verbindung gebracht werden. Dem Satz

(44) *Claudia schenkt ihr das Buch*

kann zwar ein *werden*-Passiv zur Seite gestellt werden, in dem die Akkusativergänzung *das Buch* zur Nominativergänzung wird (Satz 45), nicht aber ein *werden*-Passiv, in dem die Dativergänzung *ihr* als Nominativergänzung auftritt (Satz 46).

(45) *Das Buch wird ihr (von Claudia) geschenkt.*

(46) *\*Sie wird das Buch (von Claudia) geschenkt.*

Es ist jedoch möglich, die Dativergänzung zu frontieren (d.h. an die erste Stelle zu setzen) und so eine markierte Satzgliedstellung zu erzeugen. Dies kann nötig werden, wenn in bestimmten Kontexten die Dativergänzung anstelle der Nominativergänzung das Thema (die bekannte Information, der kommunikative Ausgangspunkt) ist. Das Ergebnis ist:

(47) *Ihr*    *wird*    *das Buch*      *(von Claudia)*      *geschenkt.*
     Dat.       Akk.         Präp.-Phr.

Man könnte sich darüber wundern, daß es im Deutschen nicht möglich ist, ein *werden*-Passiv zu bilden, bei dem die Dativergänzung des Aktivsatzes in die Subjektsposition aufrückt. Denn gerade die Dativergänzung kodiert die semantische Rolle des Zieles, so daß sie für die Passivkonversion geeignet erscheint. Doch muß man zwei verschiedene Arten von Zielen unterscheiden: ein inneres Ziel, das von der Handlung als *Patiens* betroffen ist (s.o. *das Buch*) und ein äußeres Ziel, das der Endpunkt der Handlung des Agens am Patiens ist (s.o. *ihr*). Dieser Endpunkt wird oft als Empfänger, Adressat oder Rezipient bezeichnet; hier dagegen wird er mit dem neutralen Begriff "Zielrolle" belegt.

Das Patiens ist sehr häufig unbelebt, das Ziel dagegen ist belebt, meist sogar menschlich. Die Zielrolle ist der Handlungspartner des Agens. Das Dativpassiv ermöglicht es nun, diese Zielrolle unter Beibehaltung der Semantik zur Nominativergänzung zu "befördern". Dabei bleibt das Patiens als Akkusativergänzung erhalten, das Agens kann fakultativ in einer Präpositionalphrase ausgedrückt werden:

(48) *Sie*    *bekommt*    *das Buch*      *(von Claudia)*      *geschenkt.*
     Nom.           Akk.         Präp.-Phr.

Die Ähnlichkeit mit Satz (47) ist nicht zu übersehen. Der wesentliche Unterschied zwischen dem *werden*-Passiv und dem *bekommen*-Passiv ist der, daß bei ersterem das innere Ziel (das Patiens bzw. die "ehemalige" Akkusativergänzung) das Subjekt des Satzes ist, bei letzterem dagegen das äußere Ziel (der Rezipient bzw. die "ehemalige" Dativergänzung).

Im Grammatikunterricht der Schule erfährt man normalweise nichts vom Dativpassiv, und die Duden-Grammatik schreibt dazu: "Sein sehr kleiner Anwendungsbereich ist auf Verben beschränkt, die einen Dativ der Person und einen Akkusativ der Sache fordern (*jmdm etw. bieten, anvertrauen, schenken, verehren, schreiben* u.a.)" (Gelhaus 1995:178). Eine ähnliche Feststellung treffen Helbig/Buscha (1986:184), doch gestehen sie zu, daß "gelegentlich [...] diese Konstruktion in der Umgangssprache auch mit anderen Verben vor[kommt], die Dativ und Akkusativ regieren (*etwas gesagt, gezeigt, bezahlt bekommen*)." Die Grammatiken behandeln das Dativpassiv also sehr restriktiv; sie erwähnen es kurz als eine der "Konkurrenzformen" des *werden*-Passivs und weisen ihm keine eigene Funktion zu, sondern "verbannen" es (mit Ausnahme weniger Verben) in die Umgangssprache. Linguistische Einzeluntersuchungen zum Dativpassiv kommen zu anderen Ergebnissen. Zwar muß wohl die Bemerkung von Eroms (1978:388), daß das Dativpassiv "voll grammatikalisiert" sei, relativiert werden, doch kann man mit Sicherheit davon ausgehen, daß es einen größeren Stellenwert in der grammatischen Struktur des heutigen Deutsch hat, als die exemplarisch zitierten Grammatikdarstellungen ihm zubilligen. So weist z.B. Askedal (1984:41) darauf hin, "daß das gegenwärtige *bekommen/kriegen/erhalten*-Passiv sich in einem Übergangszustand befindet". Im folgenden soll dieser aktuelle, synchrone Zustand des "Noch-nicht-ganz-grammatikalisiert-Seins" des Dativpassivs genauer analysiert werden.

Die Verben *bekommen, erhalten* und *kriegen* treten zum einen als Vollverben (Beispiele 49-50), zum andern als Hilfsverben in Dativpassiv-Konstruktionen auf (Beispiele 51-55).[4] Dabei ist zu beachten, daß letztere keinen einheitlichen Grammatikalisierungsgrad, sondern vielmehr einen graduellen Übergang zwischen Vollverb und Hilfsverb darstellen.

(49) *Sie bekommt/kriegt/erhält ein Fahrrad.*

(50) *Sie bekommt/kriegt/erhält die Bretter schon passend zugeschnitten.*

(51) *Sie bekommt/kriegt/erhält den Katalog zugeschickt.*

(52) *Sie bekommt/kriegt/erhält geschrieben, daß das Treffen verschoben wird.*

(53) *Sie bekommt/kriegt/erhält geschrieben.*

(54) *Er bekommt/kriegt/?erhält das Auto weggenommen.*

(55) *Er bekommt/kriegt/\*erhält geschmeichelt/geholfen/auf die Füße getreten.*

Es ist offenkundig, daß die Vollverbverwendung in (49) nicht dasjenige Satzmuster sein kann, das den Ausgangspunkt der Grammatikalisierung zum *bekommen*-Passiv bildet, da dieser Satz ja kein Partizip II eines zweiten Verbs enthält. In Satz (50) jedoch liegt eine Struktur vor, die als Ausgangspunkt für die Grammatikalisierung geeignet ist. *Bekommen* (usw.) ist das Hauptverb, das Partizip II *zugeschnitten* ist eine Prädikativangabe, d.h. ein Satzglied, das nicht

---

[4]  Diese Sätze sind angelehnt an Beispiele in Eroms 1978, Critchley 1983, Askedal 1984, Reis 1985, Wegener 1985, Leirbukt 1987, Abraham 1992, die sich ausführlich mit dieser Konstruktion befassen.

von der Verbvalenz gefordert wird, sondern eine zusätzliche Prädikation darstellt und gleichzeitig ein anderes Satzglied, in diesem Fall die Ergänzung im Akkusativ *die Bretter*, semantisch modifiziert (zur syntaktischen Terminologie und Analyse siehe Van der Elst 1994). Die Prädikativangabe wiederum wird ihrerseits durch *schon passend* modifiziert. Diese Prädikativangabe kann, wie alle Angaben, durch die *und-zwar*-Probe ermittelt werden:

(56) *Sie bekommt/kriegt/erhält die Bretter, und zwar schon passend zugeschnitten.*

Die Struktur dieses Satzes ist also folgende (die gestrichelte Linie zeigt die semantische Verbindung zwischen der Prädikativangabe und der Ergänzung im Akkusativ an):

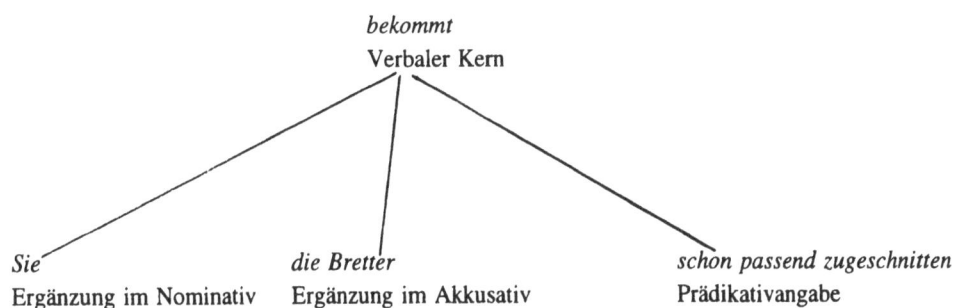

*bekommt*
Verbaler Kern

*Sie*　　　　　　　*die Bretter*　　　　　　*schon passend zugeschnitten*
Ergänzung im Nominativ　Ergänzung im Akkusativ　Prädikativangabe

Was nun die drei Verben *bekommen, erhalten, kriegen* bereits als Hauptverben von den meisten anderen Verben des Deutschen abhebt, ist ihre Valenz. Rein syntaktisch betrachtet sehen sie zwar wie "normale" transitive Verben aus, die typischerweise eine Nominativ- und eine Akkusativergänzung erfordern (z.B. *entwerfen* in *Sie entwirft einen Plan*, oder *singen* in *Sie singt ein Lied*), was jedoch die geforderten semantischen Rollen betrifft, so sind diese drei Verben eine große Ausnahme: zwar hat die Akkusativergänzung die semantische Rolle des Patiens, wie bei den "normalen" transitiven Verben, aber die Nominativergänzung hat nicht die Agensrolle, sondern die Zielrolle inne (vgl. Critchley 1983:141). Ein Agens ist im Valenz-rahmen dieser drei Verben nicht vorgesehen und kann nur über eine Präpositionalphrase als Angabe eingeführt werden, wie z.B. durch *vom Schreiner* in (57):

(57) *Sie bekommt/kriegt/erhält die Bretter vom Schreiner schon passend zugeschnitten.*

Die drei Verben sind also selbst als Vollverben nicht "echt" transitiv, da sie eine umgekehrte Verbalrichtung (d.h. die Geschehensperspektive) kodieren und keine Valenzstelle für ein Agens vorsehen. Der obige Satz hat also folgende Verbalrichtung:

(58) *Sie <- bekommt <- die Bretter schon passend zugeschnitten (<- vom Schreiner).*

Schon als Vollverben weisen die zum *bekommen*-Passiv grammatikalisierbaren Verben valenz-semantische Eigenschaften auf, die sie als eine Sondergruppe erscheinen lassen. Sie sind "lexikalische Konversen" zu *geben*, d.h. sie kehren die in *geben* ausgedrückte Verbalrichtung, nämlich Agens -> Verb -> Patiens -> Ziel, um zur Ausrichtung: Ziel <- Verb <- Patiens <- Agens (s. Wegener 1985:130). Aufgrund der geringen Anzahl an Verben mit dieser speziellen Ausprägung der Geschehensperspektive, die man als "Rezipientenperspektive" bezeichnen kann, ist die Substitutionsmöglichkeit durch andere Lexeme reduziert, d.h. die "paradigmatische Variabilität", die ja ein Kennzeichen autonomer, nichtgrammatikalisierter Zeichen ist, ist bereits beim Vollverbgebrauch stark eingeschränkt.

Diejenigen Dativpassiv-Konstruktionen, die selbst in "konservativen" Grammatiken als akzeptabel betrachtet werden, sind dem Vollverbgebrauch, wie er in (50) vorliegt, noch sehr nahe. Ein Beispiel dafür ist Satz (51):

(51) *Sie bekommt/kriegt/erhält den Katalog zugeschickt.*

Hier sind zwei Analysewege möglich: *bekommen* (usw.) kann entweder als Vollverb oder als Hilfsverb des *bekommen*-Passivs analysiert werden. In der Vollverbanalyse erscheint *zugeschickt* als Prädikativangabe, was analog zu Beispiel (56) mit dem *und-zwar*-Test gezeigt werden kann:

(59) *Sie bekommt/kriegt/erhält den Katalog, und zwar zugeschickt (nicht etwa am Kiosk).*

Satz (51) kann aber auch als Satz mit *bekommen*-Passiv aufgefaßt werden. In diesem Fall hat eine *Reanalyse* der zugrundeliegenden syntaktischen Verhältnisse stattgefunden. Reanalyse besteht in einer Restrukturierung der Konstituentenstruktur. Heine/Claudi/Hünnemeyer (1991:216) sprechen von einer "boundary shift" ("Grenzverschiebung") und stellen sie in folgender Formel dar:

(A,B) C -> A (B,C).

Auf der linken Seite des Pfeils bilden die beiden Elemente A und B zusammen eine Konstituente, die mit der Konstituente C eine komplexere Struktur ergibt. Auf der rechten Seite des Pfeils ist die Restrukturierung dargestellt, die nun B und C zu einer Konstituente vereinigt. Heine/Claudi/Hünnemeyer (1991:219) bemerken hierzu: "The result is that existing dependency relations are turned upside down; that is, governing constituents become dependent constituents, and vice versa" (vgl. auch Langacker 1977). Die Konstituentenstruktur wird also gleichsam "gestürzt", ohne daß dies formal gekennzeichnet wird: *bekommen* hat Hilfsverbstatus und bildet zusammen mit dem Partizip II von *zuschicken*, das nun der Valenzträger ist, eine komplexe Verbalphrase. Dieses Aufgeben der Valenz- und Prädikationsfähigkeit betrifft den Lehmannschen Parameter des Skopus ("Reichweite"), dessen Reduktion ein typisches Anzeichen der zunehmenden Grammatikalisierung (Auxiliarisierung) von Verben ist.

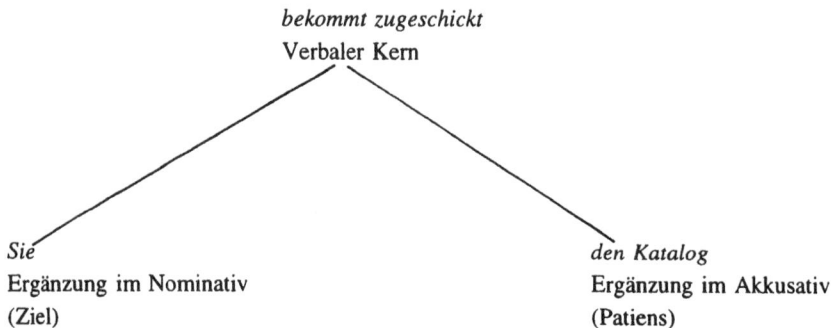

*bekommt zugeschickt*
Verbaler Kern

*Sie*
Ergänzung im Nominativ
(Ziel)

*den Katalog*
Ergänzung im Akkusativ
(Patiens)

*Bekommen* ist hier ein Passiv-Auxiliar parallel zu *werden* in folgendem Satz:

(60) *Der Katalog wird ihr zugeschickt.*

Dessen semantische Rollenstruktur kann so wiedergegeben werden:

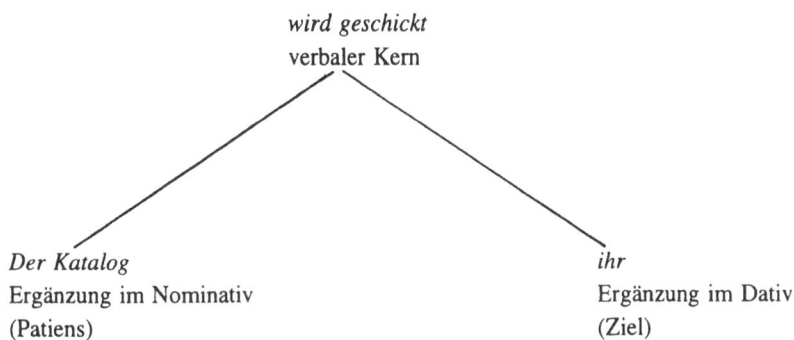

*wird geschickt*
verbaler Kern

*Der Katalog*
Ergänzung im Nominativ
(Patiens)

*ihr*
Ergänzung im Dativ
(Ziel)

Für die Möglichkeit einer solchen Reanalyse von *bekommen* und Partizip II ist jedoch nicht nur die Existenz des Partizips II eines anderen Verbs im gleichen Satz Voraussetzung, sondern es müssen weitere Bedingungen erfüllt sein. Die zwei wichtigsten sind die aspektuellen Verhältnisse zwischen den beiden Verben und deren jeweilige Valenz.

Zu den aspektuellen Verhältnissen sei hier nur eine kurze Andeutung gemacht (ausführlich dazu Abraham 1992). Während das Partizip *zugeschnitten* in (50) die Abgeschlossenheit dieser Handlung kodiert und somit terminativ bzw. resultativ ist, ist dies bei *zugeschickt* in (51) nicht der Fall. (Die Hinzufügung von *schon passend* in (50) dient nur der disambiguierenden Verdeutlichung, sie ist nicht die Ursache für die aspektuellen Verhältnisse.)

(50) *Sie bekommt/kriegt/erhält die Bretter schon passend zugeschnitten.*

(51) *Sie bekommt/kriegt/erhält den Katalog zugeschickt.*

Während also in (50) das Bekommen der Bretter *nach* deren Zuschneiden erfolgt, findet das Bekommen und das Zuschicken in (51) gleichzeitig statt. Die resultative (terminative) Bedeutung ist hier aufgegeben; dies ist eine Voraussetzung zur Reanalyse von *bekommen* und Partizip II zu einer periphrastischen Verbform.

Die zweite Bedingung, die Valenzstruktur, soll nun ausführlicher behandelt werden. Als Ausgangspunkt für die Grammatikalisierung kommen nur solche Sätze in Frage, deren Partizip II von einem Verb gebildet ist, das im Aktivsatz dreiwertig bzw. ditransitiv ist, d.h. eine Nominativergänzung (Agens), eine Akkusativergänzung (Patiens) und eine Dativergänzung (Zielrolle) erfordert. Wie das oben angeführte Zitat aus der Duden-Grammatik zeigt, wird diese Valenzstruktur oft als Voraussetzung zur Akzeptabilität des *bekommen*-Passivs genannt. *Zuschicken* aus Satz (51) ist ein solches ditransitives Verb (*jemand schickt jemandem etwas zu*), ebenso die den Partizipien in (52)-(54) zugrundeliegenden Verben.

(52) *Sie bekommt/kriegt/erhält geschrieben, daß das Treffen verschoben wird.*

(53) *Sie bekommt/kriegt/erhält geschrieben.*

(54) *Er bekommt/kriegt/?erhält das Auto weggenommen.*

(55) *Er bekommt/kriegt/*erhält geschmeichelt/geholfen/auf die Füße getreten.*

Die Verben in Beispiel (55) dagegen erfüllen diese Bedingung nicht mehr, es fehlt jeweils die Ergänzung im Akkusativ (*jemand hilft/schmeichelt jemandem; jemand tritt jemandem auf die Füße*). Und genau diese Beispiele haben den unsichersten Akzeptabilitätsstatus, sie werden zwar von manchen Sprechern als grammatikalisch akzeptiert, aber (noch) nicht von allen.

Daß ein Dativpassiv eine Dativergänzung des zu passivierenden Verbs voraussetzt, ist auf Anhieb naheliegend (vgl.Leirbukt 1987:110); wieso es aber auch eine Akkusativergänzung erfordern sollte, ist zunächst unklar, und man muß genauer formulieren: Ein vollständig grammatikalisiertes Dativpassiv verlangt mit Sicherheit keine Akkusativvalenz des Hauptverbs. Ein in Grammatikalisierung befindliches Dativpassiv jedoch benötigt diese Valenzposition, um den Übergang zu vollziehen von einer Struktur, in der das Partizip II eine Prädikativangabe zum Akkusativobjekt des Hauptverbs *bekommen* ist, zu einer neuen Struktur, in der *bekommen* nur mehr als Hilfsverb zum als Partizip II vorliegenden Vollverb fungiert. Die Einzelschritte dieses Übergangs werden sehr klar von Critchley (1983:141) dargestellt. Seine Diagramme werden im folgenden für die hier verwendeten Beispiele adaptiert.

Die zugrundeliegenden semantischen Rollenbeziehungen für Satz (50), bei dem noch keine Dativpassiv Interpretation möglich ist, gestalten sich so:

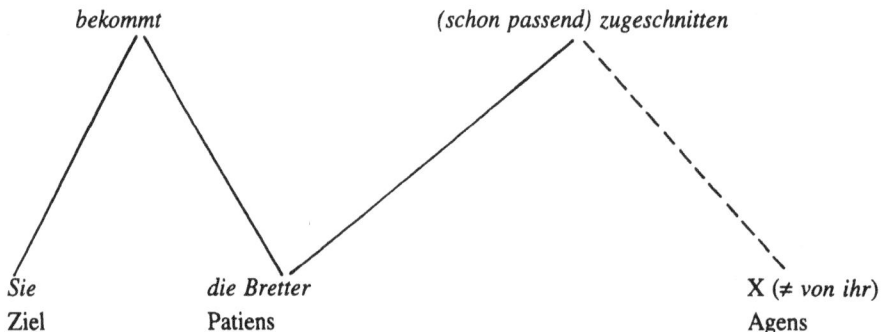

bekommt     (schon passend) zugeschnitten

Sie    die Bretter      X (≠ von ihr)
Ziel    Patiens        Agens

*Sie* hat die Zielrolle bezüglich *bekommen* inne, *die Bretter* fungieren als das Patiens sowohl von *bekommen* als auch von *zuschneiden*; das Verb *zuschneiden* impliziert weiterhin ein Agens, das jedoch nicht im Satz genannt ist (und daher mittels einer gestrichelten Linie mit dem Verb verbunden ist). Da das Partizip II *zugeschnitten* passivische Bedeutung hat (*Die Bretter werden zugeschnitten*), kann das Agens nur mittels einer *von*-Phrase als Angabe realisiert werden, wie in:

(57) *Sie bekommt die Bretter vom Schreiner schon passend zugeschnitten.*

Es besteht außerdem die Restriktion, daß das Ziel von *bekommen* (also *sie*) nicht referenzidentisch mit dem Agens von *zuschneiden* sein darf. Daher nicht:

(61) **Sie bekommt die Bretter von sich selbst schon passend zugeschnitten.*

Ferner ist festzuhalten, daß in der Valenz von *zuschneiden* keine Zielrolle vorgesehen ist. Wenn eine solche eingeführt wird, dann liegt ein sogenannter "freier Dativ" vor, in diesem Fall der "Dativus commodi" (*jmdm. etw. zuschneiden*), d.h. eine nicht in der Valenz verankerte Zielrolle:

(62)  *Die Bretter  werden ihr vom Schreiner schon passend zugeschnitten.*

Die Grammatikalisierung kann, wie Critchley 1983 zeigt, nur in denjenigen Fällen beginnen, in denen auch das Partizip eine Zielrollen-Valenz aufweist. Dies ist in Satz (51) der Fall. Diese Zielrolle wird bei *bekommen* als Nominativergänzung realisiert, d.h. sie hat die Subjektsstelle, in dem Satz, der dem Partizip zugrundeliegt (*jemand schickt ihr den Katalog*) dagegen als Dativergänzung. Dies ist die Situation in Satz (51), wie die graphische Darstellung der semantischen Relationen zeigt (wieder in Anlehnung an Critchley 1983:141); die gestrichelten Linien deuten die Valenzrollen des dem Partizip zugrundeliegenden Verbs an (*jemand schickt ihr den Katalog*):

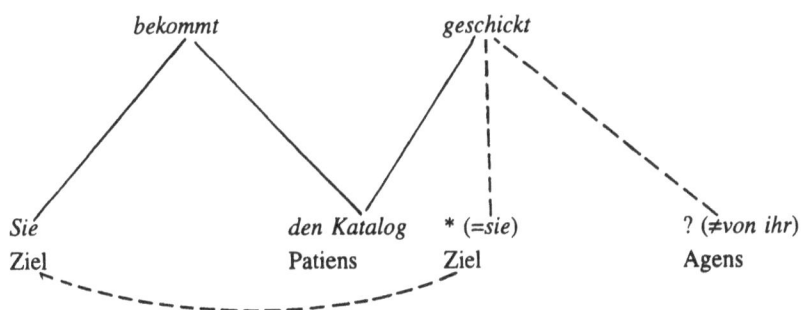

Das Ziel von *bekommen* ist referenzidentisch mit dem Ziel von *zuschicken*, d.h. es ist sehr unwahrscheinlich, daß der Satz verstanden würde als 'Sie bekommt den Katalog, der jemand anderem zugeschickt wurde'. Für das Agens von *zuschicken* besteht (jedenfalls im Normalfall) die Restriktion, daß es nicht mit dem Subjekt von *bekommen* referenzidentisch sein kann (vgl. die Restriktion für das Agens von *zugeschnitten* in Satz (50)) . Die entscheidende Bedingung für die Grammatikalisierung ist jedoch, wie erwähnt, die Existenz sowohl der Patiens- als auch der Zielrolle in der Valenz beider Verben und deren Referenzidentität. Dieses Vorhandensein der Ziel- und der Patiensrolle bei beiden beteiligten Verben bildet quasi den "Haken" (Critchley (1983:141) spricht von "hinge"), der die beiden zunächst selbständigen verbalen Valenzträger (also *bekommen* und das Partizip II) zu einer Verbalphrase zusammenhängt und so die Reanalyse der Struktur und damit den Beginn der Grammatikalisierung ermöglicht. Als Vollverb fordert *bekommen* eine Patiensrolle in Form einer Akkusativergänzung; deren Existenz ist somit Voraussetzung der Hauptverbinterpretation. Die Voraussetzung des *bekommen*-Passivs dagegen ist die Zielrolle und damit die Dativvalenz des Hauptverbs. Es ist also nicht verwunderlich, daß Sätze wie (51) den Übergang bilden und zwei Lesarten erlauben, da sie ja beide Bedingungen erfüllen.

Die Sätze (52) bis (55) weisen keine Hauptverbvariante mehr auf. Dies kann man sehr einfach dadurch beweisen, daß das Weglassen der vermeintlichen Prädikativangabe nicht möglich ist, was der Vergleich von (52) und (63) stellvertretend für alle anderen Sätze zeigt (vgl. Askedal 1984:25):

(52) *Sie bekommt/kriegt/erhält (von ihm) geschrieben, daß das Treffen verschoben wird.*

(63) **Sie bekommt/kriegt/erhält (von ihm), daß das Treffen verschoben wird.*

Wie schon erwähnt und wie von in Grammatikalisierung befindlichen Strukturen zu erwarten, sind die Sätze (51)-(55) nicht gleichermaßen akzeptabel. Da die Gründe für die unterschiedliche Bewertung uneinheitlich sind, sollen sie nun einzeln betrachtet werden.

Daß in Satz (52) eindeutig ein *bekommen*-Passiv vorliegt, ist darauf zurückzuführen, daß zwar eine Akkusativergänzung vorhanden ist, daß diese aber die Form eines Komplementsatzes zeigt. *Bekommen* als Hauptverb erfordert jedoch eine nominale Akkusativergänzung. Das *daß*-Komplement erfüllt diese Bedingung nicht; es ist keine Ergänzung zu *bekommen*, sondern zu *schreiben*.

Ein anderer Faktor der Grammatikalisierung spielt bei (54) eine Rolle (vgl. Critchley 1983:140, 142 und Abraham 1992:11):

(54) *Er bekommt/kriegt/?erhält das Auto weggenommen.*

Hier ist zwar eine nominale, konkrete Akkusativergänzung vorhanden, dennoch ist dieser Satz nur dann nicht abweichend, wenn *bekommen* als Dativpassiv und nicht mehr als Vollverb verstanden wird, wenn also die Akkusativergänzung ausschließlich von *weggenommen* bedingt ist. Für viele Sprecher ist dies noch nicht der Fall und ein Satz wie (54) wird von ihnen als semantisch abweichend abgelehnt. Der Grund liegt in der semantischen Unverträglichkeit, die die beiden Verben als Vollverben aufweisen. *Bekommen* als Vollverb kodiert eine Bewegungsrichtung auf einen Bezugspunkt hin, d.h. die Ergänzung im Nominativ ist einerseits abstraktes Ziel der Verbalhandlung und gleichzeitig konkreter Rezipient eines räumlich transportierten Gegenstandes. Das Verb *wegnehmen* drückt ebenfalls räumliche Bewegung aus, allerdings mit umgekehrter Bewegungsrichtung, nämlich weg vom Bezugspunkt: Die Dativergänzung von *wegnehmen* ist einerseits abstraktes Ziel der Verbalhandlung (*er* in Satz (54) ist das Ziel der Handlung des Wegnehmens) und gleichzeitig der Ausgangspunkt der Bewegung des weggenommenen Gegenstandes. Wenn nun beide Verben in dieser konkreten Bedeutung verstanden und auf den selben Bezugspunkt angewendet werden sollen (*er* in Satz 54), dann ergibt sich eine semantische Unvereinbarkeit. Man kann nicht gleichzeitig einen Gegenstand bekommen und weggenommen bekommen. Die Grammatikalisierungsparameter von Lehmann 1985 erfassen dieses Phänomen unter dem Parameter des paradigmatischen Gewichts als eine Frage der semantischen Integrität, die bei zunehmender Grammatikalisierung reduziert wird. Bei *bekommen* in (54) ist die semantische Integrität bereits stark abgebaut, wesentliche semantische Merkmale des Vollverbs sind verloren gegangen. Diese "Ausbleichung" ermöglicht die Ausweitung des Gebrauchs der Konstruktion auf Verben, bei denen sie sonst nicht möglich wäre.

In Beispiel (55) schließlich ist die Bedingung des Vorhandenseins einer Akkusativergänzung vollends gefallen: Die den Partizipien zugrundeliegenden Hauptverben weisen neben der Nominativergänzung entweder nur eine Dativergänzung oder eine Dativergänzung und eine Präpositionalergänzung auf.[5] Es handelt sich also durchweg um Hauptverben, die keinen verbindenden Akkusativ aufweisen, wohl aber einen Dativ.

(55)  *Er bekommt/kriegt/\*erhält (von uns) geschmeichelt/geholfen/auf die Füße getreten.*
Derartige Konstruktionen werden nicht von allen Sprechern, und auch nicht von allen Linguisten, als grammatisch akzeptiert. Die Grammatikalitätsurteile unterscheiden sich je nachdem, wie "konservativ" oder "progressiv" das Sprachempfinden des Sprechers ist.

Oft werden weitere Restriktionen für die Bildung des *bekommen*-Passivs genannt. So wird festgestellt, daß nur eine belebte Dativergänzung des Hauptverbs zum Subjekt eines Dativpassivs werden kann (so z.B. Reis 1976:74, Ebert 1978:63f., Wegener 1985:133), was von anderen Autoren relativiert wird (Askedal 1984:23, Leirbukt 1987:104). Leirbukt 1987 versucht eine Präzisierung dahingehend, daß nur bei intransitiven Hauptverben (nicht bei transitiven) die Frage der Belebtheit der Dativergänzung relevant ist, und daß zweitens diese Zielrolle als belebter Rezipient spezifiziert sein muß. Auf diese Weise versucht er zu erklären, wieso zwar intransitive Verben wie *widersprechen, helfen, applaudieren, schmeicheln, rufen* ein Dativpassiv erlauben, nicht jedoch die ebenfalls intransitiven Verben *zufliegen, folgen, nachgehen* usw., vgl. (64) vs. (65):

(64)  *Sie bekommt geholfen.*

(65)  *\*Sie bekommt gefolgt.*

Erstere enthielten eine belebte Rezipientenrolle, letztere nur eine belebte Zielrolle. Diese und ähnliche Feinheiten sollen hier nicht weiter behandelt werden. Da sich das *bekommen*-Passiv noch im Prozeß der Grammatikalisierung befindet, ist das Weiterwirken ursprünglicher semantischer Restriktionen geradezu typisch (vgl. Hopper 1991, Hook 1991).

Grundsätzlich ist jedoch anzumerken, daß die Existenz von Restriktionen kein Argument gegen den Status des *bekommen*-Passivs als grammatikalisierte Diathese ist. Zwar ist die generelle und obligatorische Anwendung das Kriterium für die Definition einer grammatischen Kategorie, doch ist dies keine absolute Bedingung (vgl. 1.1. und 2.1. unter der paradigmatischen Variabilität sowie Lehmann 1982:12). Auch beim *werden*-Passiv gibt es Restriktionen (bei weitem nicht alle Verben mit Akkusativ können ein *werden*-Passiv bilden, z.B. *enthalten, besitzen*), ohne daß dadurch sein Status als grammatische Kategorie zu bezweifeln wäre.

Die letzte Restriktion des *bekommen*-Passivs, die hier genannt werden soll, ist sogar ein Argument *für* seine Bewertung als grammatische Kategorie, da genau diese Restriktion auch für das *werden*-Passiv gilt, und somit insgesamt alle markierten Diathesen betrifft. Es handelt sich um die Bedingung, daß das Hauptverb ein Handlungsverb und somit die Nominativergänzung des Aktivsatzes ein Agens sein muß (Eroms 1978:396, Askedal 1984:39, Wegener 1985:134, Leirbukt 1987:104). Nur dann, wenn eine Handlung vorliegt, kann durch das Passiv eine Umkehrung der Handlungsperspektive in eine Geschehensperspektive bewirkt werden. Aus diesem Grund ist bei Verben wie *gefallen, mißfallen, behagen, zustehen, glücken, genügen, verdanken* usw. kein *bekommen*-Passiv möglich (Liste der Verben nach

---

[5]  Eroms (1978:396) u.a.; Abraham (1992:12) stellt fest, daß neben dem Fehlen des direkten Objekts das Hauptverb nicht mehr terminativ ist.

Eroms 1978:396, Wegener 1985:134), vgl. folgenden Satz:

(66)  *Ich bekomme von ihr ihren guten Job verdankt.*

Zusammenfassend kann man sagen, daß die Verben *bekommen, erhalten, kriegen* gemeinsam mit *werden* als Auxiliare zum Ausdruck der Geschehensperspektive in Opposition zum Aktiv stehen und in das Paradigma der verbalen Diathesen integriert sind. Diese paradigmatische Kohäsion ist, wie im letzten Abschnitt gezeigt, ein sehr deutlicher Hinweis auf starke Grammatikalisierung. Das Aktiv als unmarkierte Diathese realisiert die Handlungsperspektive (und gegebenenfalls ein Agens), die beiden Passivkonstruktionen realisieren jeweils die Geschehensperspektive unter Verdrängung des ursprünglich vorhandenen Agens: das *werden*-Passiv erhebt das Patiens zur Ergänzung im Nominativ, das *bekommen*-Passiv die Zielrolle, so daß eine Analogie entsteht zwischen zwei Arten von Ergänzungen in obliquen Kasus (Objekten) und zwei Arten von Passivkonstruktionen.

Dennoch könnte man die Frage stellen, wieso das Dativpassiv nötig sei, da man doch den Dativ frontieren kann, also

(67)  *Ihm helfen sie,*

statt

(68)  *Er bekommt geholfen.*

Dazu ist zu sagen, daß die Frontierung einer Dativ- oder Akkusativergänzung eine markierte Satzstellung darstellt und daher nicht immer möglich ist und daß weiterhin die Ergänzung im Nominativ, das Subjekt, in vielerlei Hinsicht der "privilegierte Aktant" ist (Leiss 1992). Auch das Dativpassiv ist daher kein "sprachlicher Luxus": es dient dazu, die Zielrolle in die privilegierte syntaktische Position zu befördern.

Die Analyse der Grammatikalisierung des *bekommen*-Passivs hat vor allem im Hinblick auf die Verflechtung der semantischen Rollen weit über die allgemeinen, bisher erarbeiteten Grundlagen hinausgeführt und gezeigt, daß bei der Untersuchung konkreter Grammatikalisierungsprozesse immer eine genaue Betrachtung der beteiligten Lexeme und der jeweiligen Kontexte erfolgen muß. Die Analyse hat zur Erkenntnis geführt, daß Grammatikalisierung nicht gleichmäßig in allen Kontexten eines sprachlichen Ausdrucks einsetzt, sondern an sehr spezifische Kontexte gebunden ist. Beim *bekommen*-Passiv kann sich die Kontextanalyse auf den sprachlichen, ja sogar satzinternen Kontext beschränken. In Kapitel 3. werden Modelle vorgestellt, die auch situative und kognitive Kontexte als Rahmen für Grammatikalisierungsprozesse betrachten.

## 2.3. Aufgaben

2.3.1. Überlegen Sie anhand folgender Beispielsätze, ob *nicht brauchen* in die Gruppe der Modalverben aufgenommen werden sollte und begründen Sie ihre Entscheidung.

(1)  *Du brauchst das Regal nicht abzustauben.*

(2)  *Du brauchst das Regal nicht abstauben.*

(3)  *Sie braucht es nicht gewesen sein.*

2.3.2. Entscheiden Sie anhand der folgenden Sätze, welches der drei Verben *bekommen*, *erhalten* und *kriegen* das zentrale Auxiliar des Dativpassivs ist. Versuchen Sie, die unterschiedlichen Akzeptabilitätsgrade auf die je verschiedene historische Entwicklung der drei Verben zurückzuführen.

(1) *Sie bekommt/kriegt/erhält ein Fahrrad geschenkt.*

(2) *Sie bekommt/kriegt/\*erhält geschimpft.*

(3) *Sie bekommt/?kriegt/erhält den Nobel-Preis verliehen.*

# 3. Kognitive Prozesse bei der Grammatikalisierung

In diesem Kapitel geht es um die Frage, welche kognitiven Prozesse der Grammatikalisierung zugrunde liegen und es uns ermöglichen, ehemals lexikalische Mittel für neue grammatische Zwecke einzusetzen. Im allgemeinen werden zwei Prozesse bzw. Verarbeitungsstrategien genannt, die eine herausragende Rolle spielen: die Metaphorisierung (die Verwendung von Metaphern) und die Metonymisierung (die Verwendung von Metonymien). Diese beiden Prozesse, die als "Redefiguren" bzw. "Redeschmuck" aus der Rhetorik geläufig sind, stellen zwei grundlegende kognitive Prozesse dar, die in der Dichtung und in der Alltagssprache zu den wirksamsten und ökonomischsten Methoden der Erweiterung unserer Ausdrucksmöglichkeiten gehören. Sie sind jedoch nicht nur auf sprachliche Prozesse beschränkt, sondern liegen unserer Wahrnehmung und Begriffsbildung (Kategorisierung) insgesamt zugrunde (vgl. Jakobson/Halle 1971:90-96, Anttila [1972] 1989:141, Lakoff/Johnson 1982:1, Lakoff 1987, Claudi/Heine/Hünnemeyer 1991).

Für beide Prozesse gilt, daß eine Zeichenform A mit der "eigentlichen" Bedeutung 'a' auf einen anderen Bedeutungsbereich angewendet wird und dazu dient, eine zweite, "übertragene" Bedeutung 'b' auszudrücken (vgl. Anttila [1972] 1989:144, Lausberg 1960:283). Eine knappe und präzise Definition für Metapher und Metonymie gibt Jakobson (1965:33): "Metaphor (or metonymy) is an assignment of a signans to a secondary signatum associated by similarity (or contiguity) with the primary signatum."

Was die Grammatikalisierung betrifft, herrschen unterschiedliche Auffassungen über die Wichtigkeit und den Ort der Beteiligung beider Prozesse. Hier werden zunächst beide Strategien isoliert dargestellt, um dann ihr Zusammenwirken an einigen Beispielen zu erläutern.

## 3.1. Metapher

Gängige Definitionen nennen die Metapher einen verkürzten Vergleich oder einen bildhaften Ausdruck, der auf einer Ähnlichkeit zwischen zwei Dingen oder Begriffen beruht (Lausberg 1960:285f., Wilpert 1979 und Bußmann 1991, jeweils s.v. Metapher). Der Kern aller Definitionen besteht darin, daß zwei Bereiche zueinander in Beziehung gesetzt werden, indem die Benennung des ersten Bereichs (Ausgangsbereich, Spenderbereich, "source concept", "source domain") zur Benennung des zweiten Bereichs (Empfängerbereich, "target concept", "target domain") herangezogen wird (siehe z.B. Heine/Claudi/Hünnemeyer 1991:29f., 49, Sweetser 1988:390, Hopper/Traugott 1993:77).

Das Spezifikum der Metapher gegenüber anderen "Redefiguren" ist die Tatsache, daß sie durch eine wahrgenommene Ähnlichkeit zwischen den beiden Elementen konstituiert wird, wobei die Ähnlichkeit sowohl perzeptive als auch funktionale Aspekte betreffen kann (Anttila [1972] 1989:141f.). Ein einfaches Beispiel zur Illustration. In einer Äußerung wie

(1) *Vorsicht, der Tisch wackelt! Leg ein Stück Pappe unter das eine Bein!*

läßt sich der kognitive Prozeß, der der ersten Verwendung des Wortes *Bein* in diesem Zusammenhang zugrunde liegt, folgendermaßen beschreiben: Für einen noch nicht benannten Gegenstand (das Stück Holz, das mit zwei bis drei anderen eine Platte trägt) wird eine Benennung gefunden, indem man diesen Gegenstand mit einem anderen vergleicht (mit dem Bein eines Lebewesens) und den Ausdruck, der bislang nur zur Bezeichnung des letzteren verwendet wurde, nun auch zur Bezeichnung des ersteren heranzieht. Die wahrgenommene Ähnlichkeit, die die Basis der Übertragung bildet, kann man für das obige Beispiel mit den Paraphrasen "länglich", "dient als Stütze", "tritt in Mehrzahl auf" usw. angeben. Sie betrifft also perzeptive und funktionale Kriterien. Natürlich ist im heutigen Sprachgebrauch diese Metapher so geläufig, so "verblaßt", daß sie meist gar nicht als "Bild" oder "Vergleich" aufgefaßt wird, jedoch kann jeder Sprecher den ursprünglichen Prozeß der Übertragung und auch die Übertragungsrichtung (vom Lebewesen auf den unbelebten Gegenstand, nicht etwa umgekehrt) rekonstruieren.

Die Übertragung eines Ausdrucks in einen neuen Bereich setzt voraus, daß es sich um zwei voneinander unterscheidbare, getrennte semantisch-kognitive Bereiche handelt. Eine Metapher stellt einen assoziativen Sprung, eine Analogiebildung zwischen zwei distinkten Bereichen dar. Man kann auch sagen, daß die Ähnlichkeitsbeziehung der Metapher auf der paradigmatischen Achse fungiert: eine Einheit steht für eine in bestimmter Hinsicht gleichwertige (d.h. ähnliche) Einheit und vertritt oder "substituiert" diese (s. Jakobson/Halle 1971:72-75, 95 und Anttila [1972] 1989:141f., die sich auf die Zeichenklassifikation von Peirce beziehen). Ein solches Verhältnis der paradigmatischen Substituierbarkeit besteht z.B. im obigen Satz (1) zwischen den Inhalten (Begriffen, Konzepten) 'länglicher Stützpfeiler' und 'Extremität eines Lebewesens': der Zeichenform *Bein* kann entweder der eine oder der andere Inhalt zugeordnet werden.

Mit den Bestimmungen ähnlich, analogisch und paradigmatisch ist eine klare begriffliche Abgrenzung der Metapher von der Metonymy gegeben (vgl. Hopper/Traugott 1993:77), auch wenn im Einzelfall die Grenzen zwischen beiden Prozessen verschwimmen.

Auf einen Punkt sei hier kurz hingewiesen, der im allgemeinen keine Beachtung findet, aber von einiger Wichtigkeit ist. In den Definitionen und Beschreibungen der Metapher wird gleichermaßen von der Übertragung ("transfer") eines Ausdrucks in einen sekundären Bedeutungsbereich und von der Abbildung ("mapping") eines abstrakteren Bereichs in einen konkreteren gesprochen. Dabei werden die Begriffe Übertragung und Abbildung meist wie Synonyme verwendet und beliebig ausgetauscht. Mit ihnen kann jedoch ein Unterschied in der Richtung des Prozesses zum Ausdruck gebracht werden, dessen Nichtbeachtung oft zu überflüssigen Komplikationen in der Beschreibung führt. Am besten läßt sich das Gemeinte mit einem Diagramm darstellen.

Spenderbereich    Empfängerbereich          Spenderbereich          Empfängerbereich

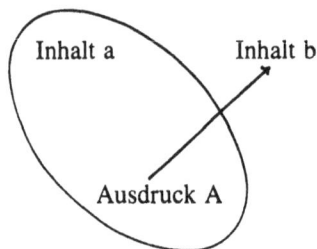

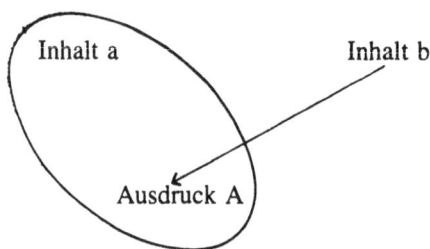

Inhalt a          Inhalt b                  Inhalt a                Inhalt b

Ausdruck A                                  Ausdruck A

Übertragung                                 Abbildung

Bei der Übertragung liegt der Ausgangspunkt des metaphorischen Prozesses im Spenderbereich: die Zeichenform wird auf einen anderen Inhalt ausgeweitet, übertragen. Bei der
Abbildung liegt der Ausgangspunkt im Empfängerbereich: der darzustellende Inhalt wird auf
bzw. mittels der Zeichenform des Spenderbereichs abgebildet. Natürlich liegt in beiden Fällen
eine Metapher vor, und der Unterschied zwischen den beiden metaphorischen Perspektiven
entspricht der Auswahlmöglichkeit, die bei der Darstellung der räumlichen Anordnung von
Gegenständen gegeben ist. Oft hat der Sprecher die Wahl (bei identischer Situation) zu sagen:
*der Stuhl steht vor dem Tisch* oder *der Tisch steht hinter dem Stuhl*. Die beschriebene
Situation ist identisch, doch die Perspektive ist eine andere. Ebenso ist es bei der Beschreibung
metaphorischer Prozesse nicht gleichgültig, von welcher Perspektive man ausgeht.

Die Metapher dient also der Darstellung von semantisch-kognitiven Bereichen mit Hilfe der
Ausdrucksmittel, die "normalerweise" zur Darstellung eines anderen Bereichs gelten. Wieso
verwenden wir die Sprache in dieser Weise? Die klassische Rhetorik beantwortet die Frage
nach der Funktion von "Redefiguren" mit der "intellektuellen Verhinderung des *taedium*"
('Ekel, Überdruß'), d.h. mit der ästhetischen Funktion der Ausdruckssteigerung (Lausberg
1960:283). Heine/Claudi/Hünnemeyer (1991:60) sprechen für diesen Fall von der "expressiven
Metapher". Doch bereits in der Antike wird hervorgehoben, daß es "notwendige" Metaphern
und Metonymien gibt, also solche, die nicht ästhetischer Schmuck sind, sondern aus dem
"Mangel eines eigentlichen Ausdrucks" entspringen (Lausberg 1960:288f.; der traditionelle
rhetorische Begriff für Ausdrucksmangel ist *inopia* 'Mangel, Armut, Not'). Die
Grammatikalisierungsforschung meint genau diese notwendigen Metaphern, wenn sie davon
spricht, daß metaphorische Prozesse der Lösung kognitiver Probleme dienen (Heine/
Claudi/Hünnemeyer 1991:29, Traugott 1988:431).

Die metaphorischen Prozesse bei der Entstehung von grammatischen Formen und Bedeutungen sind im allgemeinen von dieser "notwendigen" Natur. Sowohl expressive Metaphern
mit vorwiegend ästhetischer Funktion als auch Tabumetaphern, die nach Heine/Claudi/ Hünnemeyer (1991:50) dazu dienen, "die Realität zu verbergen oder zu verschleiern" ("to conceal

or obscure reality"), spielen bei der Grammatikalisierung keine Rolle und bleiben im folgenden außer acht (vgl. Heine/Claudi/Hünnemeyer 1991:60).

Für die Grammatikalisierung relevant sind also diejenigen Metaphern (und Metonymien), deren Funktion die Behebung des Ausdrucksmangels bzw. die Verständniserleichterung ist, die also der Lösung eines Darstellungsproblems dienen. Um das Problem der Darstellung eines relativ abstrakten Inhalts zu lösen, wird ein Ausdruck aus einem relativ konkreten Bereich herangezogen und metaphorisch verwendet. Der neue, abstraktere, kognitiv komplexere Inhalt wird also mittels einer Zeichenform abgebildet, die bislang nur konkretere, kognitiv einfachere Bedeutung hatte (vgl. Heine/Claudi/Hünnemeyer 1991:29, 48, Traugott 1988:407ff., ähnlich auch Lausberg 1960:290). Ein bestimmter kognitiver Bereich wird mit Hilfe der Begriffe bzw. Ausdrücke eines anderen Bereichs strukturiert und dargestellt.

Unsere Alltagssprache ist voll von solchen Metaphern. Man denke nur an die Vielzahl von Bezeichnungen für körperliche Prozesse und Aktivitäten, die zur Beschreibung von emotionalen oder geistigen Zuständen verwendet werden. Eine Seminararbeit *liegt einem schwer im Magen*, die Kritik der Nachbarin *stößt einem sauer auf*, eine Verpflichtung *will einem gar nicht schmecken*, ein spannendes Buch *verschlingt man in einer Nacht*, gewisse Dinge kann man einfach nicht *begreifen* usw. (Lakoff 1987 spricht von der Basismetapher "mind-as-body-metaphor", vgl. auch Sweetser 1990:28-48).

Die Metaphorisierung ist eine allgegenwärtige Erscheinung im Lexikon und in der Phraseologie einer Sprache. Man wird aber wohl keine Sprache finden, in der ein Ausdruck wie *etwas liegt einem schwer im Magen* den Spenderbereich für eine grammatische Kategorie, z.B. für das Präteritum, abgibt. Daher muß die Frage gestellt werden, welche Typen von Metaphern sich zur Grammatikalisierung eignen, oder konkreter, welche Ausgangs- und Zielbereiche typischerweise an denjenigen Metaphorisierungsprozessen beteiligt sind, die bei der Grammatikalisierung auftreten.

Hierzu haben Heine/Claudi/Hünnemeyer 1991 festgestellt, daß bei der Grammatikalisierung immer die kognitiven Grundkategorien beteiligt sind, die unsere Wahrnehmungs- und Denkprozesse bestimmen (Raum, Zeit usw.). Metaphorische Prozesse zwischen diesen Grundkategorien nennen sie kategoriale Metaphern (1991:48ff.). Ihre Hauptfunktion besteht darin, abstrakte oder konzeptuell komplexe Erscheinungen in konkreten oder weniger komplexen Begriffen darzustellen (1991:50). Sie allein spielen bei der Grammatikalisierung eine Rolle. Beispiele für grammatikalisierungsfähige kategoriale Metaphern sind nach Heine/Claudi/Hünnemeyer (1991:31) die Darstellung von

- Zeit mit Raumausdrücken ("time in terms of space")
- Abstraktem mit konkreten Bezeichnungen ("nonphysical in terms of physical")
- Ursache mit temporalen Ausdrücken ("cause in terms of time")
- abstrakten Beziehungen mit Bezeichnungen für physische Prozesse oder räumliche Beziehungen ("abstract relations in terms of physical process or spatial relation")
- räumlicher Ausrichtung mit Gegenstandsbezeichnungen ("spatial orientation in terms of concrete objects").

Diese Metaphern dienen unserer Konzeptualisierung von abstrakten kognitiven Bereichen, indem die weniger komplexe Domäne den Spenderbereich für die komplexere Domäne abgibt.

Eine der wichtigsten kategorialen Metaphern ist "Zeit ist wie Raum"; sie spielt sowohl im Wortschatz als auch in der Grammatik der Sprachen eine herausragende Rolle. Die Häufigkeit dieser Metapher ist auf die leichte Zugänglichkeit des Raumes für unsere Perzeption und Kognition zurückzuführen. Räumliche Konzepte gehören zu den ersten, die ein Kind erwirbt und sind die Basis für das Verstehen von abstrakteren Konzepten wie Zeit oder Kausalität. Die sprachliche Struktur folgt der kognitiven Struktur, indem sie viele zeitliche und andere Bedeutungsfelder mit Begriffen darstellt, die "eigentlich" für räumliche Inhalte verwendet werden (siehe auch Diewald 1991:169ff.; dort auch weiterführende Literaturhinweise). Einige Beispiele: Im Deutschen besteht ein großer Teil des Wortschatzes, der zur Beschreibung zeitlicher Phänomene verwendet wird, aus Begriffen der Lokalisierung, Orientierung und Bewegung im Raum. Man spricht von *Zeitraum, Zeitpunkt, Zeitspanne*, vom *zeitlichen Verlauf*, davon, daß die Zeit *vergeht* bzw. *stehenbleibt* und davon, daß ein Ereignis *vor uns liegt* bzw. *noch kommt*. Ebenso haben sehr viele temporale Präpositionen ihren Ursprung in lokalen Präpositionen bzw. Raumausdrücken, so z.B. *nach 15 Uhr, um Mitternacht, Punkt 12, vor 20 Uhr, ab 20 Uhr* usw. Die Ähnlichkeit, die die Grundlage dieses Metaphernbereichs bildet, sei anhand der Präposition *vor* dargestellt:

| | |
|---|---|
| (a)  *vor dem Schrank* | (b)  *vor 20.00 Uhr* |
| Sprecher -> Gegenstand -> Schrank | Sprechzeitpunkt -> Zeitpunkt -> 20.00 Uhr |
| Blickrichtung: -> | lineare Zeitachse: -> |

Die räumliche Verwendung von *vor* wie in (a) impliziert typischerweise eine räumliche Konstellation, bei der der lokalisierte Gegenstand sich zwischen Sprecher und Bezugspunkt (*Schrank*) befindet.[1] Entsprechend impliziert die temporale Verwendung von *vor* wie in (b) eine zeitliche Situation, in der sich der einzuordnende Zeitpunkt zwischen dem Sprechzeitpunkt und dem in der Zukunft liegenden Bezugspunkt befindet. Diese Ähnlichkeit, die hier zwischen den beiden getrennten Domänen Raum und Zeit konstruiert wird, kann man auf eine gemeinsame Struktur zurückführen, die nur die abstrakten Relationen abbildet:

Raum/Zeit 'vor':   A -> X -> B

Dabeit steht A für den Ausgangspunkt, X für den zu lokalisierenden Punkt und B für den Bezugspunkt; die Pfeile geben die nicht umkehrbare Richtung an.

---

[1]  Es gibt andere Verwendungsweisen lokaler und temporalen Präpositionen, bei denen nicht der Sprecher der Ausgangspunkt der relationalen Beschreibung ist, sondern ein sprecherunabhängiger Bezugspunkt; dies ist jedoch für die hier erörterten Fragen ohne Belang.

Auch im Kernbereich der grammatischen Kategorien ist die Metapher "Zeit ist wie Raum" häufig anzutreffen. So entstehen grammatische Morpheme zur Bezeichnung des Futurs oft aus einem Verb, das räumliche Fortbewegung bedeutet, sehr oft 'gehen' oder 'kommen' (vgl. Hopper/Traugott 1993:79). Das englische *be going to* zur Bezeichnung zukünftiger Handlungen ist ein typisches Beispiel hierfür, auf das noch ausführlich eingegangen wird.

Als einen anderen wichtigen Bereich erwähnen Heine/Claudi/Hünnemeyer (1991:49) die "OBJECT-TO-SPACE"-Metapher, d.h. die Darstellung räumlicher Konzepte mit Hilfe von Bezeichnungen für Objekte. Eines der vielen von ihnen besprochenen Beispiele ist die universal häufig auftretende Verwendung von Körperteilbezeichnungen, z.B. dem Wort für 'Rücken', für räumliche Konzepte wie 'hinter'. Diese räumlichen Ausdrücke, die ursprünglich aus einer Körperteilmetapher hervorgegangen sind, werden nun oft in einem erneuten Metaphorisierungsprozeß zur Darstellung eines zeitlichen Konzepts verwendet, so daß z.B. 'hinter' zu einem zeitlichen 'nach' "weitermetaphorisiert" wird (Heine/Claudi/ Hünnemeyer 1991:49).

Sehr weit verbreitet ist laut Heine/Claudi/Hünnemeyer (1991:52) auch die "PERSON-TO-OBJECT"-Metapher, die, was den lexikalischen Bereich betrifft, schon von der Rhetorik als wichtiger semantischer Bereich erkannt wurde (Lausberg 1960:286f.) und als "Personifizierung" geläufig ist. Derartige Personifizierungen von unbelebten Dingen sind häufig ein Schritt auf dem Weg der Grammatikalisierung von Verben zu Auxiliaren. Folgende Sätze geben ein Beispiel:

(2)    *Die Verhandlungen drohten zu scheitern.*

(3)    *Die Blumen wollen regelmäßig gegossen werden.*

Normalerweise werden Verben wie *drohen* und *wollen* nur mit belebten, meist sogar nur mit menschlichen Subjekten verwendet. Auf ihrem Grammatikalisierungsweg wird diese "Subjektsrestriktion" aufgehoben (Auxiliare sind ja dadurch definiert, daß sie keine Valenz (mehr) haben und also keinerlei Einfluß auf die Subjektswahl). Diese Aufhebung der Subjektsrestriktionen scheint nun nicht vom jeweiligen Einzelverb ausgelöst zu werden (das dann quasi "von sich aus ausbleichen" müßte), sondern scheint durch die Üblichkeit der "PERSON-TO-OBJECT"-Metapher gestützt zu sein. Sätze wie die obigen werden vermutlich zunächst als echte Metaphern empfunden. Aufgrund der Tatsache, daß das Verb das semantische Merkmal [menschlich] von seinem Subjekt fordert, wird der ursprünglich unbelebte bzw. nichtmenschliche Subjektsausdruck in diesem Kontext (induziert durch das Verb) auf den Bereich des Menschlichen übertragen, also "überdehnt". Erst wenn dieser Gebrauch sehr häufig ist, und die Metapher nicht mehr als  solche empfunden wird, kann man davon reden, daß das Verb seine diesbezüglichen Subjektsrestriktionen aufgegeben hat.[2]

---

[2]    Es sei hier nur kurz angemerkt, daß es sich in solchen Fällen weniger um die Lösung kognitiver Probleme des Sprechers handelt (es wäre ja kein Problem, die menschlichen Aktanten zu benennen, also z.B. die Verhandlungspartner, die das Scheitern der Verhandlungen verursachen), als um die sinnvolle Interpretation von semantisch abweichenden, eigentlich "falschen" Sätzen durch den Hörer. Die Darstellung von Heine/Claudi/ Hünnemeyer 1991, die sich auf die Funktion der Problemlösung der Metapher bei der Grammatikalisierung konzentriert, müßte also in dieser Hinsicht ergänzt werden.

Die kategorialen Metaphern lassen sich auf einer "Skala der metaphorischen Abstraktion" anordnen, die nach Heine/Claudi/Hünnemeyer (1991:48) folgende Gestalt hat:

PERSON > OBJEKT > AKTIVITÄT > RAUM > ZEIT > QUALITÄT

Die jeweils links stehenden Bereiche kommen als Spenderbereiche für rechts stehende Konzepte in Frage, da jede Kategorie der Skala abstrakter ist als die links von ihr angeordneten Punkte und konkreter als die rechts liegenden. Dies spiegelt die Tatsache wider, daß Grammatikalisierung das Ergebnis kognitiver Problemlösung ist, wobei besser zugänglich Konzepte zur Darstellung von weniger zugänglichen, abstrakten Konzepten verwendet werden (Heine/Claudi/Hünnemeyer 1991:51).

Eine sprachliche Form kann mehrere Stufen dieser Skala durchlaufen (siehe oben), so daß man gegebenenfalls zwischen dem ursprünglichen Spenderbereich ("basic source concept") und mehreren abgeleiteten Spenderbereichen ("derived source concepts") unterscheiden muß (Heine/Claudi/Hünnemeyer 1991:32). Es gibt laut Heine/Claudi/Hünnemeyer (1991:35) noch keine endgültigen Kriterien dafür, wie man den Bereich der ursprünglichen Spenderkonzepte definitiv bestimmen kann und wie die Skala letztendlich angeordnet werden muß. Sie stellen daher mehrere Varianten der Metaphernkette vor (1991:53ff.). Als sicher kann jedoch gelten, daß nur eine begrenzte Anzahl von kognitiven Strukturen als ursprüngliche Spenderbereiche und damit als Quellenmaterial für Grammatikalisierungsprozesse in Frage kommt und daß es sich dabei um Konzepte handelt, die konkrete Entitäten oder Prozesse oder die Ordnung im Raum betreffen (1991:32).

Als Quelle für die metaphorische Übertragung kommen nach Heine/Claudi/Hünnemeyer (1991:36) nicht nur einzelne Lexeme in Frage, sondern auch eine Reihe von Spenderpropositionen ("source propositions"), d.h. Propositionen, die als Strukturmuster in metaphorische Prozesse eingehen. Diese benennen typischerweise Zustände oder Vorgänge aus dem Bereich grundlegender menschlicher Erfahrungen. Heine/Claudi/ Hünnemeyer (1991:36) erwähnen z.B. eine lokalisierende Proposition der Form "X is at y", die in vielen Sprachen zum progressiven (imperfektiven) Aspekt ausgebaut wird. Die deutsche Konstruktion *Er ist am Spielen* wäre ein Beispiel dafür. Weitere Spenderpropositionen sind die dynamische Proposition "X moves to/from y" und die partitive Proposition "X is part of Y".

Ein grundsätzlicher Punkt bei jeder Diskussion der Metapher, also der Relation der Ähnlichkeit, muß die Frage sein, wie man Ähnlichkeit überhaupt bestimmen kann. Oben wurde davon gesprochen, daß der Metapher eine "wahrgenommene" Ähnlichkeit zugrunde liegt; man könnte auch von "gesetzter" Ähnlichkeit sprechen. Entscheidend ist, daß Ähnlichkeit kein unabhängiger Wert ist, sondern daß sie von den Kommunikationsteilnehmern beurteilt wird. Ob man zum Beispiel zwischen einer Palme und einem Gänseblümchen eine Ähnlichkeit feststellen kann oder will, hängt von der jeweiligen Perspektive und Absicht ab. Will man ein botanisches Werk schreiben, so wird man die Ähnlichkeit zwischen beiden nicht hervorheben; wenn dagegen das Reich der Pflanzen von dem der Tiere abgrenzt werden soll, dann fallen beide in die gleiche Kategorie, werden also als ähnlich betrachtet.

Das kategorienstiftende Konzept der Ähnlichkeit ist somit relativ, zwei Dinge sind immer mehr oder weniger ähnlich, und wo ein Sprecher die Grenze setzt zwischen ähnlich und nicht mehr ähnlich, ist seine je aktuell zu treffende Entscheidung (vgl. Lausberg 1960:285: "Da die *similitudo* keine Grenzen kennt, stehen auch der Metapher alle Möglichkeiten offen"). Das Konzept der Ähnlichkeit ist also nicht objektivierbar, es unterliegt sprecher- und kontextdeterminierten und damit pragmatischen Faktoren (Givón 1989:6). Dennoch kann man den Begriff der Ähnlichkeit präzisieren, indem man verschiedene Typen (statt Grade) der Ähnlichkeit unterscheidet und nachfragt, worin die Ähnlichkeit besteht bzw. gesehen wird.

Hier kommt eine Subklassifikation der ikonischen Zeichen (also auch der Metaphern) zum Tragen, die von Peirce stammt ("Speculative Grammar" (1932:129ff.), v.a. S. 157) und von Anttila [1972] 1989 und von Brinton (1988:197) aufgenommen wird. Danach besteht der erste Subtyp der Metaphern, die im folgenden substantielle Metaphern genannt werden sollen, in einer Ähnlichkeit, die auf perzeptiven und/oder funktionalen Faktoren beruht. Ein Beispiel dafür ist ein Satz wie

(4)   *Du hast ein Herz aus Stein,*

in dem *Stein* eine substantielle Metapher ist, da die Ähnlichkeitsbeziehung zwischen *Herz* und *Stein* über substantielle Eigenschaften des Steins, also Härte, Kälte usw., hergestellt wird.

Bei den Metaphern des zweiten Typs besteht die Ähnlichkeit nicht in substantieller, sondern in struktureller Hinsicht, d.h. in relationalen bzw. proportionalen Verhältnissen. Ein Beispiel hierfür ist der Plan eines U-Bahn-Netzes, der ja keinerlei materielle (substantielle) Ähnlichkeit zu den realen Bauten aufweist, wohl aber die relativen Positionen einzelner Punkte zueinander und zu ihrer Umgebung in einem wesentlich verkleinerten Maßstab wiedergibt. Wenn diese Art der Ähnlichkeit sprachlichen Metaphorisierungsprozessen zugrunde liegt, wird im folgenden von diagrammatischen oder relationalen Metaphern gesprochen (vgl. Anttila [1972] 1989:16, Brinton 1988:197). Sie sind für die Grammatikalisierung von ausschlaggebender Bedeutung.

Sweetser 1988 führt für relationale Metaphern den Begriff des "images schemas" (Bildschema) ein und illustriert ihn anhand des *be-going-to*-Futurs (dazu später). Sie zeigt, daß das Bildschema, also die relationale Metapher, beim Prozeß der metaphorischen Übertragung physischer Bewegung auf Futurität ("Zeit ist wie Raum") erhalten bleibt, während andere Bestandteile des Spenderlexems *go* verloren gehen (1988:390). Die Merkmale der linearen Anordnung und der Bewegungsrichtung werden in die Futurbedeutung übernommen (also 'Sprecher als Ausgangspunkt' und 'Bewegung von Sprecher weg'). Andere Bestandteile der lexikalischen Ausgangsbedeutung 'gehen' (z.B. daß die Fortbewegung typischerweise zu Fuß erfolgt) werden nicht in die neue Domäne übertragen (1988:390ff.). Relationale Metaphern (Sweetsers Bildschemata) erfassen also nur das "Bedeutungsskelett" (die semantische Grundstruktur) des Spenderlexems. Weitere semantische Merkmale, die das Wortfeld, dem das Spenderlexem zugehört, feiner differenzieren (z.B. *gehen* vs. *fahren* vs. *schwimmen*), spielen bei der Grammatikalisierung mittels relationaler Metaphern keine Rolle.

Zusammenfassend können die bisherigen Differenzierungen im Bereich der Metaphern so dargestellt werden:

| I. | *Funktion der Metapher* | |
| | Kategoriale Metapher: | Expressive Metapher: |
| | Problemlösung | Ausdruckssteigerung |
| | | |
| | | |
| II. | *Art der Ähnlichkeit* | |
| | Relationale Metapher: | Substantielle Metapher: |
| | relationale/strukturelle Ähnlichkeit | perzeptive/funktionale Ähnlichkeit |

Am Beispiel des *be-going-to*-Futurs im Englischen soll nun illustriert werden, wie ein metaphorisch gesteuerter Grammatikalisierungsprozeß abläuft. *Go* ist wie *gehen* ein Bewegungsverb, das u.a. 'räumliche Bewegung vom Sprecher weg' zum Ausdruck bringt:

*go, gehen*:  O　　　　　-> 　 -> 　 ->
　　　　　　　Sprecher　　Bewegungsrichtung

Dieses relationale Konzept wird vom Räumlichen ins Zeitliche übertragen und ergibt so die deiktische Tempusbedeutung 'nahes Futur', wie das folgende Beispiel zeigt:

(5)　*The rain is going to come.*

In Gegensatz dazu ist die Konstruktion *is going to* in (6) "wörtlich", d.h. als Bewegungsverb zu verstehen (beide Sätze aus Heine/Claudi/Hünnemeyer 1991:46):

(6)　*Henry is going to town.*

Heine/Claudi/Hünnemeyer (1991:46f.) nennen folgende Argumente, die dafür sprechen, daß bei der Grammatikalisierung von *be-going-to* zum Futur metaphorische Übertragung stattgefunden hat:

- Die Entwicklung von übertragener aus wörtlicher Bedeutung ist ein Charakteristikum von Metaphern.
- Es liegt ein Transfer zwischen zwei kognitiven Domänen vor, bei dem der Bereich der räumlichen Bewegung (genauer der Bewegung vom Sprecher weg) den Spenderbereich für die Darstellung eines deiktischen Zeitbezugs ('vom Sprecher weg in die Zukunft') abgibt.
- Die wörtliche Bedeutung ist konkreter und leichter verständlich als die übertragene.
- Die übertragene Bedeutung weist metapherntypische "Anomalien" auf: die Kombination eines Verbs der Fortbewegung mit einem unbelebten Subjekt, wie in (5), ist abweichend vom normalen Gebrauch, und auch die Kombination von *go* und *come*, ebenfalls in (5), wäre bei der wörtlichen Bedeutung von *go* nicht möglich, da die beiden Verben entgegengesetzte Bewegungsrichtungen implizieren.
- Es handelt sich um eine Übertragung aus dem menschlichen Bereich in den der Objekte.
- Es gibt Fälle semantischer Ambiguität bzw. Fälle von "Homonymie" zwischen ursprünglicher und übertragener Bedeutung. Als Beispiel erwähnen die Autoren den Satz

(7)　*I am going to work,*

bei dem das Syntagma *to work* entweder als Präpositionalphrase (Präp. + Nomen *work*), die die Bewegungsrichtung angibt, verstanden werden kann (vgl. dt. *Ich gehe zur Arbeit)*, oder als Verb im Infinitiv mit finaler Bedeutung (vgl. dt. *Ich gehe (um zu) arbeiten)*.

In einem Satz wie *It's going to rain* liegt nicht mehr die ursprüngliche Bedeutung des Bewegungsverbs *go* vor; dies ist eine Grundvoraussetzung der Grammatikalisierung: Der kognitiv komplexe Bereich wird mit Hilfe eines Ausdrucks aus einem kognitiv einfacheren Bereich dargestellt. Sobald diese Prozedur allgemein und verbindlich, d.h. grammatikalisiert, ist (Givón 1989:260 spricht von "routinization"), wird die ursprüngliche Bedeutung in dieser neuen Verwendung des Ausdrucks nicht mehr wahrgenommen. Oft wird dieser notwendige, jede Grammatikalisierung begleitende Prozeß als "Ausbleichung" verstanden (vgl. auch "bleaching" in Heine/Claudi/Hünnemeyer 1991:108ff., "fading" in Anttila 1989:145ff., "emptying of lexical content" in Bybee/Pagliuca 1985:72; siehe auch Kapitel 1.).

Die Rhetorik spricht von "Katachrese", was mit 'Mißbrauch', 'verblaßte Bildlichkeit', 'gelöschte Metapher' paraphrasierbar ist (Lausberg 1960:288f.). Auf dem Weg vom Lexem zum Grammem gehen sozusagen Seme verloren, nämlich diejenigen, die die Konkretheit des Spenderbereichs verantworteten (vgl. Heine/Claudi/Hünnemeyer 1991:39).

Andere Autoren wenden sich gegen den Gebrauch des negativ konnotierten Begriffs "Ausbleichung" und halten fest, daß neue (abstraktere) Bedeutung hinzukommt, nämlich die Bedeutung der grammatischen Kategorie. So betont Sweetser (1988:392) in Bezug auf die Entwicklung von *go* beim *be-going-to*-Futur:

> In this mapping, we lose the sense of physical motion (together with its likely background inferences). We gain, however, a new meaning of future prediction or intention - together with *its* likely background inferences. We thus cannot be said to have merely "lost" meaning; we have, rather, exchanged the embedding of this image-schema in a concrete, spatial domain of meaning for its embedding in a more abstract and possibly more subjective domain.

So gehe zwar die konkrete Bedeutung der realen Bewegung bei *go* verloren, doch komme die neue Bedeutung von Zukünftigkeit, Absicht und Voraussage hinzu (Sweetser 1988:400, ganz ähnlich auch Brinton 1988:95). Auch Traugott (1988:407f.) betont, daß der Verlust an konkreter Bedeutung aufgehoben wird durch den Zugewinn an neuer, grammatischer Bedeutung, die sie als verstärkten Ausdruck der Sprecherperspektive beschreibt, was im Fall des *be-going-to*-Futurs auf die deiktische Komponente der Tempuskategorie (Sachverhaltszeit in Relation zur Sprechzeit) zu beziehen ist.

Zur angemessenen Einschätzung des Stellenwerts der Ausbleichung ist ein Blick in die klassische Rhetorik sehr erhellend (s. Lausberg 1960:288ff.). Dort wird ein Kontrast festgestellt zwischen dem Akt der ersten Verwendung einer Metapher, der "semantischen Urschöpfung", und ihrer "Habitualisierung", die beliebige Grade aufweisen kann (288). Die vollständige Habitualisierung geht natürlich mit vollständiger Ausbleichung der ursprünglichen Bedeutung einher. Ein Beispiel aus dem lexikalischen Bereich ist das schon erwähnte, weitgehend habitualisierte *(Tisch)bein*.

Interessant ist nun, daß nach Lausberg (1960:288) "Urschöpfung und Habitualisierung" nur dann zu trennen sind, wenn im Empfängerbereich bereits ein *verbum proprium* bestanden hatte und die Metaphorisierung also expressive Funktion hatte. Er fährt fort: "Urschöpfung und Habitualisierung fallen aber zusammen, wenn kein *verbum proprium* vorhanden ist: die lexikalische *inopia* [Bezeichnungsmangel] [...] ist die Bedingung der 'notwendigen' Metapher."

Daraus folgt, daß bei der Lösung eines kognitiven Problems, also bei der Grammatikalisierung, die Frage der Ausbleichung nicht in der bisher gehandhabten Weise gestellt werden kann. Mit der "alten" Form soll ja ein noch nicht versprachlichter Inhalt erfaßt werden, und zwar ein grammatischer Inhalt, d.h. ein sehr genereller, abstrakter Inhalt (vgl. Kap. 1.). Um diese Funktion zu erfüllen, muß die alte Form notwendigerweise ihre ursprüngliche, konkrete Bedeutung aufgeben (oder es tritt eine Spaltung in einen lexikalischen und einen grammatischen Gebrauch ein, siehe Kapitel 1.). Der "neue", abstraktere Begriff wird also auf den "alten" Ausdruck für den konkreteren Spenderbereich abgebildet und okkupiert diesen Ausdruck vollständig, bis schließlich die alte Bedeutung spurlos verdrängt ist.

Im Gegensatz dazu, basieren expressive Metaphern natürlich gerade darauf, daß die ursprüngliche Bedeutung nicht gelöscht, sondern aus dem Spenderbereich in den Zielbereich (für den es einen geläufigen "normalen" Ausdruck gibt) übertragen wird und diesen expressiv "einfärbt" (vgl. oben zu "Übertragung"). Ein Beispiel ist der schon erwähnte Satz:

(4) *Du hast ein Herz aus Stein..*

Eine solche Metapher funktioniert nur dann wirklich aufmerksamkeitsweckend oder ausdruckssteigernd, wenn die ursprüngliche Bedeutung des Spenderbereich nicht gelöscht ist, sondern geradezu ins Auge springt. Die obige Gleichsetzung von 'Herz' und 'Stein', also die Übertragung der Merkmale 'hart', 'gefühllos', 'kalt' usw. vom Spenderbereich 'Stein' auf den Empfängerbereich 'Herz' ist schon zu einem gewissen Grade habitualisiert und keineswegs originell. Dennoch handelt es sich um eine expressive Metapher, was man daran erkennen kann, daß die Aussage falsch oder unsinnig wird, wenn man sie "wörtlich" nimmt.

Während also die expressive Metapher Merkmale aus dem Spenderbereich zusammen mit dem metaphorischen Ausdruck in den Zielbereich überträgt, verläuft der bei der Grammatikalisierung stattfindende metaphorische Prozeß umgekehrt: der abstraktere grammatische Inhalt wird mittels der Ausdrucksform des Spenderbereichs abgebildet.[3] Hier erweist sich also die oben durchgeführte Unterscheidung zwischen Übertragung (expressive Metapher) und Abbildung (kategoriale Metapher) als nützlich: die Grundtypen von Metaphern und das unterschiedliche Verhalten bezüglich der semantischen Ausbleichung sind gleichermaßen auf die beiden gegenläufigen Ausrichtungen des Metaphorisierungsprozesses zurückführbar.

Viele Autoren halten den metaphorischen Prozeß für den einzigen bzw. den wichtigsten, der bei der Grammatikalisierung relevant ist (z.B. Heine/Claudi/Hünnemeyer 1991:45, Bybee/Pagliuca 1985:75). Heine/Claudi/Hünnemeyer (1991:47) deuten jedoch an, daß die ausschließliche Betrachtung des metaphorischen Prozesses für die Grammatikalisierung (auch des *be-going-to*-Futurs) nicht ausreicht, sondern daß auch metonymische Prozesse beteiligt sind (ähnlich Traugott/König 1991:208). Bevor das Zusammenwirken von Metapher und Metonymie dargestellt werden kann, muß nun der Begriff der Metonymie geklärt werden.

---

[3] Diese Auffassung ist angeregt von verschiedenen Mitteilungen von Elisabeth Leiss.

## 3.2. Metonymie

Die Metonymie ist quasi die arme Verwandte der Metapher, da ihr bei weitem nicht so viel Aufmerksamkeit geschenkt wurde wie dieser. Traditionellerweise wird die Metonymie als Redefigur, als "uneigentliche Redeweise", bezeichnet, bei der ein Ausdruck durch einen anderen ersetzt wird, wobei zwischen den beiden beteiligten Bedeutungen eine "sachliche" oder "reale" Beziehung besteht (im Gegensatz zum "Vergleich" bei der Metapher).

Die metonymische Beziehung kann räumlicher, zeitlicher, kausaler oder anderer Art sein (vgl. Lausberg 1960:292ff., Wilpert 1979 und Bußmann 1991 jeweils s.v. "Metonymie"). Eine typische Metonymie wäre die Nennung des Autors für das Werk, also

(8)  *Er hat den ganzen Shakespeare gelesen,*

oder die Nennung des Behälters für den Inhalt, wie in

(9)  *Auf dem Fest wurden zehn Flaschen getrunken,*

oder die Nennung eines konkreten Begriffs für einen abstrakten, wie in (10).

(10)  *Er hat sich seine Lorbeeren sauer verdient.*

Die Synekdoche ist eine Unterklasse der Metonmyie, bei der eine Teil-Ganzes-Beziehung (in beiden Richtungen) vorliegt, z.B. *London* für 'England' (ein Teil für das Ganze) oder *Amerika* für die 'USA' (das Ganze für einen Teil). Lausberg spricht bei der Synekdoche von einer "quantitativen Beziehung" (1960:295f.) und grenzt sie so von der Metonymie ab, bei der eine "qualitative" Beziehung vorliegt (292). Ein schönes Beispiel für Synekdochen (Teil für Ganzes) sind folgende Zeilen aus Gottfried Benns Gedicht "Nachtcafé" (*Gesammelte Werke, Bd. III*, 1966:18), in denen Körperteile bzw. körperliche Merkmale für die Personen stehen:

(11)  *Bartflechte kauft Nelken,*

*Doppelkinn zu erweichen.*

Jakobson/Halle ([1956] 1971:72-75, 90) definieren die Metonymie als Beziehung der Kontiguität ("Berührung"), des Miteinandervorkommens von Zeichen im sprachlichen und nichtsprachlichen Kontext. Ein Doppelkinn, um Beispiel (11) aufzugreifen, kommt nur zusammen mit seinem Besitzer vor; der Inhalt des sprachlichen Zeichen *Doppelkinn* steht als in einer Beziehung zu dem Ganzen (hier etwa das Konzept 'Mensch mit bestimmten äußerlichen Merkmalen'), von dem er ein Teil ist. Aufgrund dieser semantischen Beziehung, ist es möglich, mit dem Ausdruck *Doppelkinn*, der ja "eigentlich" nur einen Teil benennt, auf das Ganze zu verweisen. Daher kann man mit Jakobson/Halle (a.a.O.) sagen, daß die Metonymie auf der syntagmatischen Achse, also auf der Ebene der Verkettung von Zeichen bzw. von Zeicheninhalten wirkt.[4]

Damit ist die Metonymie das Gegenstück zur Metapher: letztere basiert auf einer Beziehung der Ähnlichkeit und wirkt auf der paradigmatischen Achse, erstere basiert auf einer Beziehung der Kontiguität und wirkt auf der syntagmatischen Achse.

In Traugott 1988 und Traugott/König 1991 wird dargelegt, wie das Konzept der Metonymie

---

[4]  Vgl. auch Anttila ([1972] 1989:142), der ausführlich darlegt, daß die Kontiguitätsbeziehung indexikalisch (d.h. verweisend) im Sinne von Peirce ist; ähnlich auch Hopper/Traugott (1993:81f.)

präzisiert und für die Beschreibung von Grammatikalisierungsprozessen verwendet werden kann. Metonymische Prozesse können nicht nur zwischen verschiedenen Zeichen, sondern auch zwischen einem Zeichen und dem außersprachlichen Kontext, in dem es in einer aktuellen Situation verwendet wird, stattfinden (Traugott (1988:412) mit Bezug auf Stern 1931; ebenso Traugott/König 1991:210f.). In diesem Fall verweist das sprachliche Zeichen also auf den außersprachlichen Kontext (genauer, auf einen bestimmten Aspekt des außersprachlichen Kontextes), dessen Teil es ist.

Aus der Perspektive des Hörers (bzw. Lesers) stellt diese Art der Metonymie eine Anweisung dar, dasjenige Element des außersprachlichen Kontextes zu finden, auf das der sprachliche Ausdruck verweist, ohne es "wörtlich" zu nennen. Der Terminus für diese Interpretationsleistung des Hörers ist "konversationelle Implikatur" (nach Grice [1975] 1989). Eine konversationelle Implikatur ist also die (vom sprachlichen Ausdruck gesteuerte) Mutmaßung des Hörers über das, was der Sprecher bei einer Äußerung mitgemeint hat, ohne es zu sagen (vgl. Hopper/Traugott 1993:72).

Eine solche Vermutung kommt dann zustande, wenn die Äußerung ansonsten nicht relevant ist (d.h. keinen Sinn gibt, keine neue Information enthält, kein Zusammenhang zur vorhergehenden Äußerung besteht usw.). Der Hörer verläßt sich darauf, daß der Sprecher die "Konversationsmaximen", auch das ist ein Terminus von Grice, einhält, d.h. kooperativ ist und nur Dinge sagt, die für ihn, den Hörer, relevant sind. Wenn daher das explizit Gesagte dem Hörer nicht relevant scheint, dann versucht er, die Relevanz des Gesagten aus dem außersprachlichen Kontext zu erschließen: er vollzieht eine konversationelle Implikatur. Folgende Szene gibt ein Beispiel für das Funktionieren der konversationellen Implikatur: Anna und Birgit stehen in der Bahnhofsbuchhandlung, sie wollen den Zug um 8.35 nehmen. Es ist 8.30, Birgit hat sich in eine Zeitschrift vertieft:

(12) Anna: *Du, es ist halb neun.*
     Birgit: *Ich komm ja schon.*

Ohne den situativen Kontext und ohne die Unterstellung, daß Annas Äußerung eine Information enthält, die für Birgit relevant ist, könnte Birgit Annas Äußerung nicht als sinnvoll und nicht als Aufforderung interpretieren (was sie, wie man an der Antwort erkennt, tut). Es ist vorstellbar, daß sie dann eine Äußerung wie *Warum sagst du mir das?* vollziehen würde. Im obigen Fall aber hat Birgit wohl eine konversationelle Implikatur durchgeführt, die man so paraphrasieren kann: "Anna teilt mir die Uhrzeit mit; sie wird einen guten Grund dafür haben; da wir wegfahren wollen, will sie mir wahrscheinlich sagen, daß unser Zug gleich abfährt und mich auffordern, mit ihr zum Bahnsteig aufzubrechen".

Ein Beispiel, das in Anlehung an die zahlreichen englischen Beispiele in Traugott/König (1991:194ff.) konstruiert wurde, illustriert die Art von konversationellen Implikaturen, die bei der Grammatikalisierung eine Rolle spielen. In dem Satz

(13) *Seit du da bist, geht alles schief*

wird die temporale Verbindung zwischen den beiden Sachverhalten sprachlich durch die Konjunktion *seit* zum Ausdruck gebracht. In den meisten Fällen wird dieser Satz aber wohl verstanden im Sinne von

(14) *Weil du da bist, geht alles schief.*

Diese kausale Interpretation eines temporalen Zusammenhangs ist eine konversationelle Implikatur, die auf der Annahme beruht, daß die Erwähnung des zeitlichen Verhältnisses zwischen beiden Sachverhalten völlig irrelevant wäre, wenn zwischen beiden Sachverhalten nicht ein weitergehender unausgesprochener Zusammenhang bestünde. Die naheliegendste Implikatur ist das klassische *post hoc ergo propter hoc* ('danach, folglich deswegen'), das zwar logisch gesehen ein Fehlschluß ist, aber eine der häufigsten, geradezu stereotypen Implikaturen darstellt (vgl. hierzu Traugott/König 1991:194). Die konversationelle Implikatur besteht also darin, daß bei zeitlich "benachbarten" bzw. als benachbart dargestellten Ereignissen ein kausaler Zusammenhang unterstellt wird, der sprachlich nicht explizit ausgedrückt ist (vgl. Traugott/König 1991:194).

Die Implikatur vergrößert den Informationsgehalt, die Relevanz, der Äußerung. Traugott/König (1991:210f.) sprechen hier von pragmatischer Verstärkung ("pragmatic strengthening"): die Relevanz bzw. der Informationsgehalt der Äußerung wird erhöht, indem auf den außersprachlichen, d.h. pragmatischen, Kontext Bezug genommen wird. Der sprachliche Ausdruck wird durch Einbeziehung pragmatischer Faktoren "verstärkt". Als metonymisch kann dieser Prozeß deshalb gelten, weil der sprachliche Ausdruck als Teil der Äußerungssituation auf die Situation selbst, also das Ganze, verweist (s.o., vgl. auch Traugott 1988:413).

Viele konversationelle Implikaturen sind sehr naheliegend und stereotyp. Sie treten in einer Kommunikationsgemeinschaft immer wieder auf, da sie, wie Hopper/Traugott (1993:69) hervorheben, kognitiv "natürlich" und nicht erlernt oder arbiträr sind. Im Lauf der Zeit kann es geschehen, daß die konversationell implizierte Bedeutung, die ja zunächst nicht versprachlicht ist (das ist das Kriterium für eine konversationelle Implikatur) vom konversationellen Kontext auf ein sprachliches Element der Äußerung übergeht, daß also ein Wort diese Bedeutung als Bestandteil seiner semantischen Struktur aufnimmt. Dann ist aus der konversationellen Implikatur eine konventionelle Implikatur geworden, die nicht mehr auf das Vorhandensein eines bestimmten situativen Rahmens angewiesen ist, sondern die einem sprachlichen Zeichen als semantisches Merkmal innewohnt.

Grice ([1975] 1989:39) hält fest, daß Bedeutungswandel häufig durch diesen Übergang einer konversationellen Implikaturen zu konventionalisierter Bedeutung motiviert ist. Allerdings ist ein solcher Bedeutungswandel, wie Traugott/König (1991:194) betonen, nur bei stereotypen, häufig vorkommenden Implikaturen möglich. Durch häufiges Auftreten einer bestimmten konversationellen Implikatur wird der sprachliche Ausdruck in bestimmten Kontexten polysem. Er trägt sowohl die alte als auch die neue Bedeutung, d.h. diejenige, die als konversationelle Implikatur begann und nun konventionalisiert ist. Der Vergleich der beiden folgenden Sätze verdeutlicht den Unterschied:

(15) *Als du in der Sonne lagst, habe ich den Garten umgestochen.*

(16) *Während du in der Sonne lagst, habe ich den Garten umgestochen.*

Beide Sätze können eine adversative Beziehung zwischen den Teilsätzen ausdrücken. In Satz (15) kann diese Bedeutung nur über eine konversationelle Implikatur entstehen; die Konjunktion *als* hat keine adversative Bedeutung. In Satz (16) dagegen ist die adversative Lesart keine konversationelle Implikatur, sondern sie wird ermöglicht durch die Polysemie der Konjunktion *während*, die temporale oder adversative Bedeutung hat (vgl. Helbig/Buscha 1986:471). Daß es sich hier wirklich um eine *während* inhärierende Bedeutung handelt, erkennt man an Sätzen, die eine temporale Lesart völlig ausschließen, also z.B. an Sätzen mit Zustandsprädikaten wie:

(17) *Während du zu große Füße hast, habe ich zu kleine.*

Ein Vergleich mit Beispiel (13) zeigt, daß die Konjunkion *seit* nicht polysem ist: sie hat ohne den entsprechenden Kontext keine kausale Bedeutung. Anders ist es mit dem englischen *since*, das, wie Traugott/König 1991 ausführlich zeigen, sowohl temporale als auch kausale Eigenbedeutung hat, also polysem ist. Zwei ihrer Beispiele (1991:194f.) sind Satz (18) mit ausschließlich temporaler Bedeutung von *since*, und Satz (19), in dem *since* nur kausal zu verstehen ist:

(18) *I have done quite a bit of writing since we last met.*

(19) *Since you are so angry, there is no point in talking with you.*

Dieses kausale *since* entwickelte sich aus dem altenglischen *siþþan*, das die Bedeutung 'from the time that' ('seither') hatte (Traugott/König 1991:195). Traugott/König heben hervor, daß weniger die üblicherweise angenommene Regel *post hoc ergo propter hoc*, also strenge zeitliche Folge, eine kausale Implikatur erlaubt, sondern daß eine teilweise zeitliche Überlappung das Entstehen einer kausalen Implikatur ermöglicht (Traugott/König 1991:195-197). Sie fassen die Entwicklung von *since* folgendermaßen zusammen:

> With regard to the development of the causal meaning of *siþþan*, the following hypothesis can be made. An originally conversational implicature arising in the context of communication of temporal sequence came to be associated with *siþþan* 'from the time that' and then came to be a conventional implicature pointing to or indexing cause. (Traugott/König 1991:211).

Das Ergebnis ist also, der explizite, d.h. sprachliche Ausdruck eines Inhalts, der vorher nur impliziert war (Traugott/König 1991:212, ebenso Traugott 1988:406-411). Nach Traugott/König (1991:193) ist dieser Bedeutungswandel eines Zeichens "von dem was gesagt, zu dem was gemeint ist" ("from what is said to what is meant") nicht auf die Konjunktionen beschränkt, sondern eine allgemeine Tendenz semantischen Wandels.

Während die deutsche Konjunktion *seit* diese Entwicklung, wie gesagt, nicht durchgemacht hat, hat *weil* eine mit dem engl. *since* vergleichbare Geschichte. Die Konjunktion *weil* entstand aus dem althochdeutschen Syntagma *dia wîla (unz)* 'die Zeit (bis), solange (bis, als)', das aus dem Demonstrativum *dia*, dem Akkusativ Singular des Femininums *wîla* 'unbestimmter Zeitabschnitt, Weile' und der Präposition bzw. Konjunktion *unz* besteht (DWB, Bd. 14,1,1, Sp. 762, Kluge 1989). Die formale Entwicklung verlief wie folgt:

Ahd. *dia wîla* > mhd. *die wîle* > spätmhd. *wîle* > nhd. *weil*

Wie das DWB ausführt, war der relevante sprachliche Kontext für die Entstehung des heutigen konjunktionalen Gebrauchs von *weil* die mhd. Konstruktion *(al) die wîle daz*; durch den Wegfall der ursprünglichen Konjunktion *daz* ging die konjunktionale Funktion auf *die wîle* über.

Die schon mehrfach genannten Kennzeichen der Grammatikalisierung lassen sich deutlich wahrnehmen (phonologische und semantische Reduktion; Dekategorialisierung; Erwerb grammatischer Bedeutung). Die kausale Bedeutung überwiegt seit dem 15. Jh., tritt aber schon im 14. Jh. auf. Daneben blieb die ursprüngliche temporale Bedeutung bis ins frühe 20. Jh. erhalten (DWB a.a.O., Sp. 763). Beispiel (20) hat ausschließlich temporale Bedeutung ('während'), Beispiel (21) läßt sowohl temporale ('so lange als') wie auch kausale ('weil, aufgrund der Tatsache, daß') Lesart zu:

(20) *weyl die paten das kind noch hallten ynn der tauffe, sol yhm der prieser die hauben auffsetzen.* (Luther 12, 46)

(21) *dieweil Mose seine Hände emporhielt, siegete Israel.* (Luther, nach Paul/Henne 1992)

In Kontexten, in denen eine Handlung vor der anderen geschieht, ist die temporale Bedeutung der Gleichzeitigkeit von *weil* nicht mehr möglich, und es bleibt nur die kausale Interpretation übrig. Auch hier gibt es schon Beispiele bei Luther:

(22) *Ihr wisset um der Fremdlinge Herz, dieweil ihr auch seid Fremdlinge in Ägyptenland gewesen.* (nach Paul/Henne 1992)

Die semantische Komponente der Gleichzeitigkeit ist bei *weil* im heutigen Deutsch nicht mehr vorhanden. In Beispielen wie dem folgenden, das die frühere sprachliche Form eines noch heute üblichen Sprichwortes wiedergibt, hat *weil* eindeutig und ausschließlich die temporale Lesart:

(23) *Man muß das Eisen schmieden, weil es warm ist.* (DWB a.a.O., SP. 768)

Die heutige Fassung ersetzt *weil* durch die temporale, Gleichzeitigkeit ausdrückende Konjunktion *solange*:

(24) *Man muß das Eisen schmieden, solange es heiß ist.*

Auffällig ist, daß die Grammatikalisierung von *weil* von einem bestimmten Syntagma, einer bestimmten sprachlichen Konstruktion, ausging (von *die wîle daz*). Die Einwirkung metonymischer Prozesse, die ja auf Kontiguität beruhen, ist also schon aufgrund dieses Befundes sehr wahrscheinlich. Angesichts der ahd. Bedeutung bestätigt sich Traugotts Auffassung, daß zeitliche Überlappung bzw. Gleichzeitigkeit (und nicht strenge zeitliche Folge) die Voraussetzung für die Entwicklung kausaler Bedeutung ist.

Statt kausaler Bedeutung kann sich auch konzessive Bedeutung aus temporaler Überlappung entwickeln. So hat das englische *while* (aus ae. *Þa hwile Þe* 'at the time that') keine kausale, sondern eine adversative Bedeutung ('wohingegen', 'während') entwickelt (Traugott/König 1991:200). Die adversative Bedeutung entsteht aus konversationellen Implikaturen in Kontexten wie dem folgenden (angelehnt an Beispiele in Traugott/König 1991:201, dort auch historische Beispiele aus dem Englischen):

(25) *Es ist Mitternacht und sie arbeitet noch.*

Entscheidend ist das Moment des Außergewöhnlichen, Überraschenden, das als Grund für die koordinierte Nennung der beiden Sachverhalte unterstellt wird. Die beiden Sachverhalte werden, anders als bei der kausalen Implikatur, nicht als einander bedingend, sondern als einander normalerweise ausschließend aufgefaßt. Durch diese konversationelle Implikatur des

Außergewöhnlichen wird die obige Äußerung sinnvoll. In den Worten von Traugott/König (1991:211):

> An originally conversational implicature that a marker of simultaneity would not be used unless there was something remarkable about the simultaneity came to index the surprise factor and thus the concessive.

Die adversative Bedeutung läßt sich laut Traugott/König (1991:202) formalisieren als: *obwohl p, dennoch q*, wobei ein konditionaler Satz der Art *wenn p, dann normalerweise ~q* vorausgesetzt ist (*p* und *q* stehen für zwei verschiedene Propositionen, ~ für Negation).

Das englische *while* hatte eine Zeit lang kausale Bedeutung, verhielt sich also entsprechend dem heutigen deutschen *weil*, wie Traugott/König (1991:85) an Beispielen aus dem 12. Jh. zeigen. Diese kausale Bedeutung setzte sich im Englischen nicht durch; *while* hat im heutigen Englisch adversative Bedeutung, die auf der im obigen Zitat dargestellten konversationellen Implikatur aufbaut. Interessant ist nun, daß umgekehrt das deutsche *weil* vom 16. Jh. bis in die erste Hälte des 19. Jhs. adversative Implikaturen ermöglichte (DWB, a.a.0., Sp. 767), sich also wie das heutige Englische *while* verhielt. Ein Beispiel von Goethe (nach Paul/Henne 1992), in dem *dieweil* eher mit adversativem *während* oder *obwohl* als mit kausalem *da* substituierbar ist:

(26) *Bin der gefährlichste von allen, dieweil man mich für nichtig hält.*

Die Parallelität dieser Entwicklungen, für die viele weitere Beispiele angeführt werden könnten, ist ein deutlicher Hinweis darauf, daß es sich bei den zugrundeliegenden konversationellen Implikaturen keineswegs um singuläre Erscheinungen handelt, sondern daß hier grundlegende übereinzelsprachliche kognitive Prozesse beteiligt sind. Die von Traugott/König 1991 für die Entwicklung von adversativen und kausalen Konjunktionen aufgezeigte Reihenfolge der Grammatikalisierungsphasen ist also:

temporale Überlappung > abstrakte Nachbarschaft (adversativ oder kausal).

Dies erinnert sehr deutlich an die metaphorischen Ketten, die Heine/Claudi/Hünnemeyer 1991 als grundlegend für Grammatikalisierungsprozesse beschrieben haben (Abschnitt 3.1.). Allerdings sind gerade für die hier besprochenen abstrakten Bereiche, die auf der Skala der Metaphernkette "rechts von der Zeit" liegen, genaue Abfolgen noch nicht bekannt. Dies liegt vermutlich daran, daß hier in der Tat die metonymischen Prozesse dominieren und somit keine metaphorischen, d.h. assoziativen Sprünge für Kategoriengrenzen hinweg feststellbar sind.

Heine/Claudi/Hünnemeyer (1991:70-77) diskutieren das Modell von Traugott/König 1991 unter dem Stichwort der "context-induced reinterpretation". Sie akzeptieren die Beteiligung metonymischer Prozesse bei der Grammatikalisierung, sind aber der Meinung, daß auch bei der Entwicklung der kausalen Bedeutung von *since* die "TIME-TO-CAUSE metaphor" zugrunde liegt (1991:74f.). Doch genau dies ist der Punkt, den Traugott/König 1991 problematisieren, in dem sie einerseits fragen, wie dies noch als Metapher, d.h. als "Vergleich", zu verstehen sei (v. a. S. 208f.), und in dem sie andererseits anhand vieler Beispiele zeigen, daß eben nicht die zeitliche Folge den Bildspender für Kausalität abgibt (wie Heine/Claudi/Hünnemeyer 1991:175 annehmen), sondern daß bevorzugt Ausdrücke, die Gleichzeitigkeit bzw. zeitliche Überlappung bedeuten, zu kausalen Konjunktionen werden (s.o.).

Das hier aufgeworfene Problem ist insofern keines, als Metapher und Metonymie in der Tat nicht immer voneinander getrennt werden können. Man kann daher folgende Regel aufstellen: Je konkreter, d.h. fest begrenzt und gegenständlich, die beteiligten Bereiche sind, desto deutlicher wird der Übergang als punktuelle Grenzüberschreitung wahrgenommen und damit als diskreter, analogischer Sprung, als metaphorischer Prozeß. Je abstrakter, d.h. wenig abgegrenzt und nicht gegenständlich, die Bereiche sind, desto weniger kann der Übergang von einem zum anderen als punktuelle Grenzüberschreitung wahrgenommen werden, desto eher liegt also metonymische Nachbarschaft und ein gleitender Übergang vor. Wie man nun den Übergang von zeitlichen Konzepten zu kausalen und adversativen Konzepten beschreibt (ob als eher metaphorisch oder eher metonymisch) hängt wohl auch vom Ziel der Beschreibung ab. Wie schon angedeutet, muß, um Grammatikalisierungsprozesse hinreichend genau zu beschreiben, ohnehin von einem Zusammenwirken beider Prozesse ausgegangen werden.

## 3.3. Das Zusammenspiel von Metapher und Metonymie

Ein Zusammenspiel beider Prozesse betonen vor allem Heine/Claudi/Hünnemeyer (1991:65-97), Traugott/König 1991 und Hopper/Traugott 1993 (vgl. auch Anttila [1972] 1989:19, 151f.). Das Hauptargument gegen eine ausschließlich metaphorische Motivierung ist die Tatsache, daß Grammatikalisierung ein kontinuierlicher Prozeß ist und daß in allen Fällen graduelle Zwischenstufen zwischen wörtlicher und metaphorischer Bedeutung vorhanden sind, so daß ein deutlicher metaphorischer Sprung über die Domänengrenzen hinweg in einem synchronen Sprachzustand kaum nachweisbar ist (Brinton 1988:198, Heine/Claudi/Hünnemeyer 1991:48, 71 Traugott/König 1991). Insbesondere der Beginn eines Grammatikalisierungsprozesses ist an einen Bedeutungswandel gekoppelt, der zunächst nur in bestimmten Kontexten stattfindet und auf metonymischen Prozessen beruht (s. Abschn. 3.2.).

Vollzogene Grammatikalisierung dagegen erscheint oft als ein kategorialer, metaphorisch motivierter Sprung zwischen zwei semantischen Bereichen. Heine/Claudi/Hünnemeyer (1991:68) schlußfolgern daher, daß sowohl Diskontinuität (metaphorische Übertragung) als auch Kontinuität (metonymische Ausweitung) bei der Grammatikalisierung eine Rolle spielen. Wenig später gestehen sie zu, daß die Metonymie der grundlegendere Faktor ist und daß die Metapher auf der Metonymie basiert (73f.). Sie illustrieren dies am Beispiel des *be-going-to*-Futurs (1991:70f.), für das sie zunächst eine metaphorische Erklärung der Entwicklung abgegeben haben (s.o. in Abschnitt 3.1.) und relativieren diese. Sie zeigen, daß zwischen den beiden Beispielsätzen mit *going* als Bewegungsverb und *be-going-to* als Futurmarker eine Reihe von Übergängen festzustellen ist, die den metonymischen Charakter der Entwicklung illustrieren. Die Beispielsätze der Autoren sind (1991:70):

(27) *Are you going to the library?*

(28) *Now, I am going to eat.*

(29) *I am going to do my very best to make you happy.*

(30) *The rain is going to come.*

Während (27) die wörtliche Bedeutung von *go* darstellt, ist (30) ein Beispiel für die grammatische Bedeutung. (28) und (29) sind Beispiele für Zwischenstufen: in (28) liegen die Bedeutungskomponenten 'Absicht' und 'Vorhersage' vor, zusätzlich schwingt die konkrete Bedeutung 'Bewegung durch den Raum' noch mit. In (29) ist diese konkrete Bedeutung vollends geschwunden; da das Subjekt belebt ist, ist die Bedeutung 'Absicht' in diesem Fall noch vorhanden. In (30) dagegen ist aufgrund des unbelebten Subjekts auch dieses semantische Merkmal geschwunden und es bleibt die Bedeutung 'Vorhersage', d.h. deiktische Zukunft, übrig.

Hopper/Traugott (1993:82ff.) präzisieren die These vom Zusammenwirken metaphorischer und metonymischer Prozesse, indem sie den beiden Prozessen verschiedene Wirkungsbereiche und verschiedene zeitliche Stadien zuweisen. Metonymische Prozesse wirken vor allem in der Anfangsphase der Grammatikalisierung, und zwar in spezifischen Kontexten als informationsverstärkende Implikaturen; sie sind die eigentliche Motivation des Wandels. Metaphorische Prozesse dagegen sind das Ergebnis; dabei kann die grundsätzliche Fähigkeit zur Bildung der erwähnten metaphorischen Ketten die Richtung der Grammatikalisierung bestimmen (vgl. auch Bybee/Pagliuca 1985:75f.). Entsprechend der Definition wirken metonymische Prozesse im Sinne einer Reanalyse der zugrundeliegenden Konstituentenstruktur, die zunächst nicht offen sichtbar wird. Metaphorische Prozesse dagegen wirken über die konzeptuellen Domänen hinweg im Sinne einer paradigmatischen, sichtbaren Veränderung des Gebrauchs (Hopper/Traugott 1993:61, 82).

Traugott/König (1991:213) differenzieren die These des Zusammenwirkens, indem sie darauf hinweisen, daß zwar sowohl metaphorische wie auch metonymische Prozesse der Problemlösung dienen, daß es sich aber um je verschiedene Probleme handelt, so daß beide Prozesse bevorzugt bei der Grammatikalisierung jeweils verschiedener grammatischer Kategorien auftreten. Metaphorische Prozesse dienen der Lösung kognitiver Probleme, also Problemen der Darstellung abstrakter Inhalte; metonymische Prozesse dagegen dienen (zunächst) dem indirekten Ausdruck von Inhalten, die der Sprecher, aus welchen Gründen auch immer, nicht direkt sprachlich darstellt.

Es kann also festgehalten werden, daß in jedem Grammatikalisierungsprozeß sowohl metonymische als auch metaphorische Prozesse eine Rolle spielen, wobei je nach Einzelfall die Gewichtung verschieden ist. Das Zusammenspiel sei an der Entwicklung des *going-to*-Futurs erläutert, wie sie in Hopper/Traugott (1993:1-3, 81-88) dargestellt wird (auch die englischen Beispiele sind diesen Seiten entnommen). Dort wird ausgeführt, daß die Futurbedeutung nicht bei jeder beliebigen Verwendung von *to go* entsteht (was man annehmen könnte, wenn man nur die Mitwirkung von metaphorischen Prozessen berücksichtigte), sondern im Kontext der Phrase *be going in order to do s.th.*, d.h. es liegt die Verlaufsform des Präsens und die Verbindung mit einer finalen Adverbialphrase vor (die *to*-Phrase ist also nicht lokal, sondern final). Es genügt also nicht, daß eine bestimmte Spenderproposition vorliegt (in diesem Fall wäre das die dynamische Proposition "X moves to Y"; vgl. Abschnitt 3.1.), sondern es muß ein ganz spezifischer sprachlicher Kontext mit bestimmten Realisierungen bestimmter grammatischer Kategorien gegeben sein. Sätze wie (31) und (32) mit einem direktionalen Lokaladverbial sind also nicht die grammatikalisierungssensitiven Kontexte:

(31) *I am going to London.*

(32) *I am going to London to marry Bill.*

Für den Beginn der Grammatikalisierung entscheidend sind dagegen solche Kontexte, in denen *going-to* in Verbindung mit einem finalen Infinitivkomplement auftritt, das den Zweck des Gehens angibt und mit *in order to* ('um zu') umschrieben werden kann. Ein Beispiel ist:

(33) *I am going to be married.*

Die wörtliche Bedeutung ist zunächst:

(34) *I am leaving/travelling in order to be married*,

in der reale Fortbewegung und Finalität vorliegen. Hopper/Traugott (1993:82) führen zu diesem Satz aus:

> The verb *go* invites the conversational inference that the subject arrived at a later time at the destination, and the purposive *to*, introducing a subordinate clause, invites the conversational inference that someone intended the marriage to occur.

Sie fahren fort:

> We hypothesize that the future meaning of *be going to* was derived by the semanticization of the dual inference of later time indexed by *go* and purposive *to*, not from *go* alone. Indeed, we hypothesize that the inference from purposive *to* must have played a significant role in the grammaticalization of *be going to* given that the major syntactic change involved in the development of the auxiliary is the rebracketing of [[...be going][to S]] as [...be going to V].

Die relevante Konstruktion für die Entstehung des *be-going-to*-Futurs ist also das Verb *go* in der Verlaufsform des Präsens mit einem finalen Infinitivkomplement. Der an diesem Wandel beteiligte metonymische Prozeß ist nun folgender: Aus der Finalität/Zweckhaftigkeit, wird im Zusammenhang solcher Kontexte geschlossen, daß eine Handlung (*marry*) in der Zukunft stattfindet. Diese Annahme ist eine Implikatur, die nicht direkt ausgesprochen ist, die aber aus dem sprachlichen oder situativen Kontext zu entnehmen ist. Wenn sich nun diese naheliegende Implikatur "verselbständigt", oder besser, wenn diese Implikatur, die ja zunächst nur im Kontext mitenthalten war, vom Kontext auf die verwendete sprachliche Form übertragen wird, dann wird sie zum Bedeutungsbestandteil der Form, also des *be-going-to*. Es handelt sich um die Semantisierung konversationeller Implikaturen (Hopper/Traugott 1993:84). Dabei lassen sich drei Aspekte unterscheiden, die in engem Zusammenhang miteinander stehen:

Erstens enthält dieser Prozeß eine metonymische Komponente, also eine semantische Übertragung durch Nachbarschaft (Kontiguität), eine Schlußfolgerung aufgrund des Kontextes. Zweitens ist ein deutlich syntagmatisches Element vorhanden, insofern als die morpho-syntaktischen Grenzen aufgelöst werden und eine neue Konstituentenstruktur entsteht. Drittens ist dieser Prozeß indexikalisch, insofern als er auf das Mitgemeinte verweist, ohne es direkt auszudrücken.

Nicht-grammatikalisiertes *be-going-to* hat die Struktur:

(35)  *I am going // to marry Bill,*

wobei *going* das Hauptverb ist und *to marry Bill* einen finalen Komplementsatz darstellt. Bei grammatikalisiertem *going-to* liegt Reanalyse vor:

(36)  *I [am going to marry] Bill.*

Hier ist nur noch eine Verbalphrase vorhanden: *marry* ist das Hauptverb, *am going to* ist das Futurauxiliar dieser Verbalphrase. Aus diesem Grund ist es nur in (36), nicht aber in (35) möglich, *going to* durch *gonna* zu ersetzten: die phonologische Fusion kann nicht über die Konstituentengrenze hinweg erfolgen, sondern nur innerhalb einer Konstituente (Hopper/Traugott 1993:3). *Going to* ist vollständig grammatikalisiert, wenn und sobald es auch bei Verben verwendet werden kann, die keine finale Bedeutung zulassen, also z.B. bei statischen Verben, die einen inneren Zustand ausdrücken, oder auch bei unbelebtem Subjekt. Beispiele sind

(37)  *I am going to like Bill,*

bei dem das statische und psychische Verb *like* keine finale Interpretation zuläßt, und

(38)  *It is going to rain,*

dessen unbelebtes, rein formales Subjekt die finale Interpretation ausschließt (Hopper/Traugott 1993:83).

Auch bei einem Satz mit *go* als Hauptverb wie bei (39) kann aus Gründen der semantischen Kompatibilität *going to* nicht mehr in der ursprünglichen lexikalischen Bedeutung vorliegen, es ist nur noch grammatikalisiert zu verstehen.

(39)  *I am going to go to London* (vgl. Hopper/Traugott 1993:3).

Dieser letzte Schritt, d.h. die Ausweitung auf ursprünglich unzulässige Kontexte, ist den Autoren zufolge wieder eine metaphorische Übertragung (ein analogischer Vorgang), so daß beide Prozesse Metonymie und Metapher eng zusammenwirken. In Hopper/Traugott (1993:88) findet sich eine schematische Darstellung der Entwicklung des Futur-Auxiliars *be going to*, die hier als Zusammenfassung wiedergegeben wird.

Syntagmatic axis: mechanism: reanalysis⟶

| Stage I | *Be* | *going* | [*to visit Bill*] |
| | PROG | $V_{dir}$ | [purpose clause] |

| Stage II | [*be going to*] | | *visit Bill* |
| | TNS | | $V_{act}$ |
| | (by syntactic reanalysis/metonymy) | | |

| Stage III | [*be going to*] | | *like Bill* |
| | TNS | | V |
| | (by analogy/metaphor) | | |

Paradigmatic axis ↓
Mechanism: analogy

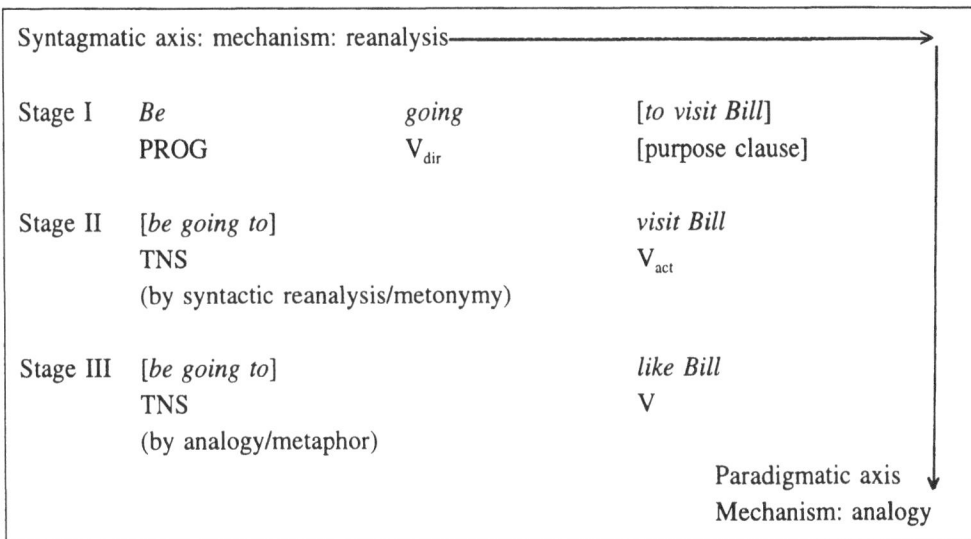

Die erste Stufe (Stage I) stellt den Ausgangspunkt der Grammatikalisierung dar, d.h. das direktionale Vollverb *go* in der Verlaufsform des Präsens (PROG) mit einem finalen Komplement (purpose clause). In Stufe II liegt ein Hilfsverb des Futur vor (TNS = Tense), das mit einem Handlungsverb verbunden ist (*visit*). Diese Struktur ist durch metonymische Reanalyse entstanden. Stufe III stellt die analogische Ausdehnung auf alle Verben dar. Dies ist ein metaphorischer Prozeß (vgl. die Erläuterungen in Hopper/Traugott 1993:61).

## 3.4. Aufgaben

3.4.1. Zur Konstruktion *gehen* + Infinitv im Deutschen: Wenn man den deutschen Satz
    (1)   *Ich gehe Zigaretten holen*
neben den englischen Satz
    (2)   *I am going to get some cigarettes*
stellt, dann könnte man zu der Auffassung kommen, daß auch das Deutsche ein *gehen*-Futur habe. Bearbeiten Sie diese Hypothese unter Verwendung der folgenden Sätze:
    (3)   *\*Ich gehe nach London gehen.*
    (4)   *\*Ich gehe Bill mögen.*
    (5)   *\*Es geht regnen.*

3.4.2. Die Entwicklung des adversativen *während*: Zum Ausdruck adversativer Bedeutung hat das heutige Deutsch die Konjunktion *während*, wie in
    (1)   *Während sie blond ist, ist er rothaarig.*

Diese Bedeutung ist aus der Bedeutung temporaler Gleichzeitigkeit/Überlappung entstanden, die im heutigen Deutsch in Sätzen wie dem folgenden zum Ausdruck kommt:

(2)  *Während er Kaffee trank, überlegte er, was weiter zu tun sei.*

Verfolgen Sie unter Zuhilfenahme der entsprechenden Nachschlagewerke die Entwicklung dieser adversativen Konjunktion. Erklären Sie die Entwicklung im Sinne der oben diskutierten Beispiele.

# 4. Fallstudien zur Grammatikalisierung im Deutschen II: nichtflektierbare Wortarten

Beim *bekommen*-Passiv und bei den Modalverben in Kapitel 2. ging es vor allem um die verschiedenen Grammatikalisierungsgrade, die ein Lexem (bzw. eine kleine Gruppe von Lexemen) in einem synchronen Stadium gleichzeitig aufweisen kann. Hier nun wird eine andere Perspektive eingenommen. Es geht um Fragen der Homogenität bzw. Inhomogenität grammatischer Klassen und Kategorien bezogen auf ihre Mitglieder. Bei den Präpositionen in Abschnitt 4.1. wird sich eine vielleicht verblüffende Ungleichheit der Mitglieder dieser Wortart zeigen, in Abschnitt 4.2. dagegen, bei den Modalpartikeln, ist der Nachweis einer relativen Geschlossenheit dieser scheinbar inhomogenen Gruppe angestrebt.

## 4.1. Präpositionen

Wie schon angedeutet, soll in diesem Abschnitt gezeigt werden, daß die Wortart Präposition, obwohl sie eine weitgehend geschlossene grammatische Klasse mit gut abgrenzbarer Funktion darstellt, aus einer relativ inhomogenen Gruppe von Einzellexemen und Syntagmen besteht, daß sich also die Wortart Präposition aus Elementen sehr unterschiedlicher Grammatikalisierungsgrade formiert. Außerdem steht die Frage der Polysemie der primären Präpositionen (s.u.) und der "Rangordnung" dieser Bedeutungsvarianten zur Diskussion.

Präpositionen gehören zusammen mit den Konjunktionen zu den "Fügewörter", d.h. zu Funktionswörtern, die andere Wörter und Wortgruppen miteinander verbinden (Helbig/Buscha 1986:401). Präpositionen sind freie grammatische Morpheme (oder Syntagmen) und bilden eine geschlossene Klasse. Im Unterschied zu den Konjunktionen regieren die Präpositionen die ihnen zugehörige Nominalphrase (d.h. sie weisen ihr einen Kasus zu) und formen mit ihr gemeinsam ein Satzglied, eine Präpositionalphrase. Die normale Stellung einer Präposition ist die Position vor der von ihr regierten Nominalphrase (daraus leitet sich die Bezeichnung "Präposition" ab). Diese Bestimmung, die sich so, oder so ähnlich, in Grammatiken und Lehrbüchern findet, ist eine starke Idealisierung und Vereinfachung der sprachlichen Realität: die genannten Punkte sind prototypische Kennzeichen von Präpositionen, keiner von ihnen trifft auf *alle* Elemente zu, die zu den Präpositionen gezählt werden. Es gibt jedoch Mitglieder der Klasse der Präpositionen, die dem Idealtyp vollständig entsprechen, und es gibt eine Skala unterschiedlicher Grade der Annäherung an den Idealtyp. Diese Feststellung, die auch in den Grammatiken zu finden ist, soll hier unter dem Gesichtspunkt der Grammatikalisierung systematisiert werden.

Zunächst zur vorgefundenen Einteilung der Präpositionen in Helbig/Buscha (1986:402ff.), an der sich die folgende Darstellung orientiert. Dort wird unterschieden zwischen primären Präpositionen (1) und sekundären Präpositionen, wobei letztere nochmals untergliedert werden, in sekundäre Präpositionen, die aus nur einer lexikalischen Einheit bestehen, also monolexematisch sind (2a), und sekundäre Präpositionen, die aus mehreren lexikalischen Einheiten bestehen und polylexematisch genannt werden (2b).

(1) *Sie hat das Buch auf die Kühltasche gelegt.*

(2) a. *Trotz des schlechten Wetters ging sie spazieren.*

(2) b. *In Anbetracht der fortgeschrittenen Zeit mußten wir die Übungen kurz halten.*

Die primären Präpositionen bilden als geschlossene Klasse den Kernbestand dieser Wortart. Sie drücken "die adverbiellen Grundfunktionen" einer Sprache aus, also z.B. instrumentale, lokative, temporale Beziehungen (Lehmann 1982:94). Eine Präpositionalphrase mit einer primären Präposition hat die Strukur:

[Präposition + (Nominalphrase mit Kasusflexiv)] (vgl. Lehmann 1982:83).

Zu den primären Präpositionen werden z.B. gezählt: *an, auf, aus, bei, durch, für, gegen, in, nach, neben, ohne, über, um, von, vor, während, wegen, zu.*

Sekundäre Präpositionen sind eine offene Klasse, zu der ständig neue Formen hinzukommen. Die monolexematischen sekundären Präpositionen drücken komplexere adverbiale Relationen aus, z.B. adversative, kausale usw. (vgl. Lehmann 1982:92). Die Struktur einer mit ihnen gebildeten Präpositionalphrase entspricht der der primären Präpositionen, mit dem Unterschied, daß die Nominalphrase im Genitiv steht oder mit *von* angeschlossen wird, z.B. *unweit des Flusses/von dem Fluß*. Zu den sekundären monolexematischen Präpositionen werden gezählt: *anfangs, angesichts, ausgangs, betreffs, längs, mangels, mittels, namens, seitens, zwecks; ab-, dies-, jenseits; abzüglich, anläßlich, bezüglich, einschließlich, gelegentlich, hinsichtlich, vorbehaltlich, zuzüglich; dank, gemäß, kraft, laut, (an)statt, trotz, unweit, zeit; entsprechend, ausgenommen, ungeachtet.*

Die sekundären polylexematischen Präpositionen werden von Lehmann (1982:132) als "periphrastische Präpositionen" beschrieben, bzw. als freie Konstruktionen, die ein relationales Nomen (oder Adverb) in Kombination mit einer oder mehreren primären Präpositionen enthalten (94). Ihre typische Struktur ist:

[Präposition + relationales Nomen + Nominalphrase mit Genitiv oder *von*],

wie z.B. *mit Hilfe anderer/von anderen Menschen*. Sie drücken Relationen aus, die übereinzelsprachlich gesehen selten oder nie vollständig grammatikalisiert werden (94). Zu den sekundären polylexematischen Präpositionen gehören: *an Hand (anhand), an Stelle (anstelle), auf Grund (aufgrund), auf Kosten, aus Anlaß, in Anbetracht, in betreff, infolge, in Form, im Laufe, inmitten, mit Ausnahme, mit Hilfe, von seiten, zufolge, zu(un)gunsten, zuliebe, zur Zeit, außer-, inner-, ober-, unterhalb.*

Es ist deutlich, daß sich die primären Präpositionen von den sekundären bezüglich des Parameters der Integrität (paradigmatisches Gewicht) unterscheiden, und zwar sowohl in phonologischer als auch in semantischer Hinsicht. Primäre Präpositionen sind meist einsilbig und erlauben bei schnellem Sprechtempo weitere Reduktionen. Es liegt also ein deutlicher Verlust an phonologischem Gewicht vor. Sekundäre Präpositionen sind meist mehrsilbig und werden nicht phonologisch reduziert. Primäre Präpositionen haben nur wenige semantische

Merkmale, sekundäre Präpositionen weisen eine größere Menge und Varianz an Semen auf, die als deutliche Spuren ihrer Herkunft aus dem Nennwortschatz zu betrachten sind. Die Bedeutung der lexikalischen Quelle ist jedoch abgebaut, d.h. die ursprüngliche Fähigkeit, Außersprachliches zu denotieren, ist verloren gegangen. Auch die Fähigkeit zur Flexion, d.h. ihre morphologische Integrität, ist stark reduziert; sekundäre Präpositionen erscheinen oft in versteinerten Kasusformen (Dekategorisierung).

Primäre Präpositionen regieren typischerweise den Akkusativ und/oder den Dativ. Nur *während* und *wegen* regieren den Genitiv (Helbig/Buscha 1986:402), was ein deutliches Indiz dafür ist, daß sie sich erst in jüngerer Zeit den primären Präpositionen angeschlossen haben. Lehmann (1982:134) weist darauf hin, daß die (umgangssprachliche) Tendenz, diese beiden Präpositionen mit dem Dativ zu gebrauchen, ein weiterer Schritt auf ihrem Grammatikalisierungsweg, d.h. ihrer Eingliederung in die geschlossene Klasse der primären Präpositionen, ist (also: *während/wegen des Sturmes* > *während/wegen dem Sturm*).

Sekundäre Präpositionen dagegen regieren den Genitiv bzw. dessen Ersatz durch eine *von*-Phrase, oder sie benötigen die Mitwirkung einer weiteren primären Präposition, um das Kernnomen zu regieren: *in bezug auf, im Hinblick auf, in Verbindung mit, im Gegensatz zu, im Verhältnis zu, im Vergleich zu*. Diese periphrastischen Präpositionen sind also ohne die Mithilfe einer primären Präposition nicht in der Lage, die verbindende Funktion einer Präposition zu erfüllen; sie sind freien Syntagmen noch sehr ähnlich.

Primäre Präpositionen treten in einer weiteren Funktion auf, nämlich als Bestandteile von Präpositionalobjekten. In dieser Funktion werden sie jeweils vom Verb als festes, nicht austauschbares Verbindungsglied gefordert, weisen nicht ihre sonst übliche Semantik auf und haben die rein grammatische Funktion, das Objekt anzuschließen. Präpositionen in Präpositionalkasus haben schon sehr viel von ihrer Autonomie als selbständige Zeichen verloren und konkurrieren funktional mit den Kasusflexiven. Die Präposition *auf* als "Fügewort" des Präpositionalobjekts in Satz (3), zum Beispiel, ist nicht gegen andere Präpositionen austauschbar; ihre Nähe zu den Kasusflexiven wird auch durch die semantische Ähnlichkeit der Sätze (3) und (4) unterstrichen.

(3)   *Sie wartete auf ihre Freundin/\*an ihre Freundin/\*zu ihrer Freundin...*

(4)   *Sie erwartete ihre Freundin.*

Die Präposition *auf* als semantisch eigenständiger Bestandteil einer Adverbialphrase kann dagegen mit den erwartbaren Bedeutungsveränderungen durch andere Präpositionen ausgetauscht werden; so in Satz

(5)   *Sie wartete auf der Treppe/an der Treppe/vor der Treppe ...*

Die primären Präpositionen sind also in ihrer Funktion in Präpositionalobjekten stark grammatikalisiert. Darauf weist auch die Tatsache hin, daß die an sich schon kleine Gruppe der primären Präpositionen noch kleiner wird, wenn es darum geht, welche primären Präpositionen zur Bildung von Präpositionalkasus verwendet werden. Es sind dies folgende Präpositionen: *an, auf, aus, bei, für, gegen, in, mit, nach, über, um, von, vor, zu* (Helbig/Buscha 1986:59ff.), z.B. in *denken an, glauben an, rechnen mit, hoffen auf, verlangen nach* usw. Diese Tatsache kann man mit dem Lehmannschen Parameter der Paradigmatizität (= paradigmatische Kohäsion) erfassen: Primäre Präpositionen weisen stärkere Grammatikalisierung auf, da ihre

Paradigmatizität größer ist (kleine Anzahl, geschlossene Klasse). Innerhalb der primären Präpositionen trifft dies in noch stärkerem Maße auf die Gruppe der objektanschließenden Präpositionen zu. Sie stehen dem Paradigma der obliquen Kasus sehr nahe (Helbig/Buscha 1986:58ff.).

Sekundäre Präpositionen weisen dagegen nur sehr geringe Paradigmatizität auf; sie nehmen lose an semantischen Feldern teil: So können die Präpositionen *kraft, infolge, aufgrund* als Teilnehmer eines offenen semantischen Feldes mit kausal-instrumentaler Grundbedeutung betrachtet werden und sind gegenseitig substituierbar:

(6)   *Kraft/infolge/aufgrund ihres großen Einflusses konnte sie viele Sponsoren gewinnen.*

Auch die paradigmatische Variabilität, deren Abnahme sich ja durch Obligatorifikation und Ausweitung der Distribution bemessen läßt, zeigt die unterschiedlichen Grammatikalisierungsgrade der primären und der sekundären Präpositionen. Der Gebrauch der primären Präpositionen ist zum Teil durch grammatische Regeln bedingt. Dabei ist die Verwendung jeweils ganz bestimmter Präpositionen obligatorisch, was zu einer Erhöhung ihrer Frequenz und Ausweitung der Distribution führt. Dies ist z.B. der Fall in Passivsätzen mit einer Agensangabe, die immer mit der Präposition *von* eingeführt werden muß:

(7)   *Sie wird um fünf von ihrer Oma abgeholt.*

Bei Nominalisierung dagegen wird das Agens obligatorisch mit *durch* angeschlossen:

(8)   *Die Abholung erfolgt durch den Amtsboten. (<- Der Amtsbote holt es ab).*

Die Präposition *von* liegt auch dann in stark grammatikalisierter Form vor, wenn sie als "Genitiv-Ersatz" (Helbig/Buscha 1986:412) ein Attribut anschließt, wie in:

(9)   *Das Buch von Peter (Peters Buch) muß noch bei uns herumliegen.*

Auch die obligatorische Verwendung der Präposition *zu* zum Anschluß von Infinitiven stellt eine grammatische Funktion dieser Präposition dar, die nicht durch andere Präpositionen übernommen werden kann:

(10)   *Ich habe nicht vor, dir alles zu erzählen.*

Ein weiterer Fall ist die Ersetzung von Dativen durch Präpositionalphrasen: Hierzu kommen nur die Präpositionen *zu, an, nach* und *für* in Frage (vgl. Helbig/Buscha 1986:290, Eisenberg 1995:294).

(11)   *Sie hat ihr ein Buch gekauft -> Sie hat ein Buch für sie gekauft.*

(12)   *Sie hat ihr ein Buch geschickt -> Sie hat ein Buch an sie geschickt.*

(13)   *Sie hat ihr gerufen -> Sie hat nach ihr gerufen.*

(14)   *Sie hat es ihr gesagt -> Sie hat es zu ihr gesagt.*

Interessanterweise beschränken sich die semantischen Funktionen der hier möglichen Präpositionen auf die direktionale (*nach, zu, an*) und die benefaktive ("begünstigende") bei *für*. Diese beiden semantischen Rollen sind nach Lehmann (1982:108) die wichtigsten Quellen für die Grammatikalisierung von Dativkasus.

Die obligatorische Verwendung bestimmter Präpositionen in bestimmten grammatischen Funktionen stellt eine Reduzierung der paradigmatischen Variabilität dar, wie sie mit einem stärkeren Grammatikalisierungsgrad in Einklang steht. Bei sekundären Präpositionen läßt sich eine solche obligatorische Verwendung nicht finden, sie sind je nach kommunikativer Intention austauschbar oder weglaßbar. So kann die sekundäre Präposition in Satz (6)

(6) *Kraft/infolge/aufgrund ihres großen Einflusses konnte sie viele Sponsoren gewinnen*

durch eine primäre Präposition, z.B. *mit* oder *durch,* ersetzt werden:

(15) *Mit ihrem/durch ihren großen Einfluß konnte sie viele Sponsoren gewinnen.*

Doch selbstverständlich kann das Adverbial zu einem Nebensatz ausgebaut oder ganz weg-gelassen werden:

(16) *Weil sie großen Einfluß hat, konnte sie viele Sponsoren gewinnen.*

Die verschiedenen Alternativen sind natürlich nicht bedeutungsgleich, sondern spiegeln unterschiedliche kommunikative Absichten.

Auch was die Fügungsenge (*bondedness,* syntagmatische Kohäsion) betrifft, verhält sich die Wortart Präposition nicht einheitlich: Primäre Präpositionen neigen zu Zusammen-ziehungen (Klitisierungen, Fusionen) mit dem nachfolgenden Artikel wie in *zum, zur, im, am, ins.* Die Fusion ist sogar obligatorisch, wenn es sich um stark grammatikalisierte Funktionen handelt, wie z.B. in der Kombination mit substantivierten Infinitiven (Lehmann 1982:83):

*am/beim/zum/im Gehen*     <->     **an dem/bei dem/zu dem/in dem Gehen.*

Bei sekundären Präpositionen sind Fusionen nicht möglich; doch auch sie zeichnen sich im Gegensatz zu freien Syntagmen durch große Fügungsenge aus. Es handelt sich durchweg um feste, idiomatisierte Wendungen, die keine Einschübe oder Veränderungen erlauben:

*aufgrund*         <->     **auf tiefem Grund*
*anhand*          <->     **an der Hand*
*in Anbetracht*    <->     **der Anbetracht*

Bezüglich der syntagmatischen Variabilität verhalten sich primäre und sekundäre Präpositionen weitgehend gleich. Wie schon erwähnt, ist die Position vor der regierten Nominalphrase die typische (und namengebende) Stellung. Einige Präpositionen, die noch nicht sehr stark grammatikalisiert sind, verhalten sich (noch) wie die Adverbien, aus denen sie hervorgingen, und weisen größere syntagmatische Variabilität auf (vgl. Lehmann 1982:157f.). Ein Beispiel ist (nach Helbig/Buscha 1986:406f.):

*gegenüber dem Meister*   <->    *dem Meister gegenüber.*

Was den Skopus, das syntagmatische Gewicht, betrifft, so regieren die primären Präpositionen nur "ihre" Nominalphrase mit einem der am stärksten grammatikalisierten Kasus (Dativ oder Akkusativ). Sekundäre Präpositionen regieren eine im Genitiv angeschlossene Nominalphrase, z.B. *kraft ihres Amtes,* oder eine Präpositionalphrase, wie in *aufgrund von Schwierigkeiten, mit Bezug auf ihr Schreiben,* haben also weiteren Skopus und sind auch in dieser Hinsicht weniger stark grammatikalisiert.

Selbst im Bereich der geschlossenen Klasse der Präpositionen, die insgesamt eine gram-matische Klasse ist (im Vergleich zu den Verben oder Nomina), kann man Subklassen er-kennen, die sich hinsichtlich ihrer Grammatikalisierungsgrade unterscheiden. Auch dieser

Bereich der Sprache ist also nicht vollständig "geschlossen". Das ständige Entstehen neuer sekundärer Präpositionen läßt sich in sprachgeschichtlichen Untersuchungen eindrucksvoll nachvollziehen. Lindqvist 1994, der eine solche historische Untersuchung vorlegt, spricht von "Präpositionalien" und verschiedenen "Präpositionalgraden" und führt aus, daß die Bildung vom Typ "traditonelle Präposition + NP + traditionelle Präposition", also die Bildung von polylexematischen sekundären Präpositionen, im heutigen Deutsch sehr produktiv ist (1994:191).

Nachdem nun der unterschiedliche synchrone Grammatikalisierungsgrad von primären und sekundären Präpositionen dargelegt wurde, soll ein Blick auf die Semantik der primären Präpositionen geworfen werden. Es ist allgemein bekannt, daß jede der primären Präpositionen in verschiedenen semantischen Bereichen (Domänen) verwendet werden kann (im Gegensatz zu den sekundären Präpositionen). Primäre Präpositionen zeichnen sich durch "semantische Vielwertigkeit" aus, wie Lindqvist 1994 dies nennt. Helbig/Buscha (1986:421f.) unterscheiden z.B. für *bei* eine lokale, temporale, konditionale, modale (im Sinne von "Art und Weise") und konzessive Verwendungsweise, die sie mit folgenden Beispielen illustrieren:

(17) *Er saß bei seinen Freunden.* (lokal)

(18) *Ich habe ihn bei einer Geburtstagsfeier kennengelernt.* (temporal)

(19) *Bei Regen fällt die Veranstaltung aus.* (konditional: *Falls es regnet*)

(20) *Der Betrieb produziert jetzt das Doppelte bei gleichbleibend guter Qualität.* (modal)

(21) *Bei besten Voraussetzungen kann er die Prüfung nicht bestehen.* (konzessiv)

Offenbar ist es so, daß die primären Präpositionen aufgrund ihrer abstrakten und relativ wenigen semantischen Merkmale nicht nur zum Ausdruck grammatischer Verhältnisse (wie Präpositionalobjekt), sondern zur Wiedergabe einer Vielzahl von relationalen Verhältnissen in unterschiedlich abstrakten semantischen Bereichen geeignet sind. Nach den Ausführungen zur Anordnung der konzeptuellen Domänen in Kapitel 3. liegt es nahe, die verschiedenen semantischen Bereiche der Präpositionen im Sinne wachsender kognitiver Komplexität bzw. Abstraktheit zu ordnen und davon auszugehen, daß die einfacheren konkreteren Bereiche den abstrakteren (historisch und kognitiv) vorausgehen. Die Verwendung einzelner Präpositionen in rein grammatischen Funktionen ist so betrachtet nur der Endpunkt einer Skala von Verwendungen im Bereich der lexikalischen Bedeutungen.

Als grundlegende, unmarkierte Bedeutungssphäre wird bei Präpositionen die lokale Bedeutung angesetzt (Heine/Claudi/Hünnemeyer 1991:258), die das Verhältnis zweier Gegenstände oder Räume zueinander kodiert. Die lokale Relation kann entweder statisch sein, also "X ist PRÄPOSITION Y", oder direktional: "X bewegt sich PRÄPOSITION Y". Beispiele für statische lokale Relationen sind:

*am Tisch, in der Küche, auf dem Baum,*

direktionale lokale Relationen liegen vor in:

(X bewegt sich) *aus dem Wald, zum Baum, um das Haus*.

Die Lokalismustheorie geht davon aus, daß lokale Relationen unmarkierte Kategorien sind und daß viele grammatische Relationen analog zu den Ausdrucksweisen für lokale Relationen strukturiert sind (vgl. Lyons [1977] 1983:322ff.). Die übrigen Bedeutungsbereiche der Präpositionen gelten entsprechend dieser These als abgeleitet und sollten sich in einer Skala zunehmender Komplexität anordnen lassen, wobei die grammatischen Funktionen den Endpunkt bilden. Heine/Claudi/Hünnemeyer bekräftigen die Auffassung von der Unmarkiertheit der lokalen Domäne durch die Ergebnisse einer Befragung deutscher Muttersprachler. Diesen wurden zu verschiedenen Präpositionen je vier Sätze aus je vier semantischen Bereichen vorgelegt. Zu den Präpositionen *an* und *zu* waren es folgende Sätze (nach Heine/Claudi/Hünnemeyer 1991:254, mit deren semantischen Angaben):

(22)  *Er kam am Donnerstag.* (Zeit)

(23)  *Er starb am Alkohol.* (Ursache)

(24)  *Er war am Schlafen.* (Verlauf)

(25)  *Er wartete am Bahnhof.* (Raum)


(26)  *Es ist zum Heulen.* (Art und Weise)

(27)  *Sie tat es zum Spaß.* (Zweck)

(28)  *Sie rannte zum Bahnhof.* (Allativ, entspricht 'Bewegung hin zu Y')

(29)  *Sie sagte es zum Direktor.* (Dativ)

Eine der zu beantwortenden Fragen war, welche dieser vier Gebrauchsweisen die eigentliche, die ursprüngliche, sei. Erwartungsgemäß fiel die Wahl der Befragten in den allermeisten Fällen auf die lokale Bedeutung.

Die Grammatikalisierungsforschung ist also mit der lokalistischen Hypothese kompatibel. Sie ergänzt sie, indem sie zeigt, wie die komplexeren Bedeutungen nacheinander aufsteigend geordnet sind und daß die grammatische Bedeutung der Endpunkt dieser Skala ist. Heine/Claudi/Hünnemeyer (1991:258) weisen darauf hin, daß die lokalistische Fundierung allein nicht ausreicht, um alle semantischen Bereiche der Präpositionen darzustellen, da bei Präpositionen wie *mit* und *für* keine lokale Bedeutung vorhanden ist. In solchen Fällen wurden von den Testpersonen Bedeutungen im anthropozentrischen Bereich als "ursprüngliche, eigentliche" Bedeutungen eingestuft. Bei *mit* handelt es sich um den "Komitativ" ('Begleitung'), der in folgendem Testsatz überprüft wurde

(30)  *Sie fuhr mit Klaus in die Stadt.*

Bei *für* liegt der "Benefaktiv" ('Begünstigung') vor, der in Satz

(31)  *Er kaufte Blumen für Maria*

illustriert ist (Heine/Claudi/Hünnemeyer 1991:254ff.). Aus diesem Grund führen die drei Autoren neben dem lokalistischen Kriterium, das zwischen unmarkierter ("spatial") und markierter ("nonspatial") Bedeutung unterscheidet, ein zweites, anthropozentrisches Kriterium ein, das den "den relativen Grad der Verbindung zu menschlichen Mitspielern" benennt. Weiter führen sie aus, daß die kombinierte Anwendung beider Kriterien sowohl die Grundlage für die Bewertung des Grammatikalisierungsgrades durch die Linguisten, als auch die Basis für die Bewertung der ursprünglichen Bedeutung durch die Muttersprachler darstellt.  D i e unmarkierten Spenderbereiche können über verschiedene Metaphorisierungsketten in komplexere Zielbereiche übertragen werden. Heine/Claudi/Hünnemeyer (1991:257) erwähnen einige typische Transferrichtungen von ursprünglichen semantischen Kasusfunktionen zu abstrakteren, abgeleiteten. Darunter sind folgende Reihen:

| *Spenderbereiche* | | *Zielbereiche* |
|---|---|---|
| Komitativ | -> | Instrument, Mittel, Bedingung, Art und Weise |
| Lokativ | -> | Zeit, Ursache, Bedingung, Art und Weise, Nebensatzanschluß. |

Teile dieser Ableitungsreihenfolge kann man in den oben gegebenen Beispielgruppen zu einzelnen Präpositionen wiederfinden. Ein letzter Fall sei angeführt: Aus dem lokalen Muster "X ist in Y" (z.B. *Er ist in der Küche*), das eine Relation des räumlichen Enthaltenseins eines Elements in einem anderen ausdrückt, können über metaphorische Prozesse kognitiv abstraktere Relationen abgeleitet werden; so z.B. die folgenden:

(32) *Der Kongreß findet in einem Jahr statt.* (Zeit)

(33) *Das Buch ist in Arbeit/im Werden.* (Verlauf)

(34) *Sie hat das im Zorn gesagt.* (Art und Weise)

(35) *Wir müssen das in die Diskussion bringen.* ("abstrakt"?)

Für Sätze wie den letzten setzen Helbig/Buscha einen "übertragenen Gebrauch" an und nennen diese spezielle Verwendung von *in* "Bereich" (1986:430). Wenn man von der lokalistischen bzw. anthropozentrischen Grundlage ausgeht, sind natürlich alle abgeleiteten Bereiche "übertragene". Die Terminologie von Helbig/Buscha ist jedoch insofern sinnvoll, als es bei den Präpositionen eine Vielzahl von Gebrauchsweisen und Nuancen gibt, die man nur gewaltsam einem der großen kognitiven Bereiche zuordnen könnte. Diese stark idiomatisierten Verwendungen werden bei Helbig/Buscha als "übertragener Gebrauch" gesammelt. Ein Beispiel für den "übertragenen Gebrauch" von *unter*, das im übrigen als Kontext zur Entstehung einer neuen sekundären Präposition *unter dem Aspekt* betrachtet werden könnte, ist

(36) *Unter dem Aspekt des neuen Planes muß dieser Wirtschaftszweig bevorzugt werden.* (Helbig/Buscha 1986:439).

Wichtig an diesem Beispiel und an anderen "übertragenen" Verwendungen ist folgendes: Nicht jeder Bedeutungswandel in die Richtung stärkerer Abstraktion ist Grammatikalisierung. Die Tatsache, daß sich eine abstrakte Bedeutung entwickelt, heißt nicht, daß es sich auch um eine grammatische Bedeutung handelt: z.B. *aus der Mode, aus Liebe, für die Katz* sind nicht grammatikalisiert. Derartige Erscheinungen nennt man "Lexikalisierung" oder "Idiomatisierung": es handelt sich um ein Festwerden bestimmter Syntagmen. Die Präposition verliert ihre lokale Eigenbedeutung und wird abstrakter. Das hat sie mit der Grammatikalisierung gemein. Doch entsteht in solchen Kontexten kein grammatisches Morphem, das eine Ausweitung der Distribution erführe, sondern zusammen mit dem Rest des Ausdrucks eine idiomatische Wendung (auch "Wortgruppenlexem" genannt), die nur in dieser spezifischen Verbindung eine holistische, nicht mehr analysierbare Bedeutung hat, also "demotiviert" ist (vgl. Munske 1993:510ff). Ein Indiz für die Idiomatisierung und Demotivierung eines Wortgruppenlexems ist daher die Unmöglichkeit der kompositionellen Bedeutungsanalyse und der paradigmatischen Substitution der beteiligten Ausdruckseinheiten. So bedeutet *für die Katz* etwa 'vergeblich'. Weder kann man Phrasen wie *\*bei der Katz*, noch solche wie *\*für den Hund* bilden und dabei erwarten, daß sie eine Bedeutungsveränderung gegenüber *für die Katz* aufwiesen, die dem semantischen Potential der ausgetauschten Einzellexeme entspräche.

Auf den Unterschied zwischen Grammatikalisierung und Lexikalisierung geht Lehmann 1989 ausführlich ein. Grammatikalisierung ist der Übergang in die Gruppe der grammatischen

Formative, deren Operationen und Regeln produktiv sind. Lexikalisierung ist der Übergang ins Lexikon, ins Inventar, das den festen Bestand an Zeichen zur Verfügung stellt, mit dem grammatische Operationen durchgeführt werden können. Beide Prozesse zeigen semantische und phonologische Reduktion, beide können von den gleichen Quellen ausgehen (wie die Grammatikalisierung und Idiomatisierung bei den Präpositionen zeigt). Der zentrale Unterschied zwischen beiden Prozessen liegt nach Lehmann (1989:15) also nicht notwendigerweise in den Ausgangsformen oder in den beim Wandel stattfindenden Prozessen, sondern im Zielpunkt, der entweder Grammatik oder Lexikon heißen kann.

## 4.2. Modalpartikeln

In diesem Abschnitt soll die Entwicklung einiger Modalpartikeln (auch "Abtönungspartikeln", "illokutive Partikeln") im Deutschen untersucht werden, wobei vor allem die Frage interessiert, ob sich für diese Partikeln ein gemeinsamer semantischer Spenderbereich ausmachen läßt. Die zugrundeliegende Hypothese ist die, daß die Modalpartikeln im heutigen Deutsch zumindest im Kernbereich in einem weitgehend grammatikalisierten Paradigma zueinander stehen und daß die Auswahl der Lexeme, die im Laufe der Geschichte in dieses Paradigma integriert wurden, von der Funktion der neuen grammatischen Kategorie gesteuert ist.

Die Annahme, daß die Modalpartikeln eine "ordentliche" grammatische Funktion haben ist keineswegs unumstritten. Eine ihrer inzwischen etwas altmodischen Benennungen ist "Würzwörter", und wenn man unter Würze zwar Angenehmes, aber Überflüssiges, unter Grammatik dagegen das absolut notwendige Grundgerüst einer Sprache versteht, dann wird sofort augenfällig, daß den Modalpartikeln unter diesem Namen keinerlei ernsthafte grammatische Funktion zugestanden wurde. Selbst Eisenberg (1995:206) nennt die Partikeln "die Zaunkönige und Läuse im Pelz der Sprache" und schließt sich expressis verbis der Tradition des Übergehens dieser Wörter an.[1] Aber auch Helbig/Buscha (1986:479), die die Partikeln ausführlich behandeln, treffen eine Unterscheidung zwischen den "kommunikativ-pragmatischen Funktionen" der Modalpartikeln und "eigentlichen" grammatischen Funktionen der Sprache, an denen die Modalpartikeln ihrer Auffassung nach offenbar keinen Anteil haben. Auch Gelhaus in der Duden-Grammatik hält fest, daß die Partikeln "anders als Präpositionen und Konjunktionen [...] keine grammatische Funktion haben" (1995:369). Ihr grammatischer Status muß also im folgenden noch erwiesen werden.

Die 15 häufigsten Modalpartikeln sind *aber, auch, bloß, denn, doch, eben, eigentlich, etwa, halt, ja, mal, nur, schon, vielleicht, wohl* (nach Gelhaus 1995:371 und Helbig/Buscha 1986:487ff.). Sie sind nicht flektierbar, nicht satzgliedfähig, nicht erststellenfähig (an die

---

[1] Allerdings hat die Partikelforschung, ausgehend von Weydt 1969, in den letzten Jahren einen enormen Aufschwung genommen. Die vielschichtige Forschungslage kann hier nicht referiert werden; einen ausführlichen Forschungsbericht gibt Ickler 1994, wo sich auch entsprechende Literaturangaben finden.

Position im Mittelfeld gebunden, vgl. Abraham 1990), nicht erfragbar und weisen eine abstrakte, zum Teil diffuse Semantik und Funktion auf. Weiterhin ist festzustellen, daß die meisten Modalpartikeln auf bestimmte Satzarten beschränkt sind. So treten laut Gelhaus (1995:372) *eben, halt, ja* nur in Aussagen auf, *schon* in Aussagen und Aufforderungen, *denn, eigentlich, wohl* nur in Fragen und *bloß, nur, vielleicht* in Wünschen und Ausrufen; *doch* ist sehr flexibel und nur bei "echten" Fragen ausgeschlossen.

Alle Modalpartikeln weisen "Homonyme"[2] in anderen Wortarten auf, z.B. bei den Konjunktionen, Modalwörtern, Adverbien und Adjektiven. Während *aber* in (37) eine Partikel ist, liegt in (38) eine Konjunktion vor. Ähnlich ist *schon* in (39) eine Partikel, in (40) dagegen ein Temporaladverb (ausführlich hierzu Helbig/Busch 1986:495ff.):

(37) *Das ist aber eine Überraschung.*

(38) *Ich würde gerne kommen, aber ich habe Grippe und kann nicht aus dem Haus.*

(39) *Das ist schon eine Gemeinheit.*

(40) *Schon sind wir fertig.*

Aufgrund dieser Varianz werden sie oft nicht als eigene Wortart anerkannt, sondern in unterschiedlicher Weise den Adverbien oder anderen nichtflektierenden Wortarten zugeordnet (vgl. Eisenberg 1995:207f.). Hier jedoch wird mit Helbig/Buscha (1986:475ff.) davon ausgegangen, daß die Partikeln trotz dieser Homonymien eine relativ geschlossene Klasse von insgesamt etwa 40 Wörtern darstellen (Helbig/Buscha 1986:481ff.).

Die Modalpartikeln bilden eine Subklasse in der Gruppe der Partikeln, auf deren Abgrenzungsproblematik hier nicht eingegangen werden kann (siehe dazu Ickler 1994). Stattdessen werden die Modalpartikeln definiert als nicht satzgliedfähig, aber den ganzen Satz "modifizierend". Die Bedingung "nicht satzgliedfähig" trennt sie von Adverbien und Modalwörtern, wie *wahrscheinlich* in Satz (41): Adverbien und Modalwörter sind erststellenfähig, die Modalpartikeln können dagegen nur im Mittelfeld, also nach dem finiten Verb und vor den infiniten verbalen Elementen, stehen (vgl. hierzu Abraham 1990). Die Bedingung der Satzmodifikation trennt sie von anderen Partikeln, wie den Gradpartikeln (*sehr* in Satz (42)) und den Fokuspartikeln (*sogar* in (43)), die einzelne Satzteile gradieren bzw. hervorheben (Gelhaus 1995:370ff.).[3]

(41) *Wahrscheinlich hat sie das Fahrrad mitgenommen.*

(42) *Über die Einladung habe ich mich sehr gefreut.*

(43) *Sogar meine Schwester ist pünktlich gekommen.*

Diese Abgrenzungskriterien sind nicht unproblematisch und führen keineswegs immer zu klaren Entscheidungen. Doch sie nennen prototypische Eigenschaften, die in klaren Fällen von

---

[2] Der Begriff "Homonym" wird hier verwendet im Sinne der Benennung einer synchron gleichen Ausdrucksform bei nicht als zusammengehörig empfundenen Bedeutungen (im Gegensatz zur Polysemie, wo dieser Zusammenhang besteht).

[3] Helbig/Buscha (1986:477) verzichten auf eine Subklassifikation und teilen die gesamte Gruppe der Partikeln in "solche Partikeln, bei denen die kommunikative Funktion dominiert" (das entspricht den Modalpartikeln) und "solche Partikeln, bei denen die semantische Funktion dominiert" (477) und "die ein Wort im Satz näher bestimmen, erläutern, spezifizieren oder graduieren" (476); in diese Gruppe würden u.a. die Gradpartikeln fallen.

Modalpartikeln vorliegen, und sind daher zu einer groben Abgrenzung des Untersuchungs-
bereichs geeignet. Im folgenden wird kurz dargestellt, daß eine vergleichende Bewertung der
Modalpartikeln und ihrer "Homonyme" anhand der Grammatikalisierungsparameter (siehe 2.1.
sowie Abschnitt 4.1; auch Abraham 1990 beschreibt die Partikeln mit Hilfe der Lehmannschen
Parametern) den starken Grammatikalisierungsgrad dieser Partikeln zeigt.

Die semantische Integrität der Modalpartikeln ist im Vergleich zu ihren Homonymen
reduziert: die Adjektive *bloß* und *eben* drücken konkrete lexikalische Inhalte aus, die entsprechenden Partikeln dagegen weisen nur wenige, abstrakte semantische Merkmale auf (s.u.).
Selbst die Konjunktionen, die ja bereits grammatische Zeichen sind und damit nur geringe
semantische Integrität besitzen, sind im Vergleich zu den Partikeln semantisch "reicher". So
drücken die Konjunktionen *aber* und *doch* deutlich adversative Beziehungen aus, indem sie
einen Gegensatz zwischen zwei dargestellten Sachverhalten oder zwei benannten Entitäten
anzeigen, siehe z.B. Satz (38), wo *aber* eine adversative Beziehung zwischen den beiden
Teilsätzen ausdrückt. Bei den Partikeln ist diese Komponente abgeschwächt, so daß z.B. bei
*aber* in (37) nur mehr schwache Adversativität ausgedrückt wird, die sich nicht auf zwei
einander entgegengesetzte Elemente des sprachlich Dargestellten bezieht, sondern ein Ab-
weichen (also einen sehr vagen Gegensatz) von nur implizierten Vorannahmen markiert.

(37) *Das ist aber eine Überraschung.*

(38) *Ich würde gerne kommen, aber ich habe Grippe und kann nicht aus dem Haus.*
Der Skopus (die syntagmatische Reichweite) der Modalpartikeln ist entgegen Lehmanns These
größer als der ihrer Homonyme: Adjektive, die Homonyme der Modalpartikeln sind, modifizieren nominale Elemente, die Partikeln dagegen die gesamte Proposition. Dieser Grammatikalisierungsparameter ist, wie schon in Kapitel 2.1. angemerkt, problematisch und müßte vermutlich anders formuliert werden: statt einer Verkleinerung des Skopus bei zunehmender
Grammatikalisierung ist bei den Partikeln eine Verlagerung des Skopus von sprachlichen
Einheiten zu situativ-pragmatischen Faktoren zu beobachten. Die Modalpartikeln modifizieren
nicht das sprachlich Dargestellte, sondern dessen kommunikative Funktion (s.u.).

Der dritte Grammatikalisierungsparameter, die Paradigmatizität, zeigt deutlich die
erwarteten Unterschiede zwischen den stärker grammatikalisierten Partikeln und ihren Homonymen. Die Modalpartikeln bilden eine relativ geschlossene Gruppe (s.o.), die eine grammatische Funktion erfüllt (was noch zu erläutern ist). Im Gegensatz dazu sind ihre homonymen
Adjektive und Adverbien (nicht jedoch die Konjunktionen) offenen, locker strukturierten
Wortfeldern zugeordnet. *Eben*, z.B., bildet ein Wortfeld mit Adjektiven wie *flach, horizontal,
glatt, gerade* und mit Antonymen wie *schräg, uneben* etc.

Die Fügungsenge ergibt keine Unterschiede: die Modalpartikeln sind wie ihre Homonyme
freie, d.h. wortfähige, Morpheme.

Die paradigmatische Variabilität, die bei zunehmender Grammatikalisierung reduziert wird
zugunsten der stärkeren Eingliederung in ein grammatisches Paradigma, ist nicht leicht zu
beurteilen, da keine grammatische Kategorie vorliegt, in die die Partikeln integriert werden
(wie z.B. die Kategorie Modus im Fall der Modalverben, vgl. 2.1.). Dennoch gibt es Anzeichen, die für geringere Variabilität sprechen. Eingliederung in ein grammatisches Paradigma

bedeutet ja einerseits Obligatorifikation und andererseits Ausweitung der Distribution: das entsprechende Element muß in bestimmten Fällen (nämlich dann, wenn die grammatische Bedeutung ausgedrückt werden soll) gesetzt werden und erfährt daher eine Ausweitung seiner Distribution. Beides läßt sich bei einigen Modalpartikeln feststellen: In irrealen Wunschsätzen wie in

(44) *Wenn bloß/doch/nur die Ferien nie vorbeigingen*

ist eine der drei Modalpartikel obligatorisch, was der Vergleich mit Satz (45) zeigt, der nicht mehr als Wunschsatzes verstanden werden kann (es ist ein konditionaler Nebensatz, bei dem der Hauptsatz, in dem das Bedingte ausgedrückt wird, fehlt):

(45) *Wenn die Ferien nie vorbeigingen.*

Auch die Ausweitung der Distribution als Folge der obligatorischen Verwendung in einem grammatischen Paradigma zeigt sich bei einigen Modalpartikeln: *eben* als Adjektiv im Sinne von 'flach, glatt' etc. unterliegt semantischen Restriktionen und ist in seinem Vorkommen wesentlich stärker eingeschränkt als die homonyme Partikel. In einem Satz wie

(46) *Der April ist eben wechselhaft*

kann *eben* kann nur als Modalpartikelpartikel verstanden werden. Die Modalpartikel ist nicht durch die Lexeme des sprachlichen Kontextes in ihrem Vorkommen beschränkt.

Der letzte Parameter, die syntagmatische Variabilität, erbringt ebenfalls ein positives Ergebnis. Die Modalpartikeln sind auf das Mittelfeld beschränkt und weisen damit geringere Verschiebbarkeit und einen größeren Grammatikalisierungsgrad auf als ihre Homonyme, die mehr oder weniger frei im Satz verschiebbar sind.

Der starke Grammatikalisierungsgrad der Partikeln läßt sich also anhand der Lehmannschen Parameter verifizieren. Worin besteht nun die unterstellte grammatische Bedeutung und Funktion der Modalpartikeln? Die Beschreibungen in den Grammatiken sind meist allgemein gehalten: Eisenberg (1995:206) hält fest, daß die Modalpartikeln "den Inhalt des Satzes auf die Sprechsituation [...] beziehen". Gelhaus (1995:371) schreibt dazu:

> Mit Modalpartikeln drückt der Sprecher eine Annahme, Erwartung oder innere Einstellung aus, oft in der Absicht, daß sie der Hörer teilt. Der Sprecher kann mit Modalpartikeln seinen eigenen Aussagen eine bestimmte (subjektive) Tönung geben, er kann damit aber auch auf vorausgegangene Äußerungen Bezug nehmen und Zustimmung, Ablehnung, Einschränkung, Erstaunen, Interesse anzeigen.

Helbig/Buscha (1986:476) sprechen davon, daß die Modalpartikeln

> Indikatoren für bestimmte Sprechhandlungen [sind oder dazu dienen] die Äußerung im konversationellen Kontext zu verankern, den Sprechakt im Sinne des Sprechers zu modifizieren, den Interpretationsprozeß des Hörers und die Interaktion zu steuern bzw. - allgemein gesprochen - die Äußerung und den Sprechakt auf die Gegebenheiten der Interaktion zu beziehen.

Derart vielschichtige Funktionsbeschreibungen lassen zunächst Zweifel aufkommen, ob man hier wirklich eine einheitliche grammatische Grundfunktion finden kann. *Ein* gemeinsames Merkmal aller Modalpartikeln ist jedoch aus diesen Beschreibungen abzulesen, nämlich ihr abstrakter relationaler Gehalt, der im Rahmen dieses Buches natürlich von vorne herein als grammatische Bedeutung "verdächtig" ist. Die Schwierigkeiten ergeben sich daraus, daß die grammatische, relationale Funktion der Modalpartikeln nicht im Bereich der Darstellungsfunktion des Satzes liegt (wie z.B. bei den Präpositionen) und auch nicht im Bereich der Verknüpfung von Teilsätzen (wie bei subordinierenden Konjunktionen). Die Modalpartikeln kodieren also keine syntaktischen Relationen zwischen Satzgliedern oder Teilsätzen, noch bringen sie eindeutig deiktische Relationen zwischen Zeichenbenutzer und Sachverhaltsdarstellung (wie z.B. Tempusflexive) zum Ausdruck. Die spezifische relationale Funktion der Modalpartikeln läßt sich am besten anhand von Beispielsätzen erläutern:

(47) *Das ist nicht nett von dir!*

(48) *Das ist aber nicht nett von dir!*

Der Vergleich der beiden Sätze zeigt, daß *aber* ein Bedeutungselement hinzufügt, das man zunächst als "Verweis auf ein Auseinanderfallen, einen Gegensatz, von Sprechererwartung und vom Sprecher wahrgenommener und dargestellter Realität" kennzeichnen könnte. Während Satz (47) eine neutrale Aussage ist, drückt (48) zusätzlich aus, daß der Sprecher etwas anderes erwartet hatte, nämlich das Nett-Sein das Partners, als das, was er nun im Satz als Sachverhalt darstellt. Der Begriff "illokutive Indikatoren", der häufig als eine Art Funktionsbeschreibung der Partikeln gebraucht wird (so von Helbig/Buscha 1986:480), trifft den Kern der Partikelfunktion nicht (vgl. auch Doherty 1985:66 und Ickler 1994:378). Die illokutive Funktion des "Ausrufs" (der zur expressiven Sprechaktklasse gehört) ist in beiden Sätzen vorhanden, sie wird nicht durch die Partikel erzeugt.

Die Funktion der Modalpartikel ist es vielmehr, die jeweilige Äußerung auf ein Element des *pragmatischen Prätextes* zu beziehen und diese Beziehung in bestimmter Weise zu qualifizieren, d.h. semantisch zu spezifizieren. Der Begriff "pragmatischer Prätext" soll verdeutlichen, daß die Voraussetzung, auf die sich die Partikel bezieht, typischerweise nicht versprachlicht ist (daher *pragmatisch*), daß sie aber versprachlicht werden kann (daher *Prätext*). Die Bestimmung als *Prätext* schließlich deutet an, daß es sich bei dem Bezugselement um Vorgegebenes bzw. Vorausgehendes handelt (s.u.).

Ickler (1994:404) beschreibt die Funktion der Partikeln als "Kommentar, der die logische oder rhetorische Einordnung der Äußerung in den Kommunikationszusammenhang betrifft", was der hier vertretenen Auffassung sehr nahe kommt. Auch Doherty (1985:15), die die Partikeln zu den "positionalen Ausdrucksmitteln" zählt, bezieht sich auf deren relationale Funktion; desgleichen Hentschel (1986:31), die von der "metakommunikativen Deixis" der Modalpartikeln spricht. Abraham (1990:129) bestimmt die Leistung der Modalpartikeln als "textdeiktische, textkohärenzschaffende", was ebenfalls keinen Zweifel an ihrem relationalen Charakter läßt, was aber dann zu kurz greift, wenn man unter "Text" nur die versprachlichten Anteile der Kommunikation zusammenfaßt. Die relationale Funktion der Modalpartikeln geht weit über den "sprachlichen Text" hinaus. Sie besteht darin, an als bekannt vorausgesetzte Elemente des pragmatischen Prätextes anzuknüpfen.

Die Modalpartikeln haben also in gewisser Weise eine "anaphorische" Funktion: sie verweisen zurück, beziehen sich auf "Vorgegebenes". Im Unterschied zu "normalen" anaphorischen Proformen wie *sie* im folgenden Satz

(49) *Die Katze wollte ins Haus zurück. Sie sprang auf das Fensterbrett und drückte sich
an die Scheibe,*

das sich anaphorisch auf *die Katze* zurückbezieht, haben die Modalpartikeln im allgemeinen
kein sprachliches Bezugselement. Sie beziehen sich jedoch auf als gegeben unterstellte Annahmen, die bei Bedarf auch expliziert werden können. Diese Annahmen betreffen unterschiedliche Ebenen des pragmatischen Prätextes. Bei einigen Partikeln ist eine Proposition,
also ein bestimmter Sachverhalt, vorausgesetzt, auf den der die Partikel enthaltende Satz
bezogen wird. Andere Partikeln stellen dagegen einen Bezug auf illokutiver Ebene her: sie
beziehen sich nicht auf vorausgesetzte Sachverhalte, sondern auf alternative Sprechakte, die
in der gegebenen Situation möglich wären. Eine Beschreibung der relationalen Funktion von
*aber* in Satz (48):

(48) *Das ist aber nicht nett von dir!*

kann folgendermaßen expliziert werden:

| | |
|---|---|
| pragmatischer Prätext: | Jemand denkt, das ist nett von dir. |
| relevante Situation: | Ich denke, das ist nicht nett von dir. |
| -> Äusserung: | *Das ist aber nicht nett von dir!* |

Der Satz mit Modalpartikel ist quasi das Ergebnis der Einbeziehung und Komprimierung des
pragmatischen Prätextes in die aktuelle Äußerung. Die Modalpartikel weist auf den prag-
matischen Prätext zurück und bringt ihn mit der geäußerten Sachverhaltsdarstellung in
Beziehung. Die Formulierung "jemand denkt" soll anzeigen, daß es sich um eine
vorausgesetzte Proposition (nicht um Sprechakt-Alternativen) handelt; die Wahl des indefiniten
Pronomens *jemand* soll zum Ausdruck bringen, daß die Partikeln nicht festlegen, wer die
Voraussetzung macht. Zwar wird durch Modalpartikeln häufig auf dem Hörer bekannte
Voraussetzungen Bezug genommen, jedoch ist dies keine Bedingung zur Verwendung der
Partikeln, und nicht selten beziehen sich die Partikeln auf generell gültige Standard-
voraussetzungen.

Bei Partikeln, die sich auf gegebene Sprechakt-Alternativen beziehen, müssen für die
Darstellung der relationalen Funktion zum Teil andere Formulierungen gewählt werden, die
ausdrücken, daß nicht eine Proposition, sondern eine Handlungsmöglichkeit (ein Sprechakt)
als gegeben vorausgesetzt wird (vgl. die Beschreibung der Partikeln *bloß, denn, nur* unten).

Das gemeinsame Kennzeichen aller Partikeln, das mit diesem Beschreibungsschema expliziert werden soll, ist, unabhängig von den auftretenden Variationen, ihre verweisende und
verknüpfende Funktion, also ihre relationale Bedeutung. Es soll deutlich werden, daß alle
Modalpartikeln die Äußerung, in der sie stehen und mit der der Sprecher die "relevante Situation" darstellt, auf eine vorgegebene Einheit (den pragmatischen Prätext) beziehen. Es geht
hier also um die gemeinsame semantische Grundstruktur der Partikeln und nicht um eine vollständige semantische Beschreibung und Differenzierung der einzelnen Partikelbedeutungen.

Abstrakte relationale Funktionen sind, wie in Kapitel 1. ausgeführt, die Kernfunktion grammatischer Zeichen. Da die Modalpartikeln eine solche Funktion erfüllen, können sie in der Tat als grammatische Morpheme eingeordnet werden. Ihre grammatische Funktion wird hier kurz "Indizierung des pragmatischen Prätextes" genannt. Die Modalpartikeln bringen zum Ausdruck, daß die Äußerung, in der sie stehen, nicht initial ist, sondern an ein in der kommunikativen Situation vorgegebenes Element anknüpft.

Die einzelnen Partikeln weisen nun außerdem eine semantische Komponente auf, die die *Art* der Beziehung zwischen der relevanten Situation und dem pragmatischen Prätext spezifiziert. Bei *aber* z.B. ist es die Benennung eines adversativen Verhältnisses zwischen dem pragmatischen Prätext und der relevanten Situation. Diese semantische Komponente erzeugt die distinktiven Oppositionen der Partikeln, so z.B. den Unterschied zwischen den Sätzen:

(48) *Das ist aber nicht nett von dir!*

(50) *Das ist auch nicht nett von dir!*

In beiden Fällen wird auf den pragmatischen Prätext verwiesen, jedoch hat dieser Verweis eine unterschiedliche semantische Färbung. Diese ist inhärenter Bestandteil der Bedeutung der Partikellexeme, d.h. es handelt sich um semantische Merkmale (Seme) der Partikeln. Die semantische Komponente von *aber* ist, wie oben ausgeführt, (schwache) Adversativität, also eine Gegenüberstellung von Gegensätzlichem, ein Kontrast. Der semantische Gehalt von *auch* kann als 'Hinzufügung', 'Verstärkung' oder 'Vermehrung', d.h. als augmentative Komponente beschrieben werden (s.u.).

Die semantischen Merkmale dieser und auch der übrigen Modalpartikeln sind also sehr abstrakt: außer adversativen (entgegensetzenden) und augmentativen (vermehrenden) Komponenten, treten restriktive (einschränkende), iterative (wiederholende), konfirmative (bestätigende), konsekutive (folgernde) und kausale (begründende) Bedeutungen auf, die ja auch bei Konjunktionen und Adverbien eine Rolle spielen. In einem kleinen Vorgriff sei hier schon angemerkt, daß alle diese Begriffe zweistellige Relationen zum Ausdruck bringen: die die Partikel enthaltende Äußerung wird mit einem zweiten Element in eine adversative, augmentative usw. Relation gesetzt.

Es ist nun anzunehmen, daß sowohl die relationale Funktion als auch die semantische Komponente der Modalpartikeln sich auf bestimmte semantische Eigenschaften ihrer lexikalischen Spenderlexemen zurückführen lassen (soweit sich ein solcher lexikalischer Ursprung nachweisen läßt). Daher soll im folgenden versucht werden, die Ausgangselemente der Modalpartikeln, die üblicherweise als sehr heterogen eingestuft werden (siehe Abraham 1990:125f.), als Spenderbereich zu erweisen, der durchaus einen gemeinsamen Nenner hat. Es geht somit um die Frage, welche Ausgangslexeme für die Grammatikalisierung von Modalpartikeln geeignet sind und welche "Grammatikalisierungskanäle" (dazu später in Kapitel 5.) für die Entwicklung der grammatischen Funktion "Indizierung des pragmatischen Prätextes" offenstehen bzw. im Deutschen offengestanden haben.

Die Partikeln werden in alphabetischer Reihenfolge dargestellt:[4] Eine kurze Beschreibung ihrer heutigen Verwendung, die sich vorwiegend an den Darstellungen von Helbig/Buscha

---

[4]  Aus der Liste der oben genannten fünfzehn Partikeln werden folgende weggelassen: *eigentlich, etwa, mal, schon, vielleicht* und *wohl*.

(1986:486ff.) und Ickler 1994 orientiert, versucht die relationale Grundbedeutung der Partikeln darzulegen. Dies geschieht mit einem Strukturschema, wie es oben für *aber* demonstriert wurde. Wie schon erwähnt, geht es hier um die Grundbedeutung der Partikeln. Detaillierte Bedeutungsabgrenzungen und Nuancen werden ebensowenig untersucht, wie das Verhalten der Modalpartikeln unter Kontrastakzent oder die Kombinierbarkeit mehrerer Partikeln. Im Anschluß an die synchrone Beschreibung jeder Partikel wird eine Grobskizze der semantische Entwicklung gegeben (nach dem Deutschen Wörterbuch (DWB) und Paul/Henne 1992, ergänzt durch Hentschel 1986 für die Partiklen *doch, halt, ja, eben*). Dabei geht es um die große Entwicklungslinie von lexikalischer bzw. konkreter Ausgangsbedeutung zu abstrakterer, grammatischer Modalpartikelbedeutung. Diese Entwicklung wird im Rahmen der metaphorischen Verkettung verschiedenen Bedeutungsbereiche und im Hinblick auf die Wirkung konversationeller Implikaturen interpretiert (vgl. Kap. 3.). Das Hauptaugenmerk liegt jedoch auf dem Herausarbeiten der gemeinsamen relationalen Bedeutungskomponente aller Spenderlexeme.

*aber* erscheint im heutigen Deutsch als adversative Konjunktion 'doch', wie in

(51) *Ich wollte kommen, aber dann mußte ich nochmal ins Büro*

und als Modalpartikel in Ausrufen, wie in Satz (52), und Aufforderungen, wie in Satz (53):

(52) *Du bist aber früh dran!*

(53) *Sei aber pünktlich!*

Das adversative Bedeutungselement von *aber* ist unumstritten, die Auflösung in den pragmatischen Prätext, die relevante Situation und die semantische Komponente wurde oben schon durchgeführt. Man kann die Grundbedeutung von *aber* angeben als 'Indizierung einer adversativen Relation zwischen pragmatischem Prätext und in der Äußerung dargestellter Situation'.

<u>Bedeutungsentwicklung</u>: Nach dem DWB (Neubearb., Bd. 1, Sp. 175ff.; Paul/Henne 1992) leitet sich *aber* (ahd. *afur/abur*) aus dem altgerm. Komparativ zu *ab* 'ab, weg' ab. Im Got. hat es als Präposition die lokale Bedeutung 'hinter, nach' und tritt gelegentlich als temporales Adverb in der Bedeutung 'nachher, später' auf. Im Ahd. liegt es als iteratives Adverb 'wieder, wiederum, abermals' vor, wobei dieser Gebrauch die frühere temporale Bedeutung, die im Ahd. nicht belegt ist, voraussetzt (DWB a.a.O., Sp. 176). Diese Bedeutung lebt bis ins 18. Jh. weiter (vgl. *aber und abermals*). Der folgende Tatianbeleg ist ein ahd. Beispiel für die iterative Bedeutung 'abermals':

(54) *giuuelih de dar trinkit fon uuazzare thesemo, thurstit inan abur* . (Tatian 87,4)
    Jeder der von diesem Wasser trinkt, den dürstet abermals.

Aus der iterativen Bedeutung 'wieder', also dem Ausdruck der Wiederholung, ergeben sich bereits im Ahd. Bedeutungen, die Wiederaufnahme, Abänderung, Weiterführung, Gegenüberstellung und schließlich Gegensatz, also Adversativität, zum Ausdruck bringen. Bereits im Ahd. beginnt die Entwicklung der Konjunktion *aber* 'doch, jedoch, allein, indessen', für die das DWB (a.a.O., Sp. 179) die semantische Entwicklung ('postea') > 'iterum' > 'autem' (also temporales 'nachher' > iteratives 'wieder' > adversatives 'aber') angibt.

Die heutige Modalpartikel leitet sich aus der adversativen Konjunktion ab. Im DWB findet sich dieser Gebrauch als Unterpunkt der konjunktionalen Verwendung mit folgender Beschreibung: "*aber* in emphatischen verwendungen meist elliptisch, zumindest nicht unmittelbaren konjunktionalen anschluß .enthaltend" (Sp. 193). Der Hinweis auf den emphatischen Kontext korrespondiert mit der nhd. Verwendung der Modalpartikel *aber* in Ausrufen und Aufforderungen, die "Ellipse", also die Auslassung eines sprachlichen Elements, ist Vorbedingung für die Bezugnahme auf den pragmatischen Prätext: statt ein adversatives Verhältnis zwischen sprachlichen Elementen auszudrücken (was das Definiens für die Wortart Konjunktion ist), drückt die Partikel das adversative Verhältnis zwischen dem dargestellten Sachverhalt und dem (elliptischen, d.h. nicht versprachlichten) Bezugspunkt, eben dem pragmatischen Prätext, aus. Der erste Beleg im DWB für diesen Gebrauch stammt aus der zweiten Hälfte des 12. Jhs.:

(55) *da gibeste, herre, den saligen dich selben ze lone ... da mendent sich auer die sele und daz fleisk.* (Gebete einer Frau 383 D.)
da gibst du, Herr, den Seligen dich selbst zum Lohn ... da freuen sich aber die Seele und das Fleisch.

Hier ist zwar eine textuelle Verknüpfung vorhanden, doch kann man nicht sagen, daß sich das adversative Element auf einen Gegensatz zwischen den Teilsätzen bezieht: daß der Herr sich selbst zum Lohn gibt, steht ja nicht im Gegensatz zur Freude über diese Tatsache. Durch *auer* (*aber*) wird vielmehr ein Gegensatz zu einem vorausgesetzten, nicht versprachlichten Zustand ausgedrückt, nämlich dem, daß die Seele und das Fleisch sich nicht freuen. Der erste Teilsatz enthält sozusagen die Begründung (daß der Herr sich selbst den Seligen zum Lohne gibt), durch die der Gegensatz zwischen pragmatischem Prätext (Seele und Fleisch freuen sich nicht) und aktueller Situation (Seele und Fleisch freuen sich) zustande kommt.

Im folgenden Beleg von 1483 ist kein "begründender" Satz vorausgeschickt, die Partikel hat sich vollständig von ihrer textuellen Verknüpfungsfunktion gelöst:

(56) *herzen myn allerbegirlichistes, liebs Suzelin, wy will ich aber so mit grossen froden gwarten der botschafft.* (Privatbr. d. Ma. 2,76 S.)
Mein herzallerliebstes Suzelin, wie will ich aber so mit großen Freuden auf die Botschaft warten.

Dieser Gebrauch entspricht in semantischer Hinsicht dem Gebrauch der nhd. Modalpartikel: Es handelt sich um einen Ausruf, der den Gegensatz zwischen pragmatischem Prätext (ich will nicht mit großen Freuden auf die Botschaft warten) und aktueller Situation (ich will mit großen Freuden auf die Botschaft warten) ausdrückt. Allein die syntaktische Umgebung unterscheidet sich noch vom nhd. Gebrauch, für den Kernsätze mit dem finiten Verb in Zweitstellung und morphologische Imperativsätze typisch sind (vgl. (52) und (53)).

In Paul/Henne 1992 wird die Vermutung geäußert, daß *aber* seit dem 17. Jh. wie im heutigen Deutsch als Modalpartikel verwendet wird. Leider finden sich dort, wie auch im DWB, keine Belege aus dem 17.Jh. Daher soll abschließend ein Beleg aus dem Jahre 1878 die vollständige Erreichung des heutigen Zustandes dokumentieren:

(57) *nun war er aber froh, daß das geschäft ... abgethan war.* (Keller (1889), 6, 233)

Zusammenfassend läßt sich sagen, daß die Entwicklung von *aber* geradezu ein Musterfall für die in der Grammatikalisierungsforschung postulierten Entwicklungsschritte ist. Sie bestätigt zum einen die von Heine/Claudi/Hünnemeyer 1991 (auch Abraham 1990:128) vorgeschlagene Kette der zunehmenden Abstraktion von konkret lokaler zu temporaler Bedeutung und dann weiter zu abstrakten Funktionen. Bei *aber* entwickeln sich die abstrakten Funktionen in der Reihenfolge: iterative Bedeutung, logisch verknüpfende Bedeutung und schließlich adversative Bedeutung.

Zum andern bestätigen die Entwicklungsschritte, die von der adversativen Konjunktion zur Modalpartikel führen, die von Traugott 1989 aufgezeigte Abfolge der Entwicklung von textverknüpfender zu pragmatischer Bedeutung. Traugott faßt dies als einen Vorgang der Subjektivierung auf, den sie folgendermaßen beschreibt: "Meanings tend to become increasingly based in the speaker's subjective belief state/attitude toward the proposition" (1989:35). Hier dagegen wird der Begriff der Subjektivierung nicht verwendet, da gerade bei den Partikeln der Verweis auf den pragmatischen Prätext keineswegs immer auf subjektive Ansichten des Sprechers zielt, sondern auf Voraussetzungen, die in der aktuellen Situation, im Bewußtsein des Hörers vorausgesetzt oder im Rahmen allgemeiner Standardannahmen geltend gemacht werden. Von "Subjektivierung" könnte man beim Übergang von textverknüpfender zu pragmatischer Verknüpfung m.E. nur insofern sprechen, als das pragmatische Vorausgesetzte nicht expliziert wird, unausgesprochen bleibt. Die Partikel deutet die Existenz dieser Voraussetzung also nur an und stellt sie als relevant für die geäußerte Proposition dar.

Als kognitiven Mechanismus, der diesen Übergang steuert, kann man das Festwerden folgender konversationeller Implikatur annehmen (vgl. Traugott/König 1991 in 3.2.). Ist kein geeignetes Textelement als Bezugspunkt vorhanden, dann wird die adversative Relation auf den pragmatischen Prätext bezogen, da der Hörer davon ausgeht, daß die gegebene Information sinnvoll und relevant ist (Maxime der Relevanz). Läßt sich also die Relevanz nicht aus dem Text selbst erschließen, wird eine konversationelle Implikatur angestellt und, im Falle von *aber*, eine adversative Relation zum pragmatischen Prätext hergestellt. Sobald diese zunächst konversationelle Implikatur zum festen Bestandteil der Bedeutung der Partikel geworden ist, kann man von einer Modalpartikel sprechen.

Die Entwicklung der Modalpartikel *aber* zeigt also, daß sowohl metaphorische als auch metonymische Prozesse auftreten. Diese Beobachtung läßt sich auch bei den noch zu besprechenden Partikeln treffen und kann damit als die Grundlinie dieses Grammatikalisierungsprozesses gelten. Sie erklärt jedoch nicht die Eignung spezifischer Lexeme für die Entwicklung einer Modalpartikelfunktion. Besonders die Frage, ob und in welcher Weise bereits die Spenderlexeme relationale Bedeutungskomponenten hatten, an die die Modalpartikelfunktion anknüpfen konnte, läßt sich so nicht beantworten. Hierzu ist es nötig, jedes Spenderlexem gesondert zu betrachten.

Im Falle von *aber* ist die Beteiligung des Komparativs von entscheidender Bedeutung. Der Komparativ als grammatische Kategorie des Vergleichs drückt per definitionem relationale Bedeutung aus: Eine Größe wird mit einer anderen in Bezug gesetzt, verglichen. Der Bereich bezüglich dessen die beiden Größen verglichen werden, ergibt sich aus der Semantik des komparierten Lexems (in diesem Fall 'weg, ab'). So drückte *aber* im Got. lokale Relationen aus: die Bedeutung 'hinter' ist ja die eines Vergleichs zweier räumlicher Punkte, wobei einer vom Betrachtpunkt aus weiter entfernt ist als der andere. Daraus entstand noch im Got. die temporale Bedeutung 'nachher': hier handelt es sich um einen "Vergleich" zwischen zwei Zeit-punkten, von denen einer auf der Zeitlinie weiter vom Bezugspunkt entfernt ist. Die iterative Bedeutung 'wieder', die im Ahd. vorlag, abstrahiert vom linearen Zeitverlauf und drückt bloße Wiederholung aus (ein Element folgt dem anderen). Die adversative Bedeutung ergibt sich, wenn der Vergleich zweier Einheiten keine bloße Wiederholung, sondern einen Gegensatz erbringt. Während bei der adversativen Konjunktion die Vergleichselemente genannt werden und damit im Text vorliegen, ist bei der Modalpartikel die erste Vergleichsgröße nicht mehr ausgedrückt, so daß nur durch die Partikel auf das Bestehen dieses Bezugspunktes hingewiesen wird. Man könnte die These wagen, daß der relationale Charakter der heutigen Modalpartikel aus dem ursprünglichen Komparativ stammt, der adversative semantische Gehalt dagegen aus der Lexembedeutung.

*auch* wird erstens als Adverb in der Bedeutung 'ebenfalls, überdies, darüberhinaus, wirklich, tatsächlich' verwendet, wie in

(58) *Auch glaubten wir, daß er recht hat.*

Es kann auch einen Satzglied modifizieren und wirkt dann ähnlich wie eine Fokus- bzw. Gradpartikel, wie in

(59) *Wir glaubten auch das.*

Drittens wird es als Modalpartikel gebraucht, wie in:

(60) *Er war auch brav.*

(61) *Warst du auch brav?*

Die Bedeutungsparaphrase in Paul/Henne 1992 lautet: der "Sprecher kennzeichnet den Inhalt des betreffenden Satzes als (nach allen bisherigen Erfahrungen) erwartbar", ähnlich Ickler (1994:386): "Die Äußerung des *auch*-Satzes wird als übereinstimmend mit der Rahmen-handlung charakterisiert". Auf Satz (60) bezogen, kann man diese Bedeutungsbeschreibung nach dem genannten Schema auflösen, wobei, wie bei *aber*, der außertextliche Bezugspunkt als Propositon formuliert werden kann, die von "jemand" vorausgesetzt wird:

| | |
|---|---|
| pragmatischer Prätext: | Jemand denkt: Er war brav. |
| relevante Situation: | Ich denke: Er war brav. |
| -> Äußerung: | *Er war auch brav.* |

Der Sprecher konstatiert ein iteratives bzw. augmentatives Verhältnis zwischen pragmatischem Prätext und relevanter Situation. In eine Formel gebracht kann man die Grundbedeutung der Modalpartikel *auch* angeben als 'Indizierung einer iterativ-augmentativen Relation zwischen pragmatischem Prätext und in der Äußerung dargestellter Situation'.

    <u>Bedeutungsentwicklung</u>: *auch* (ahd. *ouh*, mhd. *ouch*) entstand im heutigen Sinn aus dem Imperativ zu einem altgermanischen Verb, das in got. *aukan* 'vermehren' belegt ist (DWB, Bd. 1, Sp. 598). Eine zweite Herkunftslinie mit iterativ-adversativer Bedeutung geht vermutlich über got. *auk* 'denn' und ahd. *ouh* 'aber' (zu idg. *au*, griech *aú* 'wieder, hingegen')

(nach Paul/Henne 1992). Diese adversative Bedeutung hat sich bei *auch* nicht fortgesetzt, seit dem Ahd. ist es mit hinzufügender, vermehrender, also augmentativer Bedeutung belegt ('ebenfalls, darüber hinaus, überdies, ferner, außerdem'):

(62) *wir ouh iz firnâmun.* (Otfrid IV. 5, 66)
      Wir vernahmen es auch.

Konjunktionen bilden den Anschluß an ein Textsegment, doch erwähnt schon das DWB, daß *auch* in vielen Fällen ohne sprachlichen Bezugspunkt verwendet wird ("woran es sich anschlieszt [darf] unausgedrückt bleiben" DWB, a.a.O., Sp. 599). Dies ist der Kontext, in dem die Reinterpretation als Modalpartikel möglich ist, also die Verlagerung der verweisenden Beziehung vom Text auf den pragmatischen Prätext. Ein Beleg, in dem man durchaus einen Vorläufer der nhd. Partikelverwendung erkennen kann, ist folgender:

(63) *gründliche philosophen, die so tief in alle sachen einschauen, dasz ihnen auch nichts verborgen bleibt.* (Kant 1, 59)

*Auch* stellt hier keine Beziehung zum übergeordneten Satz her. Die konsekutive Beziehung zwischen *so tief in alle Sachen einschauen* und *nichts bleibt verborgen* wird durch die Konjunktion *dasz* hergestellt. *Auch* knüpft stattdessen an den pragmatischen Prätext an (Philosophen bleibt nichts verborgen) und bestätigt bzw. bekräftigt diese Vorgabe. Die Bedeutung der nhd. Modalpartikel ist hier also schon voll ausgebildet, doch befindet sich die Modalpartikel anders als im Nhd. in einem untergeordneten Satz (vgl. das analoge Beispiel (55) bei *aber*).

Im DWB findet sich kein Beleg für den "ersten" Gebrauch von *auch* als Modalpartikel. Es wird ein "unbetontes *auch* in Fragen" sowie ein "unbetontes, ironisches *auch*" erwähnt, die mit konstruierten Beispielen, wie *bist du mir auch gut?* und *was der kerl auch einfälle hat!* illustriert werden, was deutlich macht, daß die Modalpartikel gemeint ist (DWB, a.a.O., Sp. 601). Paul/Henne 1992 setzen als Entstehenszeitraum der nhd. Partikel das 17. Jh. an und geben folgenden Beleg:

(64) *Wer alle Ding will wissen / der wirt auch offt beschissen.* (Henisch 1616)

In diesem Fall ist es aber m.E. durchaus möglich, *auch* als Adverb in der Bedeutung 'überdies' oder 'tatsächlich' zu verstehen; diese Stelle ist daher kein eindeutiger Beweis für die Existenz der Partikelfunktion (in (63) dagegen wird das konsekutive Verhältnis durch die Konjunktion *daß* ausgedrückt, die Partikel ist daher frei für pragmatische Relationen). Anders ist es hingegen im folgenden von Paul/Henne 1992 angeführten Beleg von 1751, der eindeutig die nhd. Partikelfunktion von *auch* dokumentiert:

(65) *Ist es denn auch gewiß, oder betrügen mich meine Augen?* (Gellert, Ad, Ausg. 1784)

Beide in Frage kommenden Spenderlexeme, also das Verb 'vermehren' sowie die Partikel 'wieder' enthalten ein relationales Element. Bei 'wieder' liegt eine iterative Relation vor (vgl. bei *aber*), beim Verb 'vermehren' liegt die konkrete Bedeutung eines Handlungsverbs vor, die eine iterative Komponente enthält: 'Vermehren' kann man paraphrasieren als 'mehrfaches Ausführen einer Handlung des Hinzutuns', was die augmentative Komponente der heutigen Partikel bestens motiviert. Dies wird auch im DWB (Sp. 598) angedeutet: *auch* "soll ausdrücken, dasz in der rede noch etwas hinzugethan werde". Wenn man weiter bedenkt, daß es der Imperativ dieses Verbs war, der die Ausgangsbasis von *auch* bildete, wird noch deutlicher, daß von Anfang an eine relationale Komponente vorhanden war. Der Imperativ ist hochgradig situationsabhängig, er impliziert eine Relation zum Kommunikationspartner (dem nicht versprachlichten "Subjekt", das die Handlung ausführen soll) und verweist somit direkt auf ein situatives Element. Diese Relation kann man sich als Keim für die Beziehung auf den pragmatischen Prätext (also für den relationalen Charakter) der Modalpartikel vorstellen.

*bloß* tritt als Adjektiv auf, wie in

(66) *Beim bloßen Gedanken daran wird mir übel.*

Des weiteren als Adverb, wie in (67) bzw. Gradpartikel, wie in (68). Hier ist es mit *nur* austauchbar:

(67) *Bloß/nur haben wir keine Streichhölzer dabei.*

(68) *Ich hab mir den Knöchel bloß/nur verstaucht, nicht gebrochen.*

Außerdem treten *bloß/nur* als Modalpartikeln in Aufforderungen, Wünschen und Fragen auf (vor allem in negativen Aufforderungen und in rhetorischen Fragen):

(69) *Komm mir bloß/nur nicht zu nahe!*

(70) *Wenn er bloß/nur da wäre!*

(71) *Wie spät ist es bloß/nur?*

*Bloß* und *nur* weisen eine restriktive Komponente auf, eine "Beschränkung des Alternativenraumes" (Ickler 1994:393). Gleichzeitig müssen pragmatischer Prätext und relevante Situation in einem negativen Verhältnis stehen. Anders als bei den bisher besprochenen Partikeln handelt es sich beim Prätext von *bloß* und *nur* nicht nur um vorausgesetzte Sachverhalte, sondern die restriktive Relation bezieht sich zum Teil auf die illokutive Ebene, d.h. auf die Einschränkung der dem Sprecher möglichen Sprechakte (vgl. dazu Ickler 1994:393ff.) Das Beschreibungsschema muß deshalb etwas anders als bisher ausgefüllt werden. Dabei spielt die Satzart, in der die Partikel auftritt, eine Rolle. Für die Verwendung im Imperativsatz (69) kann folgende Beschreibung angesetzt werden:

| | |
|---|---|
| pragmatischer Prätext: | Ich denke: Du kommst mir zu nahe. |
| relevante Situation: | Ich will nichts als das: Du kommst mir nicht zu nahe. |
| -> Äußerung: | *Komm mir bloß/nur zu nahe!* |

Die negative Relation besteht hier zwischen den Propositionen (*du kommst mir zu nahe* vs. *Du kommst mir nicht zu nahe*), das restriktive Verhältnis dagegen bezieht sich auf die Einschränkung der dem Sprecher möglichen illokutiven Handlungen: Es wird ausgedrückt, daß der Sprecher aus allen situativ möglichen Sprechakten einen einzigen auswählt, nämlich den der negativen Aufforderung. Der irreale Wunschsatz

(70) *Wenn er bloß /nur da wäre!*

läßt sich auf folgendes Schema zurückführen:

| pragmatischer Prätext: | Ich denke: Er ist nicht da. |
|---|---|
| relevante Situation: | Ich wünsche nichts als das: Er ist da. |
| -> Äußerung: | *Wenn er bloß/nur da wäre!* |

Wie oben beim Imperativ besteht das negative Verhältnis zwischen den Propositionen (*Er ist nicht da* vs. *Er ist da*); das restriktive Verhältnis bezieht sich darauf, daß aus allen dem Sprecher möglichen Sprechakten der tatsächlich vollzogene Sprechakt ausgewählt wird. Für die Frage in (71) kann folgendes Schema angesetzt werden:

| pragmatischer Prätext: | Ich habe keine Fragen. |
|---|---|
| relevante Situation: | Ich will nichts wissen als das: Es ist soundso spät. |
| -> Äußerung: | *Wie spät ist es bloß/nur?* |

Hier beziehen sich beide Komponenten (die negative und die restiktive) auf die illokutive Ebene, also die Auswahl der Sprechakte. Dies ergibt sich direkt aus der Satzart Frage: eine echte Informationsfrage enthält keine Präsupposition über die mögliche Antwort. Die Frage *Wie spät ist es?* macht also keine Voraussetzung wie *Es ist nicht spät* oder *Es ist soundso spät*. Auch die restriktive Komponente bezieht sich auf die Einschränkung der Sprechakt-Alternativen. Der Sprecher drückt aus, daß er unter Ausschluß aller Alternativen diese eine Frage stellt.

In die von *aber* und *auch* her bekannt Formel gebracht (die die unterschiedlichen Bezugs-ebenen des pragmatischen Prätextes nicht differenziert) lautet die Grundbedeutung von *bloß* und *nur* wie folgt: 'Indizierung einer restriktiven Relation zwischen pragmatischem Prätext und in der Äußerung dargestellter Situation'.

Bedeutungsentwicklung: Das Adjektiv *bloß* (ahd./mhd. *blôz*) hat zunächst ein Bedeu-tungsspektrum, das mit 'unbekleidet, nackt, unbewaffnet, kahl, schlicht, dürftig, rein, ausschließlich, nichts enthaltend, mit nichts anderem verbunden ' umrissen werden kann (DWB, Bd. 2, Sp. 144ff.; Paul/Henne 1992). Ein mhd. Beleg für die Bedeutung 'unbewaffnet' ist (72); für die Bedeutung 'rein, nichts als' steht Beleg (73) aus dem 18.Jh.:

(72) *er was gewâfent und ich blôz.* (Erec 485)

(73) *es stand die blosze wahrheit da.* (Lichtwer 1,1)

Laut Paul/Henne 1992 hat *bloß* seit dem 15. Jh. in adverbieller Verwendung (z.T. als Grad-partikel) die Bedeutung 'nur, allein, ein geringeres Maß, als erwartet' (s.o. *nicht gebrochen, bloß verstaucht*). Das DWB (a.a.O., Sp. 146) weist auf die Leichtigkeit hin, mit der sich die Bedeutung 'nur, allein' aus der Bedeutung 'nackt' entwickelt. Hier liegt eindeutig eine metaphorische Übertragung vor: die konkrete Bedeutung 'nackt, ohne Kleider' wird über das Merkmal 'ohne etwas sein' mit der abstrakten Bededeutung 'nur, allein' (d.h. 'ohne etwas anderes sein') verbunden und die Ausdrucksform *bloß* wird zur Bezeichnung der abstrakten Bedeutung verwendet. Ein Beleg für diese Verwendung ist:

(74) *und wan ich eine plosz lasz grüeszen.* (fastn. sp. 284, 8)

und wenn ich eine nur grüßen lasse.

In diesem Beleg wird *bloß* adverbiell verwendet: es bezieht sich auf das Verb und stellt die darin ausgedrückte Handlung als einzige aus einer Auswahl von Möglichkeiten dar (nichts anderes tun, als grüßen lassen).

Die Verwendung von *bloß* als Modalpartikel wird im DWB nicht erwähnt, in Paul/Henne 1992 wird ihre Entstehung auf das 19. Jh. angesetzt, so daß man folgern kann, daß zur Entstehungszeit des zweiten Bandes des DWB (1860) dieser Gebrauch von *bloß* noch nicht weit verbreitet war. In Paul/Henne 1992 findet sich folgender Fontane-Beleg, in dem die nhd. Partikelfunktion (in der Aufforderung) erreicht ist:

(75) *Sieh doch bloß, da kuckt ja der Mond grad über Sieboldten seinen Schornstein weg.*

(Fontane, L'Adultera, 2,40)

Über den Weg der Entstehung der Partikelfunktion kann man in Analogie zu den bisher besprochenen, besser dokumentierten Partikeln *aber* und *auch* folgende Spekulation anstellen: Ein wichtiger Zwischenschritt war die Lockerung zwischen *bloß* und einem Bezugselement im selben Satz zugunsten einer satzverknüpfenden, textuellen Relation. Diese Stufe kann durch folgenden Beleg dokumentiert werden:

(76) *Blosz weil ich haben wollte,*

*dasz sie mir widersprechen sollte.* (Gellert 1,83)

*Bloß* modifiziert hier die Konjunktion *weil*, die eine kausale Beziehung zum Vortext herstellt, so daß auch *bloß* sich auf diesen vorhergehenden Text bezieht und damit textverknüpfende Funktion übernimmt. Der nächste Schritt wäre dann die Lösung von dieser textverknüpfenden Relation und die Reinterpretation im Sinne des Verweisens auf den pragmatischen Prätext. Allerdings ist die Partikelfunktion von *bloß* (auch von *nur*) wie oben dargestellt auf Imperative, Wünsche und Fragen beschränkt, so daß der obige Beleg nur das Prinzip verdeutlichen kann. Dennoch kann man daraus die mögliche Entwicklung in den partikelrelevanten Satzarten konstruieren. Im folgenden Wunsch:

(77) *Wenn wir bloß einen Schirm mitgenommen hätten!*

kann *bloß* als auf *einen Schirm* bezogen interpretiert werden ('nichts als einen Schirm'). Es ist aber auch eine Interpretation als Modalpartikel möglich, d.h. als restriktiver Bezug auf gegebene Sprechaktalternativen (Ich wünsche nichts als das: Wir haben einen Schirm mitgenommen). Der Wunsch nach 'bloß einem Schirm' kann leicht als 'bloßer Wunsch nach einem Schirm' reinterpretiert werden. Auch hier wird die Reinterpretation ermöglicht durch die lockere oder nur vage Verknüpfung der Partikel mit einem Textteil, die ja besonders für Gradpartikeln (wie sie in (77) vorliegt) typisch ist. In einem entsprechenden Kontext kann diese textuelle Beziehung vollends gelöst werden zugunsten der restriktiven Relation zum pragmatischen Prätext. Sobald diese zunächst konversationelle Implikatur fester semantischer Bestandteil des Lexems *bloß* geworden ist, ist die Partikelbedeutung erreicht (vgl. 3.2.).

Obwohl die Entstehung der sehr "jungen" Modalpartikel *bloß* noch nicht gut untersucht oder dokumentiert ist, hat die Nachzeichnung des Bekannten und die zu anderen Partikelentwicklungen analoge Rekonstruktion, gezeigt, daß auch hier die in Kapitel 3. erläuterten Mechanismen in vorausgesagter Weise zusammenwirken. Auf die bereits im Spenderlexem

vorhandene restriktiv-relationale Bedeutung wurde schon hingewiesen: Das Element des Ein-
schränkens gegenüber einem vorausgesetzten "Mehr" läßt sich bereits in der konkreten
lexikalischen Bedeutung 'nackt' finden. Auch hier wird eine zweistellige Relation zwischen
einer Größe und einer anderen hergestellt.

*Denn* tritt als kausale Konjunktion wie in (78) und, nur in Fragsätzen, als Modalpartikel
wie in (79) auf:

(78) *Er schreibt alle Beobachtungen auf, denn er will Detektiv werden.*

(79) *Kommst du denn mit?*

Auch hier betrifft der pragmatische Prätext die Sprechakt-Alternativen. Anders als bei *bloß*
wird keine restriktive, sondern eine konsekutive Beziehung hergestellt: Die *denn* enthaltenden
Frage wird als derjenige Sprechakt markiert, der sich aus dem pragmatischen Prätext ergibt
(vgl. Ickler 1994:381, Helbig/Buscha 1986:491). Für Satz (79) kann man folgende Herleitung
geben:

| | |
|---|---|
| pragmatischer Prätext: | Es geht um die Frage: Kommst du mit? |
| relevante Situation: | Ich frage: Kommst du mit? |
| -> Äußerung: | *Kommst du denn mit?* |

Der Sprecher stellt seine Frage als Konsequenz der Relation zwischen pragmatischem Prätext
und relevanter Situation dar, als "eine extern motivierte, daß heißt, nicht der Willkür des
Sprechers entsprungene" (Ickler 1994:383). Er stellt die Frage nur deshalb (oder gibt vor, sie
nur deshalb zu stellen), weil er denkt, daß er sie aufgrund des pragmatischen Prätextes stellen
sollte. Die Modalpartikel *denn* dient also der 'Indizierung einer konsekutiven Relation zwischen dem pragmatischen Prätext und der in der Äußerung dargestellten Situation'.

Bedeutungsentwicklung (DWB, Neubearb., Bd. 6, Sp. 668ff.; Paul/Henne 1992): Im Ahd.
war *denne* (mhd. *den(ne)*) als Adverb und auch bereits als Konjunktion gebräuchlich. In der
zweiten Hälfte des 18. Jhs. erfolgte die Trennung der lautlichen Varianten, die heute vorliegt:
*Denn* wird als kausale Konjunktion und als Modalpartikel verwendet, *dann* ist ein Adverb das
temporale oder konsekutive Verhältnisse ausdrückt ('darauf, also, infolgedessen, somit'). Das
ahd. Adverb diente zum Ausdruck zeitlicher Folge ('dann'), aber auch zum Ausdruck
textueller Anknüpfung im Sinne von 'außerdem, auch, überdies' und zur Herstellung logischer,
konsekutiver Beziehungen ('daraufhin'). Satz (80) ist ein mhd. Beleg von 1340 für die
temporale Funktion, die im Nhd. von *dann* erfüllt wird:

(80) *so schosse ez mir in daz hercz und tailet sich denne in elliu miniu lider.* (Ebner 54)

So schoß es mir in das Herz und verteilte sich dann in alle meine Glieder.

Die textuelle Verknüpfungsfunktion (die Aussage knüpft an Vorhergehendes an) findet sich
auch noch im Nhd., gehört aber einer gehobenen, schriftsprachlichen Stilebene an. So in (81),
wo *denn* durch *also* ersetzbar ist:

(81) *So ist es denn, wenn auch in der Wissenschaft längst bekannt, doch für die meisten*
      *Menschen neu, daß ...* (Francé Lebenswunder 223)

In (82) (Ende des 12. Jhs.) drückt *denne* die logische Folge aus ('Ich brauche dann keine weiteren Freuden'), die sich ergibt, wenn die Bedingung im mit *ob* eingeleiteten Satz erfüllt ist ('wenn mir ihre Gnade zu Teil wird') :

(82) *waz bedarf ich denne fröiden mê,*
      *ob mir ir genâde wonet bî.* (Reinmar Minnesangs Frühling 190,19)
      Was bedarf ich denn der Freuden mehr, wenn ihre Gunst bei mir ist.

All diesen Verwendungen, sowohl adverbialen als auch konjunktionalen, ist gemein, daß sie die Beziehung der Reihenfolge, der geordneten, linearisierten Nachbarschaft von zwei Einheiten ausdrücken: das *denne* enthaltende Syntagma folgt auf das mit ihm in Beziehung stehende. Während die temporale Bedeutung sich noch auf den dargestellten Sachverhalt selbst bezieht, drücken die textliche und logische Folge abstraktere Inhalte aus, die die kommunikative und kognitive Anordnung des Dargestellten betreffen.

Die Modalpartikel hat sich aus dem adverbialen Gebrauch entwickelt, in dem eine logische Folge ausgedrückt wird (vgl. Satz (82)). Als ersten Beleg hierfür gibt das DWB (a.a.O., Sp. 670) die Übersetzung des lat. *quid enim* als *vuazdenne* ('was denn') in den ahd. Glossen aus dem 11. Jh. (1,756,25). Als erster Textbeleg ist folgende Stelle aus dem 13. Jh. aufgeführt:

(83) *waz ist denne daz er seit*
      *der priester, der diz hât gereit?* (Lamprecht v. Regensb. St. Franziskus 1961 W.)
      Was ist es denn, das er sagt, der Priester, der dies gereimt hat?

Dies entspricht bereits vollständig der Funktion der heutigen Modalpartikel: der Verweis darauf, daß sich die Frage aus dem pragmatischen Prätext als Folge ergibt.

Ein Vergleich der Belege (82) und (83) legt den Schluß nahe, daß sich die Partikel direkt aus solchen Verwendungen entwickelt hat, die eine logisch-textuelle Verknüpfung bewirken. Entfällt der textuelle Bezugspunkt oder ist er undeutlich, wird die Partikel reinterpretiert im Sinne der Bezugnahme auf den pragmatischen Prätext (vgl. die bisher besprochenen Partikeln).

Das konsekutive Element, d.h. die zweistellige Relation der Folge einer Einheit auf eine andere, war von Anfang an vorhanden. Die Bedeutungsentwicklung bestätigt auch die in Kapitel 3. besprochenen Metaphorisierungs- und Implikaturenketten, von lokal-konkreter zu temporaler Bedeutung und weiter zu textverknüpfender und pragmatischer Bedeutung. Die lokale Stufe von *denn* läßt sich zwar in der Geschichte des Deutschen nicht mehr nachweisen, sie war aber in der idg. Wurzel \**to-* (einem Deiktikon 'da', 'der') vorhanden, aus dem sich u.a. *denn* herleitet.

Möglicherweise gibt gerade die Entwicklung von *denn* genaueren Aufschluß über die Entwicklungsschritte im abstrakteren Bereich, was hier jedoch nur kurz angedeutet werden soll. Dazu ist ein Blick auf die konjunktionale Verwendung von *denn* nötig, die oben nicht verfolgt wurde, da sie nicht direkt an der Herausbildung der Partikel beteiligt ist. Als Konjunktion hat ahd. *denne* ein großes Bedeutungsspektrum: Es drückt temporale ('sobald, während, als'), kon-ditionale ('falls') und auch adversative ('sondern, obwohl, während') und vergleichende ('wie, als') Beziehungen aus. Diese gehen zum Nhd. hin entweder ganz verloren (die temporale und konditionale Funktion) oder sie werden in ihrem Anwendungsbereich stark eingeschränkt (als Vergleichspartikel ist *denn* z.B. stilistisch markiert, vgl. *stärker denn der Tod*). Interessant ist, daß sich die kausale Funktion, also der Ausruck einer logischen Folgebeziehung, die im Ahd. nur schwach vertreten war, im Nhd. als dominante Funktion der Konjunktion *denn* durchgesetzt hat. Dies korrespondiert mit der Partikelbedeutung, die ja den Sprechakt als Folge des pragmatischen Prätextes kennzeichnet. Es scheint so, daß aus der Bedeutung 'temporale Folge' zwei abstrakte Bedeutungslinien entwickelt werden können: logischer Gegensatz oder logische Folge. Erstere umfaßt adversative, restriktive und komparative Verhältnisse, letztere umfaßt textuelle und logische Folge (inklusive kausaler und konsekutiver Beziehung). Im Ahd. waren beide Entwicklungsmöglichkeiten offen, wobei die Gegensatzrelationen ein starkes Gewicht hatte. Im Lauf der Geschichte wurden diese dann zugunsten der Folgerelationen abgebaut.

*doch* tritt auf als adversative Konjunktion, als Adverb und, unter Ausschluß von echten Fragen, als Modalpartikel, wie in:

(84) *Wir sind doch nächste Woche nicht da.*

(85) *Das ist doch die Höhe.*

(86) *Du schaffst das doch bis morgen?*

Die Bedeutung von Äußerungen mit *doch* wird allgemein als 'Widerspruch', als adversatives Verhältnis, erkannt (vgl. Ickler 1994:401ff., Abraham 1990:131, Doherty 1985:66, 70). Die relationale Grundbedeutung entspricht also in etwa derjenigen von *aber*. Daher sind die Auflösungen in den pragmatischen Prätext und die relevante Situation der beiden Partikeln gleich.

| | |
|---|---|
| pragmatischer Prätext: | Jemand denkt: Wir sind nächste Woche da. |
| relevante Situation: | Ich denke: Wir sind nächste Woche nicht da. |
| -> Äußerung: | *Wir sind doch nächste Woche nicht da.* |

Der Bedeutungsunterschied zwischen *doch* und *aber* läßt sich in dem Schema, das ja nur die relationale Basisstruktur verdeutlichen soll, nicht wiedergeben. Er besteht darin, daß bei der Modalpartikel *doch* zusätzlich eine einräumende Komponente vorliegt. Der Sprecher verweist also nicht nur auf einen Gegensatz zwischen pragmatischem Prätext und relevanter Situation, sondern er behauptet etwas *trotz* einer entgegenstehenden Vorgabe. Eine Paraphrase für Satz (84), die diesen Aspekt erfaßt, ist: "Selbst wenn jemand denkt, daß wir nächste Woche da sind, so denke ich, daß wir nächste Woche nicht da sind". Die Partikelbedeutung ist also die 'Indizierung der konzessiven Relation zwischen dem pragmatischen Prätext und der in der Äußerung dargestellten Situation'.

Bedeutungsentwicklung: *doch* (ahd. *thoh, doh*) wurde schom im Ahd. als Konjunktion und Adverb in adversativer ('aber, jedoch, doch') und konzessiver ('obwohl, dennoch, trotzdem, gleichwohl') Bedeutung verwendet; auch wurde es bereits im Ahd. vereinzelt als Modalpartikel gebraucht (DWB, Neubearb., Bd. 6, Sp. 1188ff.; Paul/Henne 1992). Diese Funktion "zur bekräftigung oder abtönung von äußerungen" (DWB, a.a.O., Sp. 1192) stellt auch Hentschel (1986:90ff.) bereits für das Ahd. fest und belegt dies u.a. mit folgender Stelle:

(87) *inti batun inan thaz sie thoh tradon sinis qiuuates ruortin.* (Tatian 82,1)

Und baten ihn, daß sie doch einen Faden seines Gewandes berührten.

Hentschel führt aus, daß diese ahd. Verwendung in abhängigen Wunsch- oder Finalsätzen den "Widerspruch Wunsch - Realität" zum Ausdruck bringt (98) und somit der nhd. Partikel-bedeutung vergleichbar ist. Die Tatianstelle entspreche nhd. Wunschäußerungen wie 'Könnte ich doch nur eine Faser seines Gewandes berühren!', so daß dieser Beleg "einen direkten Vorläufer eben solcher nhd. Gebrauchsweisen von *doch* als Abtönungspartikel" darstellt (90). Im Mittelhochdeutschen findet sich *doch* als Abtönungspartikel in Wunschäußerungen wie (88) und in Imperativen (Hentschel 1986:111ff.):

(88) *Het ich von dirre sumerzît*

*doch zwêne tage und eine guote naht*

*mit ir ze redenne âne nît.* (Minnesangs Frühling 109, 18-20 Heinrich von Rugge)

Hätt' ich von dieser Sommerzeit doch zwei Tage und eine gute Nacht, mit ihr zu reden ohne Groll.

Im Vergleich zum Ahd. ist im Mhd. der Gebrauch von *doch* in Relativsätzen und Aussage-sätzen hinzugekommen (Hentschel 1986:112ff.). Es liegt also eine Ausweitung der Distribution vor, wie sie für Grammatikalisierungsprozesse typisch ist. Ein aufschlußreicher Beleg für *doch* in einem Aussagesatz ist (89) (nach Hentschel 1986:114):

(89) *'Mir hât ein ritter' sprach ein wîp*

*'gedienet nâch dem willen mîn.*

*ê sich verwandelôt diu zît*

*so muoz im doch gelônet sîn'.* (Namenloses Lied Minnesangs Frühling 5,5)

Mir hat ein Ritter, sprach eine Frau, nach meinem Willen gedient. Ehe sich die Zeit verändert hat, so muß ihm doch gelohnt werden.

Hentschel (1986:114) kommentiert diesen Beleg folgendermaßen:

Daß ein Ritter belohnt werden soll, steht ja nun durchaus nicht im Gegensatz dazu, daß er der Frau nach deren Willen zu Diensten war. Hier kann der Widerspruch offenbar nur in der mitgedachten Alternative bestehen, ihn - entsprechend dem Ideal der hohen Minne - für seine Treue *nicht* zu entlohnen. Die Partikel erfüllt hier genau dieselbe Funktion, die nhd. abtönendes *doch* im gleichen Kontext hätte: 'Er war artig - jetzt muß er doch auch eine Belohnung kriegen!'.

Die Entwicklung von *doch* korrespondiert mit der der übrigen Partikeln, insofern als die textuelle Verknüpfungsfunktion ein wichtiger Zwischenschritt ist (vgl. auch Abraham 1990:131f.). Die Lösung der textuellen Verknüpfung ermöglicht die neue Verweisungsfunktion auf den pragmatischen Prätext. Laut Hentschel war im Mhd. mit wenigen Abweichungen der nhd. Gebrauch von *doch* als Modalpartikel bereits erreicht (1986:114f.). Die konzessiv-relationale Bedeutung von *doch* lag bereits im Ahd. vor; die Entwicklung dieses schon früh als Modalpartikel gebrauchten Lexems geht von innertextlicher zu pragmatischer Adversativität bzw. Konzessivität.

*eben* tritt auf als Adjektiv ('flach, eben'), Temporaladverb ('vor kurzem' oder 'in Kürze') und als Modalpartikel (unter Ausschluß von Fragesätzen), wie in:

(90) *Dann mach es eben nochmal.*

(91) *Sie ist eben launisch.*

In dieser Funktion ist es durch *halt* substituierbar. Nach Icklers Analyse ist die Kernbedeutung von *eben* der Verweis darauf, daß die Aussage "genau übereinstimmt mit einer vom Sprecher schon früher vertretenen (wenn auch nicht explizit geäußerten) Ansicht" (1994:391). Diese "Übereinstimmung" wird hier als iterative Relation interpretiert, dabei wird die Möglichkeit offengelassen, daß die Übereinstimmung auch noch für andere außer dem Sprecher gilt. Damit läßt sich ein Satz wie (91) analysieren als:

| | |
|---|---|
| pragmatischer Prätext: | Jemand denkt: Sie ist launisch |
| relevante Situation: | Ich denke: Sie ist launisch. |
| -> Äußerung: | *Sie ist eben launisch.* |

Die Partikelbedeutung ist die 'Indizierung einer iterativen Relation zwischen pragmatischem Prätext und in der Äußerung dargestellter Situation'.

Bedeutungsentwicklung: Im Germ. und Ahd. wurde *eben* als Adjektiv und Adverb verwendet, die Modalpartikel entwickelt sich vermutlich erst im Fnhd. (DWB Neubearb., Bd. 7, Sp. 5ff.; Paul/Henne 1992). Die Bedeutung im Ahd. wird im DWB mit 'gleich, gleichmäßig, glatt, geradlinig, horizontal' angegeben, woraus sich viele Bedeutungsvarianten ergeben (z.B. 'ausgeglichen, geduldig, schicklich' etc.); als Adverb bedeutet es auch 'ebenfalls', 'ebenso'. Bei allem Reichtum an Bedeutungsnuancen kann man festhalten, daß *eben* zunächst ausschließlich konkret-sinnliche Bedeutungen hatte, indem es modale ("modal" hier im Sinne von 'Art und Weise') und lokale Eigenschaften denotierte.

Erst im Mhd. gibt es Belege, die eindeutig die temporale Bedeutung 'gerade zu diesem Zeitpunkt, soeben' aufweisen. Das DWB (a.a.O., Sp. 6) gibt hierzu einen Beleg vom Anfang des 13. Jhs.:

(92) *ich hân gesaget ebene / von der vrouwen lebene, / ... nû sult ir merken...*(Ebernand 4341 B.)

ich habe gerade vom Leben der Damen erzählt, ... nun sollt ihr festhalten ...

Hentschel betont, daß sich die Modalpartikel erst nach der temporalen Bedeutung entwickelt hat, so daß die Entstehung der temporalen Bedeutung eine Voraussetzung für die Entstehung der Partikelbedeutung ist (1986:49). Aus dem Verweis auf einen temporalen Bezugspunkt leite sich die Partikelbedeutung mit ihrem Verweis auf in der kommunikativen Situation "'allgemein' Vorausgegangenes" wie "Weltwissen" oder "Lebenserfahrung" ab (1986:171f.). Im DWB (a.a.O.; Sp. 8) dagegen wird die Partikelbedeutung aus der adverbiellen Verwendung ('gerade, genau (zutreffend)') abgeleitet. Jedoch schließen sich diese beiden Möglichkeiten nicht aus, was auch Hentschel (1986:171) andeutet. Die Belege von *eben* aus dem Mhd. sind nämlich oft ambig: sie lassen nicht nur die temporale Interpretation 'soeben', sondern auch die Interpretation 'genau' zu, wie folgendes Beispiel von 1160/70 zeigt:

(93) *(das huhn) sas in die schôs sîn / und leit vil eben ein ei dar în.* (Lamprecht Alexander
B 342 K.)

(Das Huhn) setzte sich in seinen Schoß und legte gerade ('soeben' oder 'genau') ein
Ei hinein.

Festzuhalten ist, daß die Entwicklung einer temporalen Variante in jedem Fall der Modalpartikel vorausging. Dies ist eine erneute Bestätigung der postulierten Entwicklungsreihenfolge
von konkreter bzw. räumlicher über temporale zu abstrakter Bedeutung. Als Zeitraum für die
Enstehung der Modalpartikel nennt Hentschel (1986:105) die Spanne zwischen dem 13. und
dem 18. Jh., da die Erstausgabe des DWB, die Hentschel verwendet, als früheste Belege für
die Modalpartikel Goethe-Belege anführt. Die Neubearbeitung des DWB (Bd. 7, Sp. 8) bringt
hier einen wesentlich früheren Beleg, nämlich von 1540:

(94) *der würt thût als, was ich beger; / dan ich bin eben s kind im hauß* (Wickram 5,202
LV)

Der Hauherr tut alles, was ich begehre, denn ich bin eben das Kind im Haus.

Man kann den von Hentschel veranschlagten Zeitraum also enger fassen und die Entstehung
der Modalpartikelfunktion von *eben* auf den Zeitraum zwischen dem 13. und dem Beginn des
16. Jh. festlegen.

Was das Vorhandensein der relationalen Komponente im Spenderlexem betrifft, so ist festzuhalten, daß bereits die lexikalische Bedeutung 'flach, gleich' relational ist, da zwei Bezugspunkte nötig sind, damit etwas als eben oder gleich erkannt werden kann. Dieser lexikalische
Ursprung ist m.E. für die rein iterative Bedeutung von *eben* verantwortlich, die den Unterschied zur augmentativen, ansonsten ganz ähnlichen Bedeutung von *auch* ausmacht.

*halt* wird als Modalpartikel ähnlich wie *eben* verwendet, drückt also die 'Indizierung einer
iterativen Relation zwischen pragmatischem Prätext und in der Äußerung dargestellter
Situation' aus (Beispiele siehe bei *eben*). Ickler (1994:392) weist darauf hin, daß zwar *eben*
immer durch *halt* ersetzbar ist, nicht aber umgekehrt, was er darauf zurückführt, daß *halt* nicht
das Element der Rückkehr zur früheren Ansicht enthält, sondern die Komponente, "daß der
Sprecher es ausdrücklich ablehnt, seine Meinung auch noch zu begründen."

Bedeutungsentwicklung: *halt* (ahd. *halt, halto*) geht auf eine Komparativform zurück (vgl.
got. *haldis* 'mehr', das das Komparativflexiv noch erkennen läßt) und hatte im Ahd. temporale
und modale (i.e. die "Art und Weise" betreffende) Bedeutung, die durch 'rasch, schnell, sofort,
eher' oder durch 'vielmehr, lieber' wiedergegeben werden kann (DWB, Bd. 4,2, Sp. 272;
Paul/Henne 1992). Hentschel (1986:76, inkl. Übers.) gibt hierfür folgenden Beleg aus dem
Tatian, bei dem die modale Bedeutung 'lieber, vielmehr' vorliegt:

(95) *ouh halt forhet thén thie thar mág sela inti lihhamon fliosan in hellauúzi.* (Tatian
44.19)

sondern halt fürchtet den, der die Seele und den Körper in die Hölle verderben kann.

Hentschel (1986:77-79) kommt in ihrer Untersuchung des ahd. *halt* zu dem Ergebnis, daß im
Ahd. noch keine Partikelbedeutung vorliegt, sondern das "grammatische Element 'Komparativ'" (79), das temporalen oder modalen Sinn haben kann, was in vielen Belegen nicht zu

entscheiden ist (vgl. *eben*).

Die Bedeutung 'vielmehr, lieber, eher' ist auch im Mhd. noch vorhanden. Daneben tritt *halt* bereits im Mhd. als Modalpartikel auf. Das DWB (a.a.O., Sp. 272) spricht hier von "abgeblaszter, vielfach blosz füllender verwendung". Hentschel (1986:103) belegt diese Bedeutung mit folgender Stelle aus Wolfram von Eschenbachs Parzival:

(96)  *rîterschaft ist topelspil,*

    *unt daz ein man von tjoste viel.*

    *ez sinket halt ein mers kiel.* (Parzival 289, 24-26).

    Ritterschaft ist Würfelspiel, (so lange) bis ein Mann durch einen Speerstoß gefallen ist. Es sinkt halt auch ein Hochsee-Schiff.

*Halt* stellt hier eindeutig einen Bezug zum pragmatischen Prätext her, also zur vorausgesetzten Aussage, daß Hochseeschiffe sinken; es "wiederholt" diese Voraussetzung. Die Entwicklung dieser Funktion läßt sich laut Hentschel anhand weiterer mhd. Vorkommensweisen nachzeichnen. Entscheidend ist hierbei ein im Vergleich zum Ahd. neuer und für das Mhd. typischer Gebrauch in konzessiven Nebensätzen, die durch *ob (op), swie(z)* oder *swaz* eingeleitet sind. Ein Beispiel ist Satz (97) (nach Hentschel 1986:100):

(97)  *swaz halt drüffe mir geschiht,*

    *ine kum von disem orse niht.* (Parzival 163, 23f.)

    Was auch immer mir darauf geschieht, ich steige nicht von diesem Schlachtroß.

Da es sich hier um einen verallgemeinernden Relativsatz handelt, liegt nicht die temporale Bedeutung 'eher' vor. Auch die modale Bedeutung 'vielmehr, lieber' ist ausgeschlossen. Wie Hentschels Übersetzung zeigt, ist *halt* in dieser Verwendung mit *auch* wiederzugeben und somit der nhd. Bedeutung von *halt* bereits sehr nahe. Der *halt* enthaltende Satz drückt einen vorausgesetzten Sachverhalt aus, der mit dem zweiten Sachverhalt in Beziehung gesetzt wird. Die alte komparative Komponente wird hier interpretiert als Verweis auf diesen gegebenen, d.h. 'eher' statthabenden Sachverhalt, der zu dem zweiten Sachverhalt in einem bestimmten Verhältnis steht: in diesem Fall wird ausgedrückt, daß der vorausgesetzte Sachverhalt keinen Einfluß auf den folgenden hat. Dies liegt aber an der Negation im zweiten Satz und nicht an der Partikelbedeutung. Im obigen Beispiel befindet sich *halt* anders als im Nhd. noch in dem Satz, der das als gegeben Vorausgesetzte ausdrückt: es verweist noch nicht auf den pragmatischen Prätext, sondern stellt innertextliche Verbindung her (vgl. die übrigen Partikeln). Der nächste Schritt zur heutigen Partikel findet sich in Sätzen, in denen *halt* in den übergeordneten Satz "gehoben" wurde. (98) gibt ein Beispiel (wieder nach Hentschel 1986:103):

(98)  *er sî halt, swer er sî.* (MS 2, 153a)

    Er sei halt, wer immer er sei.

Vergleicht man diesen Satz mit einem nhd. *Er ist halt so*, bei dem die Partikel keinerlei textlichen Bezugspunkt mehr hat, sondern ausschließlich auf den pragmatischen Prätext (*Er ist so*) bezogen ist, dann wird klar, daß der Schritt zur Modalpartikel in einem Beispiel wie (98) vollzogen ist.

Was das relationale Element des Spenderlexems betrifft, liegt der Fall hier sehr klar: Der Komparativ, der ja ursprünglich vorlag, stellt diejenige grammatische Kategorie dar, die relationale Bedeutung par excellence ausdrückt (wie schon bei *aber* erläutert). Die von Ickler erwähnte heutige Bedeutungskomponente "der Weigerung der Begründung der Meinungsäußerung" ergibt sich womöglich als Rest der lexikalischen Bedeutung 'eher, lieber'. Diese Bedeutung weist auf ein subjektives "Gefühl" hin, das sich der Begründung und Versprachlichung widersetzt (im Unterschied zu *eben*), das aber gleichwohl als pragmatischer Prätext der Äußerung geltend gemacht wird.

*ja* tritt als Modalpartikel nur in Aussagesätzen auf, d.h. es legt den Sprecher auf eine "assertive Haltung" fest (Doherty 1985:78):
(99)  *Es wird ja bald wieder Frühling.*
Mit *ja* wird die Übereinstimmung des Sprechers mit dem pragmatischen Prätext und dessen Bekräftigung ausgedrückt (vgl. Ickler 1994:399). Es besteht große Ähnlichkeit zu *doch*, mit dem Unterschied, daß letzteres einen Kontrast zum Prätext konstatiert, *ja* dagegen eine Übereinstimmung darstellt (vgl. Doherty 1985:78). Die Verbindung aus iterativem Moment und Bekräftigung kann man mit dem Begriff "konfirmativ" belegen, wodurch eine terminologische Differenzierung des iterativen Bereichs in rein iterative Bedeutung (*eben* und *halt*), augmentative Bedeutung (Wiederholung und Vermehrung wie in *auch*) und konfirmative Bedeutung (Wiederholung und  Bekräftigung wie in *ja*) mögich wird. Die Bedeutung des obigen Satz läßt sich folgendermaßen auflösen:

| | |
|---|---|
| Pragmatischer Prätext: | Jemand denkt: Es wird bald wieder Frühling. |
| relevante Situation: | Ich denke: Es wird bald wieder Frühling. |
| -> Äußerung: | *Es wird ja bald wieder Frühling.* |

Die Bedeutung von *ja* ist somit paraphrasierbar als 'Indizierung einer konfirmativen Relation zwischen pragmatischem Prätext und in der Äußerung dargestellter Situation'.
  **Bedeutungsentwicklung** (DWB, Bd. 4,2, Sp. 2187ff.; Paul/Henne 1992): *ja* existierte als Interjektion und Satzäquivalent bereits im Got. und Ahd. und wurde im Ahd. in rhetorischen Fragen mit positiver Antworterwartung verwendet. Laut DWB und Paul/Henne 1992 ist die volle Modalpartikel seit Luther vorhanden:
(100)  *wollen wir nu des vaters kinder sein, so solten wir ja solch hoch exempel uns lassen*
        *bewegen, das wir auch also lebten.* (Luther 5, 394)
Die Verwendung der Modalpartikel *ja* in diesen Beispielen stimmt mit dem nhd. Gebrauch überein. Hentschel 1986 ist der Auffassung, daß sich ein modalpartikelähnlicher Gebrauch bereits im Ahd. und im Mhd. nachweisen läßt. Für das Ahd. nennt sie zwei Belegstellen aus Otfrids Evangelienharmonie (Hentschel 1986:85f., inkl. nhd. Glossierung); eine davon lautet:
(101)  *ni thúrfut ir nan ríazan; ia wás iuz êr giheizan.* (Otfrid V. 4,48)
        nicht dürft ihr ihn beweinen; ja war es euch vorher verheißen.
Hentschel (1986:86) argumentiert, daß diese Belegstelle von ahd. *ja* mit der nhd. Partikel übersetzt werden kann, also 'es war euch ja vorhergesagt'. Sie betrachtet diese Stelle als ersten Beleg einer Verwendung, die "eindeutig und unzweifelhaft 'abtönend'" ist. Ähnliche Belege

weist Hentschel (1986:108) auch im Mhd. nach, so z.B.:

(102)  *des enwil ich nimmer wîbe*

  *mêr getrûwen einen tac.*

  *waz red ich? jâ sint si guot.* (Reinmar Minnesangs Frühling, 202, 3-5)

  Deshalb will ich niemals mehr einem Weib (auch nur) einen Tag lang vertrauen.
  Was rede ich? Sie sind ja gut.

Hentschel kommt zu dem Ergebnis, daß sich der Gebrauch von *ja*, bis auf die syntaktische
Stellung (auch im Mhd. die Partikel noch im Vorfeld stehen; vgl. (102)) kaum vom Nhd.
unterscheidet. Während Hentschel 1986 also den Modalpartikelgebrauch primar nach seman-
tisch-funktionalen Kriterien bestimmt, geht Abraham 1990 davon aus, daß die echte Partikelfunktion erst vollständig entwickelt ist, wenn die Partikel auf die syntaktische Stellung im
Mittelfeld festgelegt ist (was im Mhd. noch nicht der Fall ist). Für die von Hentschel ver-
tretene Auffassung von der Dominanz der Semantik gegenüber der Syntax sprechen jedoch
Belege, die im Nhd. ("alterthümelnd", wie es bei Grimm heißt) die alte Stellung von *ja* im
Vorfeld beibehalten und dennoch eindeutig Modalpartikelfunktion haben. Letzteres ergibt sich
aus der Möglichkeit der Umstellung in die nhd. Mittelfeldposition. Ein Beispiel hierfür ist
(DWB a.a.O., Sp. 2193) (*ja hoff ich... -> ich hoff ja...*):

(103)  *ja hoff ich dort die Augen aufzuschlagen*

  *frei gegen dich,*

  *zu geben Antwort allen deinen Fragen.* (Rückert, Ges. Ged. 1, 330).

*Ja* ist also zusammen mit *doch* die älteste Modalpartikel. Die ursprünglich relationale Funktion
des Satzäquivalents ist offenkundig: die Antwort *ja* bezieht sich immer auf einen vorhergehenden Text. Bei der Partikel wird diese Funktion auf den pragmatischen Prätext bezogen:
Während bei *ja* als Satzäquivalent neue Information vermittelt wird (die positive Entscheidung
einer Frage), markiert die Modalpartikel die Aussage als bloße Bekräftigung der vorausgesetzten Proposition.


*Nur* wird verwendet als adversative bzw. restriktive Konjunktion, als Temporaladverb, als
Fokuspartikel und als Modalpartikel (Gelhaus 1995:371, Ickler 1994:393). In der Funktion als
Modalpartikel ist es mit *bloß* synonym und drückt wie dieses die 'Indizierung einer
restriktiven Relation zwischen pragmatischem Prätext und in der Äußerung dargestellter
Situation' aus (siehe *bloß* für Beispiele und Erläuterungen).

  Bedeutungsentwicklung (DWB, Bd. 7, Sp. 998ff.; Paul/Henne 1992): *nur* entstand aus dem
ahd. Syntagma *ni wâri* (wörtlich: 'nicht wäre', d.h. Negationspartikel mit Konjunktiv
Präteritum von *sein*) über Formen wie *niwer, niur, nûer*. Im Mhd. wird die fusionierte Form
(vgl. den Grammatikalisierungsparameter Fügungsenge) adverbial im Sinne von *wan* 'es sei
denn, es wäre denn, mit Ausnahme, außer wenn', also in restriktiver Bedeutung, verwendet:
ein Element einer zweistelligen Relation wird einem anderen einschränkend gegenübergestellt.
Zunächst wird es nur in Satzverbindungen mit einem entsprechenden Vordersatz verwendet,
der den Gegensatz benennt, auf den sich die Einschränkung des *nur* enthaltenden Satz bezieht.
So in (104), wo *wan* eine mögliche Variante von *newâre* ist:

(104) *negesihest du nieth anderes newâre daz du nû sihest.* (Willeram 110,6)

Du erkennst nichts anderes, außer was du nun siehst.

*Nur* hat hier also satzverknüpfende Funktion. Sein textueller Bezugsausdruck ist *nieth anderes*. In (105) ist das mit *nur* angeschlossene Syntagma kein Teilsatz, sondern ein nominales Satzglied (*niwâr das êwige lieht*):

(105) *daz wir ne gern anders niht*

*niwâr das êwige lieht.* (Diemer Deutsche Ged. des 11. u. 12.Jh., 83,8)

Daß wir nichts anderes begehren außer das ewige Licht.

Schließlich konnte die explizite Erwähnung des vorhergehenden negierten Elements entfallen (siehe Paul/Henne 1992) und *nur* übernahm die Funktionen als Adverb und Gradpartikel, wie sie heute vorliegen. So bezieht sich im folgenden Luther-Beleg

(106) *ich will nur angeregt ... haben.* (Luther, An den Adel, 34)

*nur* adverbial auf das Verb ('nichts tun als anregen'). Aus dieser Entwicklung ist zu schließen, daß *nur* nun auch ohne explizite vorhergehende Negation als Einschränkung einer negativen Voraussetzung verstanden wurde: die beiden Elemente der restriktiven Relation verschmolzen in einem einzigen Satz. In Paul/Henne 1992 wird angedeutet, wie diese Verschiebung vor sich gehen kann: aus *ich war nicht bei ihm, nur einmal* wird *ich war nur einmal bei ihm*. Sobald nun die Voraussetzung, die eingeschränkt wird, nicht mehr im Text genannt wird, stehen mehrere Interpretationsmöglichkeiten offen. Im Satz *ich war nur einmal bei ihm* kann entweder die Aussage *ich war nicht bei ihm (nur einmal)* oder die Aussage *ich war nicht mehrmals bei ihm (nur einmal)* als pragmatischer Prätext vorausgesetzt werden. Das heißt, daß durch die Nichtbenennung der Voraussetzung, diese selbst flexibler ist und auf unterschiedliche Dinge bezogen werden kann.

Die obigen Beispiele betreffen *nur* als Adverb bzw. als Gradpartikel, d.h. das Bezugselement der restriktiven Relation ist ein sprachliches Element des *nur* enthaltenden Satzes. Auch sind die obigen Beispiele durchweg Aussagesätze, während die Modalpartikel auf Nichtaussagen beschränkt ist. Nach Paul/Henne 1992 ist die Verwendung von *nur* als Modalpartikel seit dem 16. Jh. belegt (Belege auch im DWB, das diese Verwendung allerdings noch nicht als Modalpartikel bezeichnet, sondern davon spricht, daß "die einschränkende bedeutung mehr oder weniger zurück[tritt]", a.a.O.; SP. 1005). Den Entwicklungsweg der Modalpartikel kann man aber in Analogie zur oben gezeigten Entwicklung der Fokuspartikel rekonstruieren. Dazu folgendes Beispiel (Ende 16. Jh.):

(107) *Ich wolte, dasz ich nur todt wäre.* (Jul. v. Braunschweig, Susanna 3,4)

Neben der Interpretation 'nichts als tot sein' ist auch die Interpretation 'nichts wollen, als tot sein' möglich. Die Restriktion betrifft hier den im übergeordneten Satz ausgedrückten Wunsch, *nur* bezieht sich als Fokuspartikel auf das Verb *wolte*.

Satz (107) ist nun immer noch ein Aussagesatz, d.h. ein repräsentativer Sprechakt, der das Vorliegen eines Wunsches mittels des Verbs *wollen* sprachlich darstellt. In echten Wunschsätzen ist kein übergeordneter Satz vorhanden, auf dessen Verb *nur* bezogen werden könnte. Hier kann die Reinterpretation im Sinne der Einschränkung von Sprechakt-Alternativen erfolgen, wie im folgenden Beleg aus der ersten Hälfte des 17. Jhs.:

(108) *o hett ich nur gethan kein sünd.* (Corner, Kehrein Kirchenl. 1,22,3)

Hier ist der nhd. Gebrauch als Modalpartikel in Wunschsätzen erreicht (vgl. *bloß*). Der pragmatische Prätext ist: "Ich denke: ich habe gesündigt", die relevante Situation ist: "Ich wünsche nichts als das: ich habe nicht gesündigt".

Dieselbe Entwicklung zeigt sich für Imperativsätze und für Fragesätze. Ein Beispiel für die Modalpartikel *nur* im Imperativsatz ist:

(109) *nu eilt neur pald mit im darvon.* (Fastn.sp. 537,31)

Zwar ist hier theoretisch eine Beziehung von *neur* auf *pald* vorstellbar, im Sinne von 'zu keiner anderen Zeit als bald', viel wahrscheinlicher ist jedoch eine Interpretation, die die restriktive Relation auf die illokutive Ebene bezieht. Der pragmatische Prätext ist: "Ich denke: Ihr eilt nicht bald davon". Die relevante Situation ist: "Ich will nichts als das: Ihr eilt bald davon (vgl. die Schemata bei *bloß*).

Im Falle von *nur* ist also ein ehemaliges Syntagma zu einem einmorphemigen Partikellexem grammatikalisiert worden, das von Anfang an restriktive Bedeutung hat. Zur Entstehung der Modalpartikel war hier also nicht vorrangig semantischer Wandel, sondern eine umfassende Reinterpretation der Bezugspunkte erforderlich. Die Entwicklung von *nur* bestätigt die für das jüngere und schlecht belegte *bloß* angestellten Hypothesen. Interessant ist, daß Partikeln wie *nur* und *bloß*, die ja völlig unterschiedliche Spenderausdrücke haben, heute Partikelsynonyme sind und daß der letzte Abschnitt der Entwicklung von der Gradpartikel zur Modalpartikel über die gleichen Mechanismen erfolgte.

Durch die obigen synchronen Bedeutungsanalysen und historischen Ableitungen von neun Modalpartikeln konnten die folgenden Hypothesen überprüft und bestätigt werden. Erstens zeigte sich, daß sowohl metaphorische als auch metonymische Reinterpretationsprozesse an verschiedenen Stadien der Grammatikalisierung beteiligt sind. Wenn also eine semantische Entwicklungsrichtung zu verzeichnen ist, so verläuft sie entsprechend den in Kapitel 3. dargestellten Reihenbeziehungen zwischen Metaphern und Metonymien. Besonders auffällig ist, daß der letzte Schritt zur Modalpartikel stets eine textuelle Verknüpfungsfunktion voraussetzt; die Lockerung des textuellen Bezugs ermöglicht dann die Übertragung auf den pragmatischen Prätext. Eine vereinfachte Skala der Entwicklungsschritte sei hier nochmals dargestellt (vgl. auch Abraham 1991:373):

räumliche/konkrete Bedeutung > temporale Bedeutung > textverknüpfende abstrakte Bedeutung > pragmatisch-verknüpfende abstrakte Bedeutung

Mit dieser Skala ist nicht gesagt, daß eine Bedeutungsentwicklung nachweislich alle Stadien durchlaufen haben muß. Sie bringt nur zum Ausdruck, daß es entsprechend den kognitiven und semantischen Grundlagen der Bedeutungentwicklung nicht möglich ist, daß eine Bedeutung, die weiter rechts auf der Skala angesiedelt ist, sich vor einer Bedeutung weiter links entwickelt oder daß letztere aus ersterer entstehen könnte.

Die Bestätigung der im dritten Kapitel vorgestellten Theorien, also des Zusammenwirkens von Metaphernkette und metonymischen konversationellen Implikaturen, ist jedoch nur ein Nebenprodukt dieses Kapitels. Das Hauptaugenmerk lag auf dem Nachweis der Richtigkeit der zweiten Hypothese: Es ging darum, die grammatische Funktion der Modalpartikeln als einheitliche relationale Bedeutung zu bestimmen und zu zeigen, daß die relational-abstrakte Grundstruktur bereits in den Spenderlexemen nachzuweisen ist. Auf den ersten Blick sind zwar die Spenderlexeme der Modalpartikeln in der Tat sehr heterogen: Es sind die unterschiedlichsten Wortarten bzw. Syntagmen mit den unterschiedlichsten Bedeutungen beteiligt. Wenn man jedoch die grammatische Funktion der Modalpartikeln im heutigen Deutsch analysiert als "Indizierung der Relation zwischen pragmatischem Prätext und in der Äußerung dargestellter Situation", d.h. die relationale Grundstruktur in den Vordergrund rückt, dann erkennt man, daß die Spenderlexeme durchaus einen kleinsten gemeinsamen Nenner aufweisen. Die relationale Semantik dürfte eine wichtige Voraussetzung dafür sein, daß ein Lexem (oder Syntagma) zu einer Modalpartikel grammatikalisiert werden kann.

Einschränkend muß hier angemerkt werden, daß in der obigen Darstellung viele Probleme ignoriert, viele Differenzierungen eingeebnet, viele Details übergangen wurden. Dies läßt sich jedoch rechtfertigen durch die Zielsetzung dieses Abschnitts, die ja nicht auf maximale Differenzierung einzelner Partikelverwendungen gerichtet ist, sondern auf den Nachweis ihrer Teilhabe an einer gemeinsamen grammatischen Klasse und einer gemeinsamen Basis der Spenderlexeme. Und dieses Ziel konnte in der Tat erreicht werden.

Schon im Ahd. enthalten alle späteren Modalpartikeln ein relationales Element, dessen Grundcharakter entweder als adversativ (d.h. als Gegensatzrelation) oder als iterativ (d.h. als wiederholende Relation) bestimmbar ist. Diese beiden Bedeutungen lassen sich weiter subklassifizieren: im iterativen Bereich in rein iterative, augmentative und konfirmative Bedeutungen, im adversativen Bereich in restriktive, konzessive und konsekutive Bedeutungen. Es lassen sich mehrere Spenderbereich für diese Relation unterscheiden: 1.) Partikeln, 2.) Komparativ und Imperativ, 3.) antonymische Adjektive und 4.) ein Fall der Fusion eines idiomatisierten Syntagmas mit restriktiver Funktion. Die besprochenen Modalpartikellexeme verteilen sich wie folgt auf die vier Spenderbereiche:

1.) Schon im Ahd. als Partikeln vorhanden waren *ja* und *doch*; ersteres hat konfirmative, letzteres konzessive Bedeutung. Auch *denn* bzw. sein Vorgänger *dann/denn* waren von Anfang an unflektierbar und relational im temporalen Sinn, woraus sich später die konsekutive Komponente entwickelte. *Auch*, für das eine doppelte Herleitung aus einer Partikel und einem Imperativ wahrscheinlich ist, drückt eine augmentative Relation aus.

2.) Die relationalen grammatischen Kategorien Imperativ und Komparativ spielten bei *auch* in einer seiner Herleitungen sowie bei *halt* und *aber* eine Rolle; hier entstand die relationale Charakteristik durch die Beteiligung der relationalen grammatischen Kategorie. *Halt* stellt eine iterative, *aber* eine adversative Beziehung her.

3.) Ursprüngliche Adjektive bzw. Adverbien, die in antomymischer Relation zu einem Gegenpol stehen, sind *eben* ('eben, gleich' vs. 'uneben, ungleich') und *bloß* ('unbedeckt' vs. 'bedeckt'). *Eben* drückt eine iterative Relation aus; *bloß* drückt eine restriktive Relation aus.

4.) *Nur*, das mit *bloß* synonym ist, also eine restriktive Relation ausdrückt, ist in diesem kleinen Untersuchungskorpus von neun Partikeln, die einzige Partikel, die aus einem Syntagma entstand. Dieses, nämlich *ni wâri* ('es wäre denn'), war vermutlich schon im Ahd. eine feste

Fügung, die eher einem Adverb oder einer Konjunktion als einem Teilsatz entspricht und somit Ähnlichkeit mit den in Punkt 1.) genannten Partikeln hat.

Die Spenderlexeme der behandelten Partikeln lassen sich also durchaus in Gruppen zusammenfassen und weisen auf die Existenz einiger typischer Grammatikalisierungskanäle hin. Dieses letzte Fallbeispiel zeigt, daß in einem Gebiet, in dem man meist nur Einzelbeobachtungen für möglich hält, unter dem Gesichtpunkt der Grammatikalisierung einheitliche, systematische Entwicklunglinien aufgezeigt werden können.

## 4.3. Aufgaben

4.3.1. Skizzieren Sie die synchronen Grammatikalisierungsgrade und die diachrone Entstehung der Präpositionen: *kraft (seines Amtes)*, *statt (Brot)* und *trotz (des Sturmes)*.

4.3.2. Erstellen Sie nach dem in Abschnitt 4.2. verwendeten Schema eine Charakteristik der Modalpartikel *schon* im heutigen Deutsch, wie sie in folgenden Sätzen vorliegt:

(1)  *Das ist schon ein großes Problem.*
(2)  *Sie ist schon ganz nett.*

Läßt sich diese Modalpartikel einem der oben genannten Spenderbereiche zuordnen?

# 5. Zyklen und Wandel

In diesem Kapitel werden einige größere Linien, die im Verlauf der vorhergehenden Kapitel angesprochen wurden, zusammengeführt. Zum einen geht es um die Verbindung zwischen Sprachwandel und Grammatikalisierung, zum zweiten um Motivationen für Grammatikalisierungs- und Sprachwandelvorgänge und drittens um das Spannungsfeld zwischen einseitiger Gerichtetheit und Grammatikalisierungszyklen. Die Darstellung dieser komplexen Zusammenhänge kann nur skizzenhaft erfolgen und ist als abrundender Ausblick auf den Fragenkomplex gedacht, in den die bisher dargestellten Erscheinungen eingebettet sind.

## 5.1. Sprachwandel und Grammatikalisierung

Was den Zusammenhang von Sprachwandel und Grammatikalisierung angeht, so ist vorwegzuschicken, daß es in diesem Kapitel nicht darum gehen kann, verschiedene Sprachwandeltheorien abzuhandeln (dazu Paul [1880] 1995, Coseriu [1958] 1974, Cherubim, Hg., 1975, Anttila 1989, Shapiro 1991), sondern nur darum, die Berührungspunkte dieser beiden Forschungsgebiete darzustellen. Grammatikalisierung und Sprachwandel bzw. diachrone Sprachwissenschaft haben einen großen Überschneidungsbereich, ohne daß man sie deswegen gleichsetzen dürfte. Sprachwandel umfaßt alle Wandlungsprozesse einer Sprache, nicht nur diejenigen, die zu neuen grammatischen Formen führen, und ist also in dieser Hinsicht der weitere Begriff. Hierzu gehören phonologischer Wandel, wie z.B. die hochdeutsche Lautverschiebung oder die Endsilbenabschwächung, des weiteren die Entlehnungen von Lexemen oder Wortbildungsmustern aus anderen Sprachen, z.B. die Einführung des dem Französischen nachgebildeten Derivationssuffixes -ieren zur Bildung von Verben wie *frisieren, hofieren* seit dem 12. Jh. Auch Bedeutungswandel, der nicht in den Bereich der Grammatikalisierung fällt, z.B. die Bedeutungsverschlechterung der Lexeme *Frau* und *Weib* seit dem 12. Jh. usw., gehört in das Arbeitsgebiet der diachronen Sprachwissenschaft.

Die Überschneidungsbereiche der Grammatikalisierungsforschung und der Sprachwandelforschung liegen in den Gebieten des morphologischen und syntaktischen Wandels. Und hier sind es, wie Hopper/Traugott (1993:56ff.) zeigen, wiederum zwei der Sprachwandelforschung lang vertraute Prinzipien, die auch für die Grammatikalisierungsforschung von größter Bedeutung sind. Es handelt sich um Reanalyse und Analogie, die ja in den letzten Kapiteln schon mehrfach eine Rolle spielten. Zum einen wurde gezeigt, daß die kognitiven Prozesse der Metapher und der Metonymie nach Prinzipien der Analogie bzw. Reanalyse ablaufen (Kapitel 3.), zum anderen spielte der ausdrucksseitige Aspekt der Reanalyse, also die Restrukturierung der Konstituentenstruktur bei der Beschreibung der Fallbeispiele eine Rolle (z.B. Abschnitt 2.2., dazu auch Heine/ Claudi/Hünnemeyer 1991:215-220).

Noch nicht besprochen wurde der ausdrucksseitige Aspekt der Analogie, also die Ausbreitung eines Strukturmusters über seinen bisherigen Ort hinaus. Eine analogische Veränderung ist das Ergebnis eines Ausgleichsprozesses, der für gleiche bzw. ähnliche Inhalte gleiche bzw. ähnliche Gestalt erzeugt. Sonderegger (1979:210) hebt hervor, daß der Gewinn eines solchen analogischen Ausgleichs die "Systematisierung bestimmter Formkategorien auf eine oppositive Funktion" ist (zu Analogie s.a. Paul [1880] 1995, Kap. 5).

Ein Beispiel für analogischen Ausgleich ist die Vereinheitlichung der Präteritalstämme der starken Verben im heutigen Deutsch. Im Ahd. wiesen starke Verben zwei Präteritalstämme auf: der eine wurde zur Bildung der 1. und 3. Pers. Sg. Prät. verwendet, z.B. *reit* '(ich/er) ritt', der andere zur Bildung der übrigen Personalformen, z.B. *ritun* '(wir/sie) ritten'. Noch nachfühlbar ist dieser Zustand in dem altertümlichen *wir sungen* statt dem neuen, an *ich sang* angeglichenen, *wir sangen*. Dieser Ausgleich ist darauf zurückzuführen, daß ein Formenunterschied innerhalb eines Paradigmas, der nicht von einem Bedeutungsunterschied gestützt ist, keine ikonische Kodierung darstellt und deshalb häufig beseitigt wird. Eine ikonische Kodierung liegt, vereinfacht gesprochen, vor, wenn eine Korrelation zwischen Formunterschieden und Inhaltsunterschieden besteht.[1]

Ein zweiter Bereich, in dem analogischer Ausgleich häufig ist, ist die Übertragung von flexivischen oder derivativen Bildungsmustern auf Lexeme, die bislang anderen Mustern unterlagen. Im Ahd. lauten der Singular und der Plural von *Kind* gleich, nämlich *kind - kind*. In Analogie zu Lexemen wie *Rind - Rind-er* wurde später *Kind - Kind-er* gebildet (vgl. Kern/ Zutt 1977:113, weitere Beispiele bei Sonderegger 1979:347). Hier wurde durch analogischen Ausgleich eine Situation beseitigt, in der eine Form "grammatisch homonym" war, d.h. zwei verschiedene grammatische Kategorien (Singular und Plural) zum Ausdruck brachte.

Ein Bereich, der in der Geschichte des Deutschen über mehrere Jahrhunderte hinweg umfasssende analogische Ausgleichsprozesse erfuhr, ist der Umlaut beim Nomen. Die folgende Darstellung dieser Erscheinung beruht auf der ausführlichen Erörterung in Sonderegger (1979:297-319). Seit der zweiten Hälfte des 8. Jhs. war ein assimilatorischer Lautwandel wirksam, der dazu führte, daß bei *i*-haltigen Endsilben der Stammsilbenvokal umlautet, d.h. in seiner Qualität an [i] angeglichen wurde: [a] wurde durch *i*-Einfluß zu einem *e*-Laut gehoben, der Hinterzungenvokal [u] wurde zu einem Vorderzungenvokal [Y] usw. Diese rein phonologisch bedingte Veränderung führt zu großen Irregularitäten in den Flexionsparadigmen der Substantive (und auch anderer Wortarten), da bei *i*-haltigen Endungen neue Stamm-

---

[1]  Das Prinzip der ikonischen Kodierung spielt in der Natürlichkeits- bzw. Markiertheitstheorie eine große Rolle, siehe Mayerthaler 1981, Dressler [u.a.] 1987, Wurzel 1988. Im Rahmen dieser Theorie wird davon ausgegangen, daß morphologischer Wandel auf Markiertheitsabbau zielt, also auf die Wiederherstellung der morphologisch optimalen, natürlichsten Strukturen, die, stark vereinfacht, nach dem Prinzip "eine Form : eine Bedeutung" und nach dem Prinzip der ikonischen Entsprechung zwischen formaler und kognitiver Komplexität gebaut sind. Die Natürlichkeitstheorie behauptet nicht, daß jeder sprachliche Wandel in dieser Richtung abläuft, sondern geht vom Zusammenspiel mit gegenläufigen Tendenzen aus. Eine ausführliche Diskussion und der Versuch einer Einordnung in die Grammatikalisierungsforschung kann hier nicht unternommen werden.

allomorphe entstanden. Das Paradigma für die ahd. femininen *i*-Stämme (siehe folgende Tabelle) hatte umgelautete Formen im Plural, aber auch im Genitiv und Dativ des Singulars, also in allen Fällen, in denen eine *i*-haltige Endung vorlag, oder vorgelegen hatte:

| Sg. | N. | *anst* 'Gunst, Gnade' | Pl. | N. | *ensti* |
|---|---|---|---|---|---|
| | G. | *ensti* | | G. | *enst(e)o* |
| | D. | *ensti* | | D. | *enstim* |
| | A. | *anst* | | A. | *ensti* |

Zum Mittelhochdeutschen hin wurden die Endsilben abgeschwächt, d.h. der ursprüngliche Auslöser des Umlauts war nicht mehr vorhanden. Im Paradigma lagen, synchron nicht durchsichtig, zwei Stammallomorphe vor:

| Sg. | N. | *kraft* 'Kraft' | Pl. | N. | *krefte* |
|---|---|---|---|---|---|
| | G. | *krefte* | | G. | *krefte* |
| | D. | *krefte* | | D. | *kreften* |
| | A. | *kraft* | | A. | *krefte* |

Hier setzte zum Teil schon im Ahd. analogischer Ausgleich ein, der die umgelauteten Formen des Singulars durch nichtumgelautete ersetzte, so daß die Verteilung Nichtumlaut vs. Umlaut mit den Kategorien Singular vs. Plural korrelierte. Das neue Paradigma von *kraft* z. B. hatte nun im Singular einheitlich die Form *kraft* und im Plural einheitlich das Stammallomorph *kreft-*. Diese Ausgleichsbewegung betraf nicht nur die femininen *i*-Stämme, sondern alle Flexionsklassen, die umgelautete Formen aufwiesen. Dieser Vorgang ist der oben beschriebenen analogischen Veränderung in den Präteritalformen der starken Verben vergleichbar und diente dem Abbau morphologischer Irregularität, die aufgrund phonologischer Prozesse entstanden war. Sonderegger (1979:317) beschreibt diesen Entwicklungsschritt als "kategorielle Einschränkung, ja Meisterung des das ganze deutsche Lautsystem befallenden Phänomens, das den Formenbau auf Grund der lautgesetzlichen Bedingungen, welche zum Umlaut geführt haben, völlig durcheinanderzubringen drohte."

Mit diesem Schritt ist jedoch die Geschichte des Umlauts in der Nominalflexion nicht abgeschlossen. Seit dem Mhd. wurde die Verteilung von nichtumgelauteten Singular- und umgelauteten Pluralformen auch auf solche Flexionsklassen übertragen, die nie *i*-haltige Endungen besessen hatten, so z. B. auf die alten maskulinen *a*-Stämme:

| Sg. | N. | *stap* 'Stab' | Pl. | N. | *stabe* -> *stäbe* |
|---|---|---|---|---|---|
| | G. | *stapes* | | G. | *stabe* -> *stäbe* |
| | D. | *stape* | | D. | *staben* -> *stäben* |
| | A. | *stap* | | A. | *stabe* -> *stäbe* |

Von dieser Entwicklung wurden weitere Flexionsklassen erfaßt: so sind z.B. die folgenden

Umlautplurale des Nhd. durch Analogie (und nicht durch Einwirkung einer *i*-haltigen Endung)
entstanden:

| Singular: | Plural: | alter Plural: |
|---|---|---|
| *Tal* | *Täler* | <- *tal* |
| *Dach* | *Dächer* | <- *dach* |
| *Vater* | *Väter* | <- *vater* |
| *Mutter* | *Mütter* | <- *muoter* |
| *Strauch* | *Sträucher* | <- *strûche* |
| *Kloster* | *Klöster* | <- *kloster* |
| *Boden* | *Böden* | <- *boden* |
| *Faden* | *Fäden* | <- *faden* |

Diese Ausweitung auf ursprünglich nichtumlautende Paradigmen stellt die morphologische
Funktionalisierung eines ursprünglich rein lautlichen Epiphänomens (assimilatorischer Reflex)
dar: der Umlaut ist zum "unterscheidenden Kategorienmerkmal" des Plurals geworden (Sonderegger 1979:299). Bemerkenswert hierbei ist, daß durch diesen Analogieausgleich ein morphologisches Prinzip, nämlich die innere Flexion, gestärkt wird, daß unter rein natürlich-
keitsmorphologischen Gesichtspunkten nicht die optimale, d.h. maximal ikonische, Kodierung
ist (dies wären segmentierbare Affixe).

Mit dem Beispiel der Funktionalisierung des Umlauts und dem Hinweis auf ikonische
Kodierung, d.h. morphologisch durchsichtige Gestalt, ist bereits das Thema der Motive für
Sprachwandel angesprochen. Eine der am häufigsten getroffenen Feststellungen ist die von der
entgegengesetzten Zielrichtung des Lautwandels einerseits und des analogischen Ausgleichs
andererseits. Lautwandel entspringt sehr oft dem Bedürfnis nach Sprecherleichterung, d.h.
leichter Produzierbarkeit und schnellem Tempo. Er führt zu phonologisch reduzierten Formen,
wie z.B. *tach* für *guten Tag*. Dieser dem Streben nach Sprecherleichterung verdankte
Lautwandel erzeugt Wortgestalten, die dem Prinzip der morphologischen Durchsichtigkeit
entgegenlaufen und somit Ausgangsmaterial für analogischen Ausgleich bieten.

Die gegensätzlichen Prozesse der phonologischen Reduktion und des analogischen Ausgleichs werden im allgemeinen als Ausdruck grundlegender Wirkungsprinzipien des Sprachwandels betrachtet. So stellt Havers (1931:171) unter Bezug auf von der Gabelentz fest, "daß
sich die Geschichte der Sprachen in der Diagonale zweier Kräfte bewege, des Bequemlichkeits
triebes und des Deutlichkeitstriebes." Ähnlich formulieren Hopper/Traugott (1993:64):

> Furthermore, the motivations of simplicity and informativeness are inevitably in competition in the
> individual language user, and therefore the development of language involves conflict and problem
> solving.

An anderer Stelle erwähnen sie auch das Motiv der Expressivität, das metaphorischen und
metonymischen Prozessen zugrunde liegt und mit der gewohnheitsmäßigen Verwendung der
üblichen Standardausdrücke konfligiert (Hopper/Traugott 1993:87).

Der Frage, wie viele und welche solcher "Triebkräfte" anzunehmen seien, soll hier nicht weiter nachgegangen werden.[2] Sie ergibt sich, wie Lehmann (1985:312ff.) deutlich macht, aus kausalen Erklärungsmodellen für Sprachwandel, die zur Beschreibung von Sprachwandel im allgemeinen und Grammatikalisierungszyklen im besondern (siehe unten) unzureichend sind. Im Rahmen solcher kausalen Erklärungsversuche sind, wie Lehmann anschaulich darstellt, zwei Blickrichtungen möglich. Die eine ist der Auffassung, daß eine Form B grammatikalisiert wurde, um den Platz einer anderen Form A einzunehmen, die vorher geschwunden war. Die andere Richtung dagegen meint, daß eine Form A deshalb geschwunden sei, weil eine neue Form B sie verdrängt habe (Lehmann 1985:312). Geläufig sind auch die von Martinet geprägten Begriffe Zugkette ("drag chain", "chaîne de traction") und Schubkette ("push chain", chaîne de propulsion") für diese beiden unterstellten "Sprachwandelrichtungen" (Martinet 1952:6ff., 1955:59ff.; vgl. auch Heine/Claudi/Hünnemeyer 1991:245).

Eine Zugketten-Argumentation könnte z.B. folgende Form haben: "weil der Konjunktiv abgeschwächt und undeutlich wurde, entstand die epistemische Verwendung der Modalverben, um diesen Platz zu füllen". Eine Schubketten-Erklärung desselben Phänomens könnte lauten: "weil die epistemische Verwendung der Modalverben zur Verfügung stand und mit den Konjunktiven konkurrierte, wurden diese Konjunktive abgeschwächt."

Lehmann macht deutlich, daß solche Veränderungen immer gleichzeitig stattfinden und daß es unmöglich ist, die eine durch die andere zu erklären. Die einzig angemessene Beschreibung sei es, festzuhalten, daß beide Änderungen sich gegenseitig verstärken und daß sie sich "in wechselseitiger Harmonie" befinden (1985:312). Auch diejenigen Erklärungsansätze, die strukturelle Argumente anführen, z.B. den Ausgleich von Lücken oder Asymmetrien, stehen nach Lehmann vor demselben Problem. Sie können nicht erklären, wie ein strukturell ungünstiger Zustand überhaupt zustande kommen konnte, wenn die Sprache an sich immer danach strebe, solche Zustände zu vermeiden (1985:313f.). Lehmann folgert, daß es notwendig ist, von einem Sprachwandelkonzept auszugehen, das den ständigen Wandel als Grundprinzip der Sprache anerkennt und zum Drehpunkt der Erklärung macht. Es ist die zielgerichtete, kreative und problemlösende Tätigkeit der Sprecher, die die Veränderung auslöst (311f.). Dabei spricht Lehmann unter Bezug auf Coseriu [1958] 1974 den Sprechern explizit eine Absicht zur Veränderung zu:

---

[2]  Bekannt (und umstritten) ist z.B. die Unterteilung in sprachexterne und sprachinterne Sprachwandelfaktoren (Vachek 1975). Hopper/Traugott (1993:63) wählen eine Einteilung in drei wichtige Motivgruppen, nämlich Spracherwerb, soziolinguistische Faktoren und kommunikative Grundvoraussetzungen. Beim Spracherwerb durch eine neue Generation entsteht ein leicht verändertes Regelsystem dadurch, daß die neue Generation den sprachlichen Input mit anderen Regeln versieht als die ältere Generation: es findet Reanalyse und damit eine der Voraussetzungen für Wandel statt. Soziolinguistische Faktoren sind z.B. Sprachmischungen und Schichtungen. Diese beiden Motivgruppen werden üblicherweise zu den "sprachexternen Faktoren" gerechnet, die kommunikativen Steuerungsmechanismen der Ökonomie und Deutlichkeit zu den internen. Zu den sprachinternen Faktoren werden außerdem strukturelle Erscheinungen gerechnet, z.B. der Ausgleich von Lücken, Asymmetrien, typologischer Inkonsistenz usw.

106

To the degree that language activity is truly creative, it is no exaggeration to say that languages change because speakers want to change them. This does not mean, of course, that they intend to restructure the linguistic system. It does mean, however, that they do not want to express themselves the same way as somebody did yesterday. (1985:315)

Das Bedürfnis nach Expressivität veranlaßt die Sprecher, neue, stärkere, materialreichere Formen zu bilden[3] und so die Entstehung immer neuer grammatischer Formen zu provozieren. Selbst wenn eine Sprache schon ein bestimmtes standardisiertes Ausdrucksmittel für eine grammatische Kategorie besitzt, können aufgrund des Bedürfnisses nach Expressivität neue, materialreichere Umschreibungen gefunden werden, die dann, wenn sie sich ebenfalls als Standardausdrücke durchsetzen, natürlich nicht mehr expressiv sind. Im weiteren Verlauf unterliegen sie den in Abschnitt 1.2. dargestellten Veränderungen und werden, während sie den Grammatikalisierungsweg "hinabrutschen", wiederum durch neue, expressivere Formen begleitet. Lehmann 1989 geht sogar soweit, zu sagen, daß das Bedürfnis nach Expressivität der Auslöser für die Erosion der Normalformen ist:

Reduktion ist nicht in erster Linie ein Zeichen von Trägheit. Wann immer ein Zeichen reduziert wird, wird an einer anderen Stelle in der Sprache ein expliziteres Zeichen rekrutiert, das seinen Dienst (mit-)versieht. Dies ist nicht lediglich eine Konsequenz der Reduktion des ersten Zeichens, ein Ersatz für eine Verlust, sondern kann ebensowohl als deren Auslöser angesehen werden. So paradox es klingen mag: die primäre Ursache für die Reduktion ist Expressivität, genauer die Gewohnheit, Zeichen zum Ausdruck von Begriffen zu verwenden, für die sie nach der bisherigen Norm zu stark waren. (1989:14)

Daher sei, so Lehmann, Sprachwandel in gewisser Weise mit Mode vergleichbar, hier wie dort gebe es viel Wandel um des Wandels willen (315f.). Mit diesem Ansatz können zwei Phänomene erklärt werden, an denen andere Konzepte scheitern. Der nächste Abschnitt wird sich mit ihnen befassen.

## 5.2. Synchrone Variation und Grammatikalisierungszyklen

Die beiden hier zu besprechenden Phänomene sind erstens die synchrone Variation in einer funktionalen Domäne und zweitens die Beobachtung, daß Sprachwandel oft zu Strukturen führt, die der Ausgangssituation maximal ähnlich sind und nur neues sprachliches Material für diese Strukturen verwenden.

Unter synchroner Variation innerhalb einer funktionalen Domäne ist die Existenz von Varianten mit verschiedenem Grammatikalisierungsgrad gemeint, die sich in dieser Domäne Aufgaben teilen bzw. in direkten grammatischen Oppositionen stehen (Lehmann 1985:311).

---

[3] Diese Auffassung ist schon bei Meillet ([1912] 1926:140f.) angedeutet, der das Bedürfnis nach einem starken Ausdruck ("une expression intense") als Motiv zur Entstehung neuer periphrastischer Formen erwähnt.

Hopper 1991 spricht von Schichtung ("layering") und illustriert dies am Beispiel der grammatischen Ausdrucksmittel zur Bezeichnung temporaler Verhältnisse in den indogermanischen Sprachen (1991:22-24, auch Hopper 1990:160f.). So verwendet z.B. das Englische die Techniken des Ablauts, der Affigierung und der Umschreibung mit Auxiliaren, um temporale Relationen auszudrücken (1991:23). Für die Ausdrucksmöglichkeiten des Deutschen zur Bezeichnung vergangener Zeitbezüge stellt sich die Schichtung von Formen mit verschiedenen Grammatikalisierungsaltern so dar (vgl. Hopper 1991:24 für das Englische):

(a) Periphrastische Mittel zum Ausdruck der Vergangenheit: das Hilfsverb *haben* oder *sein* und das Partizip II des Hauptverbs wie in *ich habe gelacht, ich bin geschwommen.*

(b) Suffigierung durch das "Dentalsuffix" -t- wie in *ich lach-t-e.*

(c) Wechsel im Stammsilbenvokalismus (= Ablaut) wie in *ich schwamm.*

Diese drei Mittel entsprechen unterschiedlichen Altersschichten der Grammatikalisierung: Je älter die Form ist, desto stärker ist sie fusioniert. Der Ablaut als die älteste Schicht ist aus dem Indogermanischen ererbt, es handelt sich um eine typische "Portmanteau-Konstruktion", d.h. die beteiligten Morpheme, das lexikalische Morphem *schwimm* und das Morphem {PRÄTERITUM}, sind nicht segmentierbar. Das Dentalsuffix als zweite Schicht ist eine Entwicklung der germanischen Sprachen. Es handelt sich um ein segmentierbares grammatisches Flexiv, das mit großer Wahrscheinlichkeit aus einer periphrastischen Konstruktion aus einem Hauptverb und einem nachgestellten Präteritum von 'tun' als Auxiliar entstand (vgl. Kern/Zutt 1977:45ff., wo verschiedene Entstehungstheorien vorgestellt werden). Die jüngste Schicht, die periphrastischen Formen mit *haben* und *sein,* sind im Verlauf der Sprachgeschichte des Deutschen entstanden. Die Tatsache, daß abhängig von der Semantik des Hauptverbs zwei verschiedene Auxiliare verwendet werden, nämlich *haben* und *sein,* ist ein Indiz für ihr noch relativ junges Alter. Ein weiteres Beispiel für die synchrone Schichtung von verschiedenen Techniken sind die unten noch zu besprechenden Möglichkeiten der Futurbildung im heutigen Französisch (vgl. Lehmann 1985, Hopper/ Traugott 1993).

Die verschiedenen Schichten einer funktionalen Domäne können nach Hopper (1991:23) leichte Bedeutungsunterschiede aufweisen oder stilistische, soziolinguistische, regionale o.ä. Unterschiede ausdrücken (z.B. die Differenz von Präteritum und Perfekt im Deutschen). Sie können aber auch nur einen Übergang von einer Technik zur anderen darstellen, wobei sich dieser Übergangszustand über einen langen Zeitraum erstrecken kann (Hopper 1991:23). Dies ist beim Unterschied zwischen starkem und schwachem Präteritum im Deutschen der Fall, die ja gemeinsam eine grammatische Kategorie ausdrücken und schon sehr lange nebeneinander bestehen. Das schwache Präteritum ist die produktive Technik, d.h. neue Verben bilden ihr Präteritum mit Dentalsuffix, nicht mit Ablaut: es heißt *sie faxte* nach dem Muster *sie hackte* und nicht *\*sie fux* nach dem Muster *sie wuchs.* Sonderegger (1979:258f.) führt aus, daß die Reduktion der Zahl der starken Verben schon beim Übergang vom Germanischen zum Althochdeutschen festzustellen ist und daß sich diese Tendenz in der Sprachgeschichte des Deutschen langsam aber ununterbrochen fortsetzte. Dennoch ist das Ende der starken Verben (trotz der Befürchtungen mancher Deutschlehrer) nicht abzusehen, die Koexistenz beider Techniken ist relativ stabil. Vgl. auch hierzu Sonderegger (1979:259):

> Trotzdem werden sich die starken Verben im Deutschen auch in der Zukunft noch auf lange hin behaupten, da ihnen eine semantische Schlüsselposition im Sprachgefüge zukommt und ihre Bildungsweise im Übergang vom Mittelhochdeutschen zum Neuhochdeutschen [...] stark systematisiert und gestrafft worden ist, so daß sie an Übersichtlichkeit gewonnen hat.

Wichtig im Zusammenhang mit dem Stellenwert der Expressivität bei der Grammatikalisierung ist aber die Tatsache, daß verschiedene Schichten auch unterschiedliche Stufen der Expressivität darstellen können. Die stärker grammatikalisierten und fusionierten "Readymades" bilden die normierten, automatisierten, schnellen Mitteln der Verständigung (vgl. auch Givón 1989). Die weniger grammatikalisierten, periphrastischen Formen sind Ausdruck freierer Kreativität, eigenen Gestaltungswillens und erfordern vom Hörer eine aktuelle analytische Verarbeitung (Givón 1989). Vgl. Lehmann (1985:315):

> The most grammaticalized of them must be used in order to structure the signs in traditional ways and thus to secure understanding. The least grammaticalized of them *may* be chosen whenever the speaker wants to fulfill this particular function in a more prominent way.

Dies trifft zum Teil auf gewisse "stilistische Nuancen" zwischen Präteritum und Perfekt zu, so auf die oft beobachtete Tatsache, daß in der Textgestaltung an narrativen Höhepunkten, die ja üblicherweise auch mit einem Höhepunkt an Expressivität korrelieren, sehr häufig Perfekt verwendet wird, während die erzählende Abfolge von Ereignissen im weniger expressiven Präteritum wiedergegeben wird (siehe hierzu Weinrich 1993:219ff.).

Ganz deutlich wird ein unterschiedlicher Grad an Expressivität jedoch bei der Schichtung, die im heutigen Deutsch bei der Bezeichnung der "epistemischen Modalität" vorliegt. Es gibt mehrere alternative Möglichkeiten zum Ausdruck einer "Vermutung", d.h. der Einschätzung des Faktizitätsgrads der Aussage durch den Sprecher (vgl. Abschnitt 2.1): ältere, gewöhnlichere, stärker grammatikalisierte Mittel und neuere, expressivere Mittel, die z.T. nur in bestimmten Kontexten verwendbar sind. Dazu folgende Beispiele:

(1)  *Er kann/muß zuhause gewesen sein.*

(2)  *Er ist vielleicht/wahrscheinlich zuhause gewesen.*

(3)  *Ich halte es für möglich/wahrscheinlich, daß er zuhause war.*

Die unauffälligste, schnellste und gewöhnlichste Art, eine Vermutung auszudrücken, ist die Verwendung eines Modalverbs wie in (1). Ein Modalwort wie in (2) ist phonologisch und semantisch gewichtiger, es nimmt die Position eines Satzgliedes ein und kann in expressiver oder kontrastiver Absicht frontiert werden, so daß (4) entsteht:

(4)  *Vielleicht/Wahrscheinlich ist er zuhause gewesen.*

In (3) schließlich dient der gesamte übergeordnete Satz dem Ausdruck der Vermutung, während die Aussage, über deren Faktizitätsgrad die Vermutung angestellt wird, als untergeordneter Satz auftritt. Die Bedeutung 'Vermutung' muß hier kompositionell durch die Analyse des Hauptsatzes erschlossen werden.

Wenn man die Autonomie einer Form mit dem Grad ihrer Expressivität in Zusammenhang bringt, dann kann man die Schichtung verschiedener Ausdruckstechniken in einem funktionalen Bereich als "pragmatische Ikonizität" auffassen. Damit ist gemeint, daß die Grade der Autonomie das Maß an Expressivität abbilden, das der Sprecher mit der Äußerung erreichen will.

Dies könnte ein Grund sein, wieso Formen, die unter dem Gesichtspunkt der morphologischen Natürlichkeit nicht optimal sind (also synthetische Formen, Ablaut usw.), dennoch sehr häufig auftreten (siehe Werner 1989). Solche Formen sind geeignet zum Ausdruck der niedrigsten Stufe der Expressivität. Werners Frage, ob neben den morphologisch natürlichen "nicht auch andere Stufen der Komprimierung [...] ihre jeweilige Natürlichkeit haben können" (1989:37), ist unter diesem Gesichtspunkt positiv zu beantworten. Die Opposition unterschiedlicher Grade der Autonomie innerhalb einer funktionalen Domäne hat somit ihren eigenen Bedeutungsgehalt: Sie spiegelt die verschiedenen Grade der Expressivität wider.

Das zweite Phänomen, das in diesem Abschnitt angesprochen werden muß, ist das der "linguistischen Zyklen". Damit ist die Erscheinung gemeint, daß Grammatikalisierungsprozesse oft zu Zuständen führen, die den unterstellten Ausgangspunkten prinzipiell gleich sind, nur daß anderes Spachmaterial Verwendung findet (vgl. Heine/Claudi/Hünnemeyer 1991:30). Wie Lehmann (1985:316) meint, ist ein erheblicher Teil des grammatischen Wandels vom Sprachsystem her betrachtet geradezu überflüssig.

Einer der bekanntesten Zyklen ist die Entwicklung des Futurs in den romanischen Sprachen. Dieser Zyklus wird in Hopper/Traugott (1993:9f.) ausführlich beschrieben und soll auch hier, in Anlehnung an die genannte Darstellung, als Beispiel dienen. Im Französischen gibt es zwei Futurformen:

synthetisch:        *nous chanterons* (älter, stärker grammatikalisiert)

periphrastisch:   *nous allons chanter* (jünger, mit Auxiliar, das von dem Vollverb *aller*
                          'gehen' gebildet ist).

Die neuere, analytische Form ist expressiver und auffälliger. Man kann sich vorstellen, daß sie aus dem Bedürfnis nach Ausdrucksverstärkung entstanden ist. Das ältere, synthetische *chanterons* ist die routinemäßige, grammatikalisierte Standardform zum Ausdruck futurischen Zeitbezugs. Diese Form entstand nun selbst aus einer periphrastischen Form, und zwar aus dem Lateinischen:

*cantare habemus > chanterons*

Der lat. Spenderausdruck bestand also aus dem Infinitiv des Hauptverbs (*cantare*) und der flektierten Form von *habere*, wobei letztere direkt auf den Infinitiv folgte (vgl. *Er sagt, daß wir heute abend zu singen haben*). Ein Verb mit der Bedeutung 'haben' ist neben Verben mit der Bedeutung 'gehen' eine der häufigsten Quellen für Futurauxiliare (Bybee/Pagliuca/Perkins 1991, Heine u.a. 1993).

Im Lateinischen selbst gab es zwei Futurformen, die Jahrhunderte lang nebeneinander existierten: das jüngere periphrastische *cantare habemus* und die ältere, synthetische Standardform *cantabimus*. Zum Französischen hat sich die periphrastische Form fortgesetzt, die synthetische Form war schon phonologisch abgeschwächt und ging verloren.

Das lateinische *cantabimus* kann man seinerseits auf eine vorlateinische, rekonstuierte Form zurückführen, die periphrastisch ist:

*kanta bhumos* > *cantabimus* (*bhumos* 'wir sind', zu dem idg. Verb 'sein').

Über eine vorlateinische synthetische Form läßt sich keine Aussage machen, sie ist, wenn es sie gab, vor dem Einsetzen der schriftlichen Zeugnisse geschwunden. Man kann diesen Kreislauf mit Hopper/Traugott (1993:10) folgendermaßen darstellen:

| Vorlateinisch | Lateinisch | Französisch |
|---|---|---|
| *? | | |
| *kanta bhumos* -> | *cantabimus* | |
| | *cantare habemus* -> | *chanterons* |
| | | *allons chanter* ? |

Es gab also in jedem vollständig bekannten synchronen System zwei Ausdrucksmöglichkeiten futurischer Zeitreferenz, nämlich Affixe und periphrastische Formen. Von der system-immanenten Notwendigkeit eine neue Form zu erfinden, kann man in diesem Fall also nicht ausgehen. Dies stellen auch Hopper/Traugott (1993:125) heraus:

> Typically, grammaticalization does not result in the filling of any obvious functional gaps. On the contrary, the forms that have been grammaticalized compete with existing constructions so similar in function that any explanation involving 'filling a gap' seems out of the question - there is no obvious gap to be filled.

Das Konzept der Expressivität gibt hier die beste Erklärung. An solchen Zyklen kann man außerdem sehen, daß nicht nur einzelne Formen, sondern alle Formen in einem funktionalen Bereich gleichzeitig grammatikalisiert werden, wobei die Reduktion der älteren Formen und der Aufbau der neueren in wechselseitigem Zusammenspiel, und nicht in kausalen Abfolgen, verlaufen (vgl. Lehmann 1985:311).

Angesichts solcher Zyklen sollte allerdings nicht der Eindruck entstehen, daß niemals neue grammatische Kategorien aufgebaut werden. Ein Blick auf das Deutsche lehrt anderes: das Althochdeutsche hatte ein aus dem Germanischen ererbtes "Zweitempussystem", d.h. die Opposition zwischen Präsens und Präteritum (Sonderegger 1979:95). Die Entstehung der periphrastischen Tempora (z.B. des *werden*-Futurs) zum Nhd. hin ist also in der Tat der Aufbau neuer grammatischer Kategorien, neuer Oppositionen im Tempussystem. Das gleiche gilt für die Entstehung des Passivs und des Artikelsystems im Deutschen (vgl. auch Heine/ Claudi/Hünnemeyer 1991:29).

In Abschnitt 1.2. wurde ausgeführt, daß die Grammatikalisierung einer Form typischerweise einseitig gerichtet ist und einen unumkehrbaren Verlauf nimmt. Wenn eine Form den Prozeß der phonologischen und semantischen Reduktion, der Einbindung in ein flexivisches Paradigma vollzogen hat, dann kann diese Form nicht mehr zu ihrer lexikalischen Ausgangs-form restauriert werden. Der Zyklus der romanischen Futurformen macht nochmals deutlich, daß die einseitige Gerichtetheit nur die einzelnen Formen betrifft, nicht die Sprache als Ganzes: *chanterons* kann nicht wieder zurückverwandelt werden in den periphrastischen Ausdruck *cantare habemus*. Aber die Sprecher wenden dieselben Mechanismen mit neuen

Formen immer wieder an: z.B. einmal mit einem Verb der Bedeutung 'sein' als Auxiliar, dann mit einem Verb, das 'haben' bedeutet, schließlich mit einem dritten in der Bedeutung 'gehen'. Diese Formen werden nacheinander aus dem Lexikon rekrutiert und grammatikalisiert, bis sie durch Erosion in die Richtung des totalen Schwundes gehen. Dieser Zyklus ist der Grund dafür, daß die Sprachen nicht im Laufe der Zeit immer "grammatischer" werden, was man ja vermuten könnte, angesichts der Tatsache, daß Grammatikalisierung ein ständig ablaufender Prozeß ist (vgl. Heine/ Claudi/Hünnemeyer 1991:244f.).

Ein weiterer wichtiger Punkt, der für eine finale Sprachwandeltheorie (wie die hier dargestellte) spricht, ist   die Tatsache, daß man das Eintreten von Sprachwandel bzw. Grammatikalisierung nicht vorhersagen kann, daß diese Prozesse also nicht deterministisch verlaufen, wie man es von kausaler Verursachung erwarten würde. Aus dem Vorliegen bestimmter Bedingungen kann man nicht schließen, daß ein bestimmter Wandel stattfinden wird bzw. muß. Daher ist es besser, von "begünstigenden Faktoren" und "Motiven" statt von "Ursachen" oder dergleichen zu sprechen (Hopper/Traugott 1993:63ff.). Es ist auch nicht gesagt, daß ein einmal begonnener Wandlungsprozeß sich fortsetzt; er kann stattdessen zum Stillstand kommen und unvollständig grammatikalisierte Subsysteme hinterlassen.

Doch wenn es auch keine hinreichenden Bedingungen gibt, bei deren Vorliegen ein bestimmter Wandel notwendig erfolgen müßte, so läßt sich doch angeben, wie und in welcher Richtung er stattfinden kann. Die Sprecher einer Sprache können bei allem Expressivitäts- und Kreativitätsstreben nicht beliebig neue Formen erfinden, da diese die Verständigung gefährden würden. Sie stehen also in einem permanenten Spannungsverhältnis zwischen tradiertem Sprachsystem, das normierend, restriktiv und verständigungssichernd ist, und eigenem freien Ausdruckswillen (Lehmann 1985:314). Der Weg zur Bewältigung dieser Spannung ergibt sich aus den in Kapitel 3. erörterten kognitiven Mechanismen der Metaphernverkettung und der Abfolge konversationeller Implikaturen. Die Sprecher verwenden keine neuerfundenen Zeichen oder gar neuerfundene Regeln, sondern sie verwenden die vorgefundenen Zeichen und Regeln in neuer, vom bisherigen Gebrauch abweichender Weise. Die nach kognitiver Komplexität geordneten Domänenskalen geben die allgemeine Richtung vor, in der sich der Ausdruckswille entfalten kann. So kann man zwar temporale Ausdrucksmittel dazu verwenden, kausale Beziehungen darzustellen, ein Versuch in der umgekehrten Richtung, z.B. die kausale Präposition *aufgrund* zum Ausdruck temporaler Verhältnisse zu nutzen (z.B. *\*aufgrund gestern morgen* mit der Bedeutung 'seit gestern morgen'), wird dagegen nicht als kreativ, sondern als unverständlich gewertet werden.

Jenseits dieser allgemeinen Richtung gibt es jedoch noch sehr viel feinmaschigere Entwicklungsregeln. So gibt es universale Tendenzen, die dazu führen, daß sich bestimmte sprachliche Ausgangsformen "besonders gerne" zu bestimmten grammatischen Kategorien entwickeln (Bybee 1985:8, Bybee/Pagliuca 1985:75, Hopper/Traugott 1993:68). Dies wurde vor allem in Abschnitt 4.2. bei der Analyse der Spenderlexeme für Modalpartikeln schon angesprochen und als Grammatikalisierungskanal bezeichnet.[4] Mit diesem Begriff ist gemeint,

---

[4]   Vgl. "channelization of grammaticalization" (Lehmann 1985:315), "grammaticalization path" (Bybee/Dahl 1989:96), "grammaticalization channel" (Heine/Claudi/Hünnemeyer 1991:220ff.).

daß für eine grammatische Kategorie nur einige alternative Spenderlexeme oder Spenderstrukturen in Frage kommen. Bybee/Pagliuca/Perkins 1991 legen eine Untersuchung zur Entstehung des Futurs vor, bei der sie 63 zufällig ausgewählte Sprachen, die eine Futurkategorie aufweisen, auf die Herkunft ihrer Futurgrammeme untersuchen. Sie stellen fest, daß sich vier Grammatikalisierungskanäle unterscheiden lassen. Quellen für Futurgrammeme sind (Bybee/Pagliuca/Perkins 1991:18f.):

1. aspektuelle Formen,
2. Formen, die nichtepistemische Modalität ausdrücken,
3. Verben oder Konstruktionen, die eine Bewegung auf ein Ziel ausdrücken,
4. temporale Adverbien in der Bedeutung 'bald' oder 'dann'.

Der vierte Fall ist selten und die Autoren bringen kein Beispiel. Zwei typische Beispiele für den dritten Grammatikalisierungskanal wurden schon besprochen, nämlich die Entwicklung des englischen *be-going-to*-Futurs und des französischen Futurs mit *aller* + Infinitiv. Doch nicht nur Verben bzw. Konstruktionen mit der Bedeutung 'gehen (zu)', sondern auch 'kommen (zu)'-Verben werden zu Futurgrammemen grammatikalisiert (1991:30f.). Ein Satz wie

(5)   *Alle kommen zum Rumstehen und Gaffen,*

deutet an, wie ein Kontext beschaffen sein könnte, der als Ausgangspunkt für die Entwicklung eines *kommen-zu*-Futurs geeignet wäre (im obigen Satz liegt natürlich kein Futur vor, vgl. das Moment der durch *kommen* ausgedrückten physischen Bewegung, die intentionale Komponente von *zu* und der Anschluß von Verbalsubstantiven, nicht von Infinitiven).

Als aspektuelle Vorläufer von Futurgrammemen (siehe Punkt 1.) kommen nach Bybee/Pagliuca/Perkins (1991:20) Formen in Frage, die folgende aspektuelle oder temporale Inhalte kodieren: "present, continuous, habitual, imperfective, perfective und past" (wobei die letzten beiden in ihrem Korpus selten vertreten sind). Als Besonderheit dieser Spendergruppe erwähnen die Autoren die Kontextabhängigkeit der Futurlesart (20f.), was sie am Beispiel des englischen Präsens illustrieren, das nur in bestimmten Kontexten (z.B. Vorhandensein eines futurischen Zeitadverbs) als Futur verwendet werden kann; so in (6):

(6)   *I go to Chicago tomorrow.*

Auch der unter Punkt 2. genannte Grammatikalisierungskanal, die Entstehung eines Futurs aus nichtepistemischen Modalverben ist im Englischen durch das *shall/will* Futur belegt, z.B. in (7) (Bybee/Pagliuca/Perkins 1991:25):

(7)   *We shall no doubt live to see stranger things.*

Am häufigsten entwickeln sich Modalverben zu Futurgrammemen, die entweder 'Wunsch' (wie engl. *will*) oder 'Verpflichtung' (wie *shall*) ausdrücken. Seltener sind Fälle, in denen ein Modalverb mit der Bedeutung 'Fähigkeit' die Quelle für ein Futur abgibt (1991:25).

Zusätzlich zur Nennung der verschiedenen Quellen geben Bybee/Pagliuca/Perkins die sukzessiven Entwicklungschritte für jeden Grammatikalisierungskanal an. Für die modalen Futurgrammeme z.B. halten sie fest, daß sich eine reine Futurbedeutung nicht direkt aus den Bedeutungen 'Wunsch' oder 'Verpflichtung' entwickelt, sondern nur über die Zwischenstufe 'Absicht' und daß die Existenz einer epistemischen Lesart eines Futurgrammems (z.B. engl.

*That will be him* 'Das muß er sein') eine Entwicklung ist, die die Existenz einer vorhergehenden reinen Futurbedeutung voraussetzt.[5] Man kann also auch in sehr abstrakten Bereichen Reihenfolgebeziehungen und Entwicklungsskalen aufstellen. Diejenige für modale Futurgrammeme sieht vereinfacht folgendermaßen aus (nach Bybee/Pagliuca/Perkins 1991:29):

Wunsch/Verpflichtung > Absicht > Futur > Wahrscheinlichkeit.

Verallgemeinert kann man die universale Entstehung von Futurgrammemen aus in der Hauptsache drei Grammatikalisierungskanälen in folgendes Diagramm fassen:

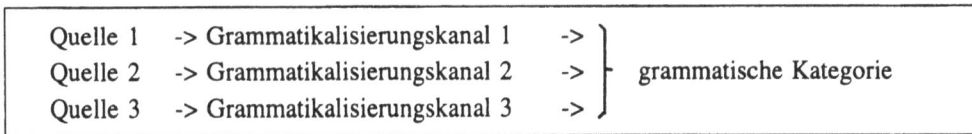

```
Quelle 1   -> Grammatikalisierungskanal 1   -> ⎫
Quelle 2   -> Grammatikalisierungskanal 2   -> ⎬  grammatische Kategorie
Quelle 3   -> Grammatikalisierungskanal 3   -> ⎭
```

Heine/Claudi/Hünnemeyer (1991:222) weisen darauf hin, daß es auch die umgekehrte Verzweigungsrichtung gibt, daß also eine einzige lexikalische Ausgangsform die Quelle für mehrere Grammatikalisierungskanäle ist, die zu verschiedenen grammatischen Kategorien führen. Dies wird "Polygrammatikalisierung" genannt (vgl. Hopper/Traugott 1993:112) und kann im Diagramm so dargestellt werden:

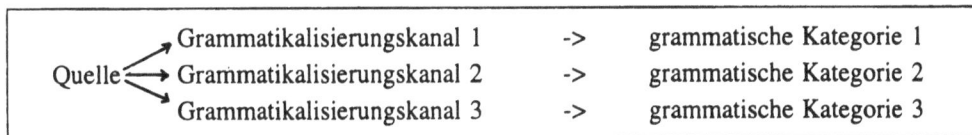

```
             ⎛ Grammatikalisierungskanal 1   ->   grammatische Kategorie 1
Quelle <——→ ⎨ Grammatikalisierungskanal 2   ->   grammatische Kategorie 2
             ⎝ Grammatikalisierungskanal 3   ->   grammatische Kategorie 3
```

Ein Beispiel hierfür ist das deutsche Verb *werden*, das als Passivauxiliar und als Futurauxiliar grammatikalisiert wurde (vgl. die Aufgabe 1.3.1. aus Kapitel 1.).

Abschließend seien einige Beispiele für typische Grammatikalisierungskanäle genannt: Heine/Claudi/Hünnemeyer (1991:220ff.) zeigen, daß Verben mit der Bedeutung 'sagen' häufig als Ausgangspunkt für die Entstehung subordinierender Konjunktionen (entsprechend dt. *daß*) dienen. Die Entstehung des bestimmten Artikels aus Demonstrativpronomina ist ein weiterer typischer Grammatikalisierungskanal (vgl. Hopper 1991:20). Aspektmarker haben ihren Ursprung oft in Kopulaverben und Bewegungsverben (Hopper 1991:20). Präpositionen entstehen oft aus Adverbien und relationalen Substantiven (siehe Abschnitt 4.1.). Die Aufzählung ließe sich noch lange fortführen, worüber man sich z.B. im "Grammatikalisierungslexikon" von Heine [u. a. ] 1993 ein Bild machen kann.

---

[5]  Einschränkend ist hier festzuhalten, daß diese allgemeine Aussage zumindest für einige Modalverben des Deutschen nicht zutrifft: so haben *dürfte, mag* und auch *können* im heutigen Deutsch epistemische Funktion, ohne je zum Ausdruck reiner Futurbedeutung verwendet worden zu sein (anders als *müssen, wollen* und *sollen*). Möglicherweise trifft die abgeschwächte Bedingung zu, daß nur einige Lexeme aus der zu grammatikalisierenden Gruppe der Modalverben Futurfunktionen aufweisen müssen, bevor ihre Weiterentwicklung zu epistemischer Bedeutung möglich ist, daß also diese Funktion nur für die Gruppe, nicht für jedes Einzellexem als Bedingung vorauszusetzen ist.

## 5.3. Aufgaben

5.3.1. Welchem der vier in Bybee/Pagliuca/Perkins 1991 angeführten Grammatikalisierungskanäle würden Sie das deutsche Futurgrammem *werden* zuordnen?

5.3.2. Welche grammatischen Funktionen werden durch die unterstrichenen Formen in den
folgenden Sätzen zum Ausdruck gebracht?

(1)   *Das ist ja zum Heulen!*

(2)   *Daß Du ihr nicht schon längst die Meinung gesagt hast, kann ich nicht verstehen.*

(3)   *Ich zeige dir gleich das Haus, das ich nur zu gerne einmal von innen sehen möchte.*

(4)   *Bitteschön, hier ist das bestellte Buch.*

Inwiefern kann man hier von "Polygrammatikalisierung" sprechen? Welche Ausgangsform
liegt zugrunde?

# Lösungshinweise zu den Aufgaben

1.3.1.

In Satz (1) tritt *werden* als Vollverb in der Bedeutung 'entstehen' auf. In Satz (2) wird es wie ein epistemisches Modalverb verwendet, das zum Ausdruck bringt, daß der Sprecher den im Satz dargestellten Sachverhalt nicht als faktisch bewerten kann (vgl. Abschnitt 2.1.). Es könnte an dieser Stelle durch *dürfte* oder *kann* ersetzt werden. Dieser Gebrauch als epistemisches Modalverb ist ein grammatischer Gebrauch, der die Kategorie des Modus betrifft. In Satz (3) bildet *werden* zusammen mit dem Partizip *eingelassen* das Passiv (Präsens, Indikativ, 3. Pl.); es wirkt als Auxiliar im Bereich der grammatischen Kategorie des Genus Verbi. In Satz (4) ist *werden* als Kopula verwendet und gehört damit zum kleinen Paradigma der Kopulaverben, das außerdem nur noch *sein* und *bleiben* enthält. Kopulaverben sind hilfsverbähnlich, da sie primär die Funktion haben, gemeinsam mit dem als Prädikativum dienenden Substantiv oder Adjektiv das Prädikat zu bilden (vgl. Helbig/Buscha 1986:51, Eisenberg 1995:94ff.) In Satz (5) schließlich ist *werden* als Auxiliar zur Futurbildung verwendet und gehört damit zur Tempuskategorie.

*Werden* weist also (zumindest) fünf verschiedene Gebrauchsweisen auf: als Vollverb, als Kopula und dreifach als Bestandteil periphrastischer Formen zentraler grammatischer Kategorien des Verbs.

1.3.2.

Zum Ausdruck zukünftigen Zeitbezugs stehen im Deutschen lexikalische, grammatische und syntaktische Mittel zur Verfügung:
1.) Die grammatische Kategorie Futur, die mit der periphrastischen Konstruktion *werden* + Infinitiv gebildet wird, wie in
  (1)   *Zur Eröffnung wird sie eine Rede halten.*
2.) Das Präsens als unmarkierte Kategorie des Verbs kann in vielen Kontexten zum Ausdruck zukünftigen Zeitbezugs dienen, wie z.B. *erledige* in:
  (2)   *Du kannst dich auf mich verlassen. Ich erledige das für dich.*
Bei perfektiven Verben, wie *treffen* oder *finden*, hat das Präsens grundsätzlich zukünftigen Zeitbezug (vgl. Helbig/Buscha 1986:147).
3.) Zukünftiger Zeitbezug kann auch lexikalisch durch Temporaladverbien zum Ausdruck kommen:
  (3)   *Morgen/nächstes Frühjahr fangen wir mit dem Dachausbau an.*

4.) Auch temporale Adverbialsätze, die Vorzeitigkeit ausdrücken und den gleichen Konstituentenstatus wie die Temporaladverbien unter Punkt 3.) haben, können zukünftigen Zeitbezug kodieren (vgl. Helbig/Buscha 1986:682):

(4)   *Wenn ich es geschafft habe, rufe ich dich an.*
(5)   *Sobald ich fertig bin, rufe ich dich an.*


## 2.3.1.

In Satz (1) ist der Infinitiv zu *nicht brauchen*, das die Bedeutung 'nicht nötig haben, verpflichtet sein' hat, mit *zu* angeschlossen, was bei sehr vielen Verben mit Infinitivkomplementen der Fall ist. Dieser Gebrauch wurde noch bis vor kurzem als der einzig korrekte betrachtet, was in dem Schülermerkspruch "Wer *brauchen* ohne *zu* gebraucht, braucht *brauchen* gar nicht zu gebrauchen" zum Ausdruck kommt. Auch heute gilt der Gebrauch ohne *zu*, wie er in Satz (2) vorliegt, als umgangssprachlich (Sitta 1995:606). Diese Form des Infinitivanschlusses ist eine typische Eigenschaft der Modalverben (und einiger anderer Verben). Der Ausfall von *zu* bei *brauchen* stellt also eine deutliche Annäherung an die formalen Eigenschaften der Modalverben dar. *Nicht brauchen* vertritt dabei *nicht müssen*, durch das es in den obigen Sätzen ersetzt werden kann. Eine weitere formale Annäherung an die Modalverben ist, wie Lehmann (1991:512) bemerkt, der in der gesprochenen Sprache häufige Abfall des auslautenden *-t* in der 3. Sg.:

*Das brauch er nicht tun.*

Eine solche endungslose Form weisen nur die Modalverben und *wissen* auf (*er kann, darf, mag, muß, soll, will, weiß*). Andere Verben, die auf den velaren Frikativ enden, verlieren das *-t* nicht: z.B. *er kocht, lacht, raucht* und nicht *\*er koch, lach, rauch*. Es handelt sich also um eine analogische Eingliederung in das Flexionsparadigma der Modalverben, die mit großer Wahrscheinlichkeit durch die semantisch-funktionale Nähe zu diesem Paradigma motiviert ist. In Satz (3) schließlich wird *nicht brauchen* nicht nur als Modalverb mit der deontischen Bedeutung von *müssen*, sondern als epistemisches Modalverb verwendet, also zum Ausdruck der unsicheren Faktizität. Damit ist die Integration ins Paradigma der Modalverben schon relativ weit fortgeschritten. Ein Hinweis in dieser Richtung ist auch die Tatsache, daß die Duden-Grammatik (die ja als Standard-Referenzgrammatik naturgemäß eher konservativ ist) ebenfalls anmerkt, daß *nicht brauchen* im Begriff ist, "in den Kreis der Modalverben hinüberzuwechseln" (Gelhaus 1995:92, Anm. 1).


## 2.3.2.

In allen drei Beispielsätzen ist *bekommen* akzeptabel, *erhalten* und *kriegen* dagegen weisen eine beschränktere Distribution auf. Ferner ist *bekommen* das stilistisch neutrale Verb, *erhalten* gehört eher zum gehobenen Sprachgebrauch, *kriegen* ist umgangssprachlich (vgl DWB, Bd. 2, s.v. *bekommen*, Sp. 1428). Daher ist Satz (3), der inhaltlich einer gehobenen Stilsphäre zugehört, mit dem Auxiliar *kriegen* zwar nicht falsch, aber stilistisch inkongruent. Das zentrale Auxiliar zur Bildung des Dativpassivs ist also *bekommen*.

Was die historische Entwicklung betrifft (nach DWB, Paul/Henne 1992, Kluge 1989), so kann man feststellen, daß *kriegen* das älteste Verb mit der Bedeutung 'bekommen' ist. Zunächst bedeutete es 'streben, sich bemühen, kämpfen', doch schon im Mhd. tritt die Bedeutung '(ohne Anstrengung) bekommen, zugeteilt erhalten' auf, die im DWB über die Form *erkriegen* 'abringen' unter Wegfall von *er-* abgeleitet wird (DWB, Bd. 5, Sp. 2234f.). Bei Luther ist die Bedeutung 'bekommen' oft belegt. Belege für die Dativpassiv-Konstruktion gibt das DWB ab dem 18. Jh., so folgendes Beispiel:

    (1)   *Ich kriege meine Mühe redlich bezahlt* (Rabener 2,225).

Bereits im 18. Jh. wurde *kriegen* als umgangssprachlich empfunden und häufig durch *bekommen* ersetzt. Hierzu findet sich im DWB, Bd. 5 von 1873 die Anmerkung, daß manche dieser Substitutionen "etwas spaszhaft geziertes" hätten und als Beispiel wird das heute völlig akzeptable *gesagt bekommen* angeführt (a.a.O., Sp. 2254).

Die Entwicklung von *bekommen* zum Passivauxiliar nimmt, was ihr Alter betrifft, die Mittelposition zwischen dem älteren *kriegen* und dem jüngeren *erhalten* ein. Es wurde zunächst nur intransitiv in Bedeutungen wie 'wachsen, gedeihen, zukommen' verwendet; der transitive Gebrauch und die Bedeutung 'etwas erlangen, erreichen, kriegen' ist im Mhd. noch nicht belegt und seit dem Fnhd. gebräuchlich (DWB, Bd. 2, Sp. 1425ff.).

*Erhalten* dagegen ist überhaupt erst seit dem Fnhd. belegt, und zwar in den Bedeutungen 'festhalten, zurückhalten, bewahren, mit Erfolg halten, erlangen, empfangen, bekommen' (DWB, Bd. 3, Sp. 834ff.). Erst seit nhd. Zeit wird es analog zu *bekommen* in den Dativpassiv-Konstruktionen verwendet. Es hat die kürzeste Grammatikalisierungsgeschichte, was die größere Zahl an lexikalischen Restriktionen (und engere Distribution) erklärt. Bei *kriegen* dagegen liegt der Fall anders: es ist zwar voll grammatikalisiert, hat aber im Laufe seiner langen Geschichte eine Bedeutungsverschlechterung erfahren und ist deshalb heute in seiner Distribution auf umgangssprachliche Kontexte eingeschränkt.

### 3.4.1.

Das Deutsche hat kein *gehen*-Futur, da die Verwendungsbedingungen von *gehen* + Infinitiv vom lexikalischen Bewegungsverb *gehen* determiniert sind, das in allen Verwendungen seine Vollverbbedeutung beibehält. Die Konstruktion mit einem Infinitiv, wie in Satz (1)

    (1)   *Ich gehe Zigaretten holen*

ist nur mit Handlungsverben möglich und hat eine deutlich finale Bedeutung:

    (1) a.  *Ich gehe, um Zigaretten zu holen.*

Wie aus der Entwicklung des englischen *be-going-to*-Futurs ersichtlich, ist dies zwar die Ausgangsstruktur zur Grammatikalisierung futurischer Bedeutung, diesen Weg hat das

Deutsche jedoch nicht eingeschlagen.

In Satz (3) wird deutlich, daß die lexikalische Bedeutung von *gehen* voll erhalten ist, so daß die Verwendung von *gehen* im Infinitivkomplement als semantische Doppelung ausgeschlossen ist. Satz (4) zeigt, daß auch die Restriktionen bezüglich der Handlungscharakteristik des Infinitivs voll erhalten sind: *mögen* ist ein statisches Verb und kann nicht als Komplement auftreten, da es mit der konkreten Bewegungsbedeutung von *gehen* semantisch nicht kompatibel ist. Satz (5) zeigt, daß die Subjektsrestriktionen bei *gehen* ebenfalls noch diejenigen eines lexikalischen Bewegungsverbs sind (belebter, zumindest aber konkreter Aktant als Träger der Bewegung). Von einem *gehen*-Futur ist das Deutsche also sehr weit entfernt, auch wenn einzelne Sätze wie exakte Parallelen des englischen *be-going-to*-Futurs erscheinen.

### 3.4.2.

Die Konjunktion *während* hat sich im 17./18. Jh. aus dem präpositionalen Gebrauch von *während* entwickelt, der wiederum aus dem Partizip Präsens des Verbs *währen* hervorging (DWB, Bd. 13, Sp. 807ff., Behaghel 1924:33, Paul/Henne 1992). Das Partizip konnte als ein attributives Adjektiv verwendet werden in Konstruktionen wie *in währender Zeit, bei/unter währendem Gespräche* oder im sogenannten absoluten Genitiv *währender Zeit, währendes Krieges*. Ein Beispiel hierfür ist folgender Lessing-Beleg nach Paul/Henne (1992:1019):

(1)  *Währendes Krieges hat manches seinen Herrn verändert.*

Durch Reanalyse wurde *während* als eigenständiges Lexem isoliert. Ein Syntagma aus attributiv verwendetem Partizip I und Nomen wurde zu einem Syntagma aus Präposition, bestimmtem Artikel und Nomen: *währendes Krieges -> während des Krieges*. Auch hier war also ein ganz spezifisches Syntagma Voraussetzung der Entwicklung.

Zunächst hatte die Präposition temporale Bedeutung ('Gleichzeitigkeit, temporale Inklusion oder Überlappung') wie in folgendem Goethe-Beleg (DWB, a.a.O., Sp. 807):

(2)  *während dem Laufe des siebzehnten Jahrhunderts* (Goethe 29,220).

Erst später kam die adversative Bedeutung hinzu. Diese semantische Entwicklung verlief analog zu der in Abschnitt 3.2. beschriebenen Entwicklung der adversativen Bedeutung der englischen Konjunktion *while*, d.h. über die konversationelle Implikatur, daß die Gleichzeitigkeit zweier Ereignisse (Gleichzeitigkeit war ja durch die lexikalische Grundbedeutung des Partizips ausgedrückt) nur deshalb Erwähnung findet, weil ein zusätzlicher, nicht versprachlichter Zusammenhang besteht: im Fall der adversativen Bedeutung der des Überraschenden, Unerwarteten.

Die Konjunktion entwickelte sich aus dem präpositionalen Gebrauch, wie er in *während dessen dasz...* oder *während dem dasz...* vorlag: zunächst wurde das Demonstrativpronomen, das den Kopf der Präpositionalphrase darstellt, weggelassen, woraus *während dasz* resultierte (DWB, a.a.O. SP. 808, dort auch folgendes Beispiel):

(3)  *Während dasz der Ackerbau in kläglichstem Verfalle lag, stiegen jene [Künste] zu einem Grade der Vollkommenheit.* (Wieland 7,69, Der goldene Spiegel 2,3)

Schließlich, gegen 1800, entfiel die Konjunktion *dasz* und die konjunktionale Funktion wurde allein von *während* übernommen, wobei ebenfalls zunächst nur temporale Bedeutung (mit möglichen adversativen konversationellen Implikaturen) vorlag. Dann aber traten auch Kontexte auf, die die temporale Bedeutung 'Gleichzeitigkeit' nicht zuließen, so daß die adversative Bedeutung in diesen Fällen die einzig möglich war und sich dadurch als eigenständige Bedeutung etablieren konnte. Ein solcher Fall mit exklusiv adversativer Lesart ist folgender Beleg von 1819:

(4)  *Während alles Philosophieren auf Selbstdenken beruht, ist alles Juristische die Sache des Erlernens.* (Hugo, Naturrecht 1)

### 4.3.1.

Alle drei Präpositionen *kraft (seines Amtes)*, *statt (Brot)* und *trotz (des Sturmes)* sind heute sekundäre eingliedrige Präpositionen mit relativ konkreter Bedeutung, die sich auf das lexikalische Ausgangsmaterial zurückführen läßt. Die Bedeutung von *kraft* kann als 'instrumental' angegeben werden, diejenige von *statt* als 'adversativ' (Helbig/Buscha 1996:413) sprechen von der Bedeutung 'Ersatz') und diejenige von *trotz* als 'konzessiv'.

Alle drei entstanden jeweils aus periphrastischen Präpositionen, d.h. aus polylexematischen Verbindungen, die als Kern das nun als Präposition verbliebene ehemalige Substantiv (*Kraft, Trotz, Statt* wie *Werkstatt*) enthielten. Alle unterlagen also der Abnahme der semantischen und phonologischen Integrität (usw.). Die Ausgangsstrukturen waren die folgenden:

*Kraft*, das seit dem 16. Jh. als Präposition geläufig ist ('vermöge, infolge, laut, vermittelst, durch'), entstand aus einer Präpositionalphrase mit *Kraft* als Kern, die durch eine ganze Anzahl von Präpositionen regiert werden konnte: *aus/bei/durch/in kraft > kraft* (DWB, Bd. 5, Sp. 1943ff., Behaghel 1924:31, Paul/Henne 1992), wie in Lessings *in Kraft allein des Rings* (Lessing 2,277). Hier zeigt sich sehr deutlich die Reduktion der paradigmatischen Variabilität: die Auswahl aus einer Anzahl von Präpositionalphrasen wird, unter Abfall der Präposition, reduziert auf eine Form. Ein frühes Beispiel (von 1566) für den präpositionalen Gebrauch von *kraft* ist folgender Beleg:

(1)  *wie wir ihnen denn hiemit kraft dieses abschieds auch auferlegen und bevelhen...*
(Absch. des Reichstags Augsb. 1566 4[b])

*Statt* ist im 17. Jh. aus *anstatt* entstanden, das seinerseits im 15. Jh. aus dem Syntagma *an jmds. Statt* hervorging (DWB, Bd. 10,2, Sp. 995ff., Behaghel 1924:31). *Statt* stellt somit den klassischen Fall der Verbindung einer primären Präposition mit einem relationalen Substantiv zu einer sekundären Präposition dar (vgl. Lehmann 1982:79). Der Schwund der ersten Silbe ist als Annäherung an die primären Präpositionen zu verstehen. Die ursprüngliche Wortstellung war *an* + Genitiv + *statt*. Seit Luther trat der Genitiv auch nachgestellt auf, in

(2)  *und machten jn zum könige, an stat seines vaters Amazja.* (2 Kön. 14,21),

was die Verschmelzung zur Präposition *anstatt* ermöglichte.

Seit dem 17. Jh. ist *statt* allein als Präposition anzutreffen, als frühesten Beleg nennt das DWB (a.a.O., Sp. 1003) folgende Stelle:

(3) *allein der weisz ist reich? die tugenden in gott, die er stat goldes hat, nihmt ihm auch nicht der tod.* (Scheffler, Cherub. Wandersm. 6,240)

In diesem Beleg ist auch die ursprüngliche lokale Bedeutung völlig zugunsten einer abstrakten Bedeutung ('Ersatz für Nichtvorhandenes', 'Gegensatz') geschwunden. Aus dieser semantischen Entwicklung kann man den Schluß ziehen, daß nicht nur zeitliche Überlappung, sondern auch lokale Überlappung (*anstatt* heißt ja zunächst 'an der Stelle, an dem Ort') als Ausgangspunkt für adversative Bedeutung in Frage kommt (vgl. Abschnitt 3.2.).

Seit Lessing wird *stat* nicht nur mit dem ursprünglichen Genitiv, sondern auch mit dem Dativ verbunden (DWB, a.a.O.; Sp. 1004), was ein deutliches Zeichen der Annäherung an die Klasse der primären Präpositionen ist. In Kontexten mit folgendem Infinitiv (*statt zu gehen*) entstand ferner der konjunktionale Gebrauch von *statt* (DWB a.a.O., Sp. 1005f.).

*trotz* als Präposition entstand im 16. Jh. aus Konstruktionen wie *dem König zu[m] Trotz* (mit Umstellung) und *Trotz sei dem König* durch Wegfall der Kopula; noch im 17. Jh. ist die Präposition selten (DWB, Bd. 11,1,2, Sp. 1087ff., Lindqvist 1994:61, Paul/Henne 1992). *Trotz* wurde ursprünglich mit dem Dativ konstruiert, wie in:

(4) *ein Herz... das, trotz dem Reiz der Welt, beständig unzufrieden ist.* (Cronegk Schr. 2, 12)

Dann, seit dem 18. Jh., wird es verstärkt mit dem Genitiv gebraucht, wofür folgender Beleg von Lessing steht:

(5) *Ich habe, trotz der grauen Haare [...], sechs Tage nur geliebt.* (1753, 1, 88 M.)

Lindqvist (1994:61ff.) zeigt, daß diese Ausweitung des Genitivs, die ja, was die Kasusforderung betrifft, eine Entfernung vom Status der primären Präpositionen ist, sozusagen ein "notwendiger Umweg" war. Der ursprüngliche Dativ hielt die Verbindung zum lexikalischen Feld aufrecht (z.B. zum Verb *trotzen* mit Dativforderung), die Verwendung des Genitivs führte zu einer Isolierung des Syntagmas und ermöglichte somit seine vom Ausgangslexem und seinem Wortfeld unabhängige Grammatikalisierung. Die heutige erneute Zunahme des Dativs ist ein Zeichen der fortschreitenden Annäherung an die primären Präpositionen (Einzelheiten hierzu bei Gelhaus 1995:387).

4.3.2.

*Schon* wird verwendet als Adverb, als Gradpartikel und als Modalpartikel, wie in

(1) *Das ist schon ein großes Problem.*

(2) *Sie ist schon ganz nett.*

Als Partikel tritt es nur in Aussagesätzen, Aufforderungssätzen und rhetorischen Fragen auf. In der Aussage "bestätigt [es] den Inhalt, drückt die Überzeugung von der Richtigkeit des Sachverhalts aus, schränkt ihn aber zugleich ein" (Helbig/Buscha 1986:496; Ickler 1994:394,

Anm. 59 beschreibt die Grundbedeutung von *schon* als "bekräftigend"). Auch die Bedeutungsbeschreibung im DWB (Bd. 9, Sp.1463) betont die Verbindung aus Bestätigung und Gegensatz:

> bisweilen wird durch *schon* etwas als richtig zugegeben, zugleich aber auf einen einwand, einen gegensatz, einen widerspruch vorbereitet, der in einem mit adversativer partikel eingeleiteten satz ausgesprochen wird.

Man könnte von einer Kombination aus konfirmativer und adversativer Bedeutung sprechen, was sich darin zeigt, daß man *schon* in einem Beispiel wie (1) in eine Paraphrase mit *ja*, das die konfirmative Komponente enthält, und *aber*, das den adversativen Bestandteil verdeutlicht, auflösen kann:

(1) a. *Ja, das ist ein großes Problem, aber ...*

*Schon* läßt sich dem Spenderbereich der antonymischen Adjektive zuordnen. Das ahd. *scôno* war ein Adverb zum Adjektiv 'schön', bedeutete also 'auf schöne Weise'. 'Schön' steht in einer affektiv stark betonten antonymischen Relation zu 'unschön', 'häßlich', und damit fügt sich *schon* sehr gut in die Gruppe von *bloß* und *eben*. Die Abspaltung des Adverbs von der Adjektivbedeutung erfolgte im 16. Jh., wobei erste Ansätze zu dieser Entwicklung bis ins 13. Jh. zurückreichen (DWB, a.a.O, Sp. 1459f.). Die Bedeutungsentwicklung basiert auf dem Element der Hervorhebung des (positiv bewerteten) Gegebenen gegenüber gegenteiligen Erwartungen. Zunächst entstanden temporale Bedeutungen ('früher als erwartet, bereits'), dann unter Zurücktreten der temporalen Komponente abstraktere Bedeutungen wie 'ohnehin'. Hieraus entwickelte sich seit dem 17. Jh. die leicht adversative Bedeutung der Modalpartikel, (vgl. Paul/Henne 1992:761, DWB, a.a.O., Sp. 1462f.). In vielen Belegen ist eine Trennung der temporalen Bedeutung von der Modalpartikelbedeutung nicht möglich: so im folgenden Beispiel:

(3) *Ich sehe schon, woran ich mit der bin.* (Lessing 1,484)

## 5.3.1.

Das deutsche *werden*-Futur gehört zu der Gruppe von Futurgrammemen, die aus aspektuellen Spenderlexemen entstehen. Die Aspektualität von *werden* wird meist als "ingressiv" oder "inchoativ" angegeben (Ebert 1978:60), gilt jedoch insgesamt als unsicher. Feststeht, daß in jedem Fall grenzbezogene und damit perfektive Aspektualität vorliegt, was übereinzelsprachlich der seltenere Fall ist. Die meisten aus aspektuellen Quellen entstammenden Futurgrammeme haben Spenderlexeme mit imperfektiver Aspektualität (Bybee/Perkins/Pagliuca 1991).

5.3.2.

Die Funktion der unterstrichenen Formen ist:

in Satz (1): Demonstrativpronomen des Neutrums mit neutraler Entfernungsstufe (vgl. *dieses
: jenes*) in der syntaktischen Funktion einer Ergänzung im Nominativ;

in Satz (2): subordinierende Konjunktion;

in Satz (3): Relativpronomen im Akkusativ Neutrum Singular;

in Satz (4) bestimmter Artikel im Nominativ Neutrum Singular.

Allen Formen liegt das Neutrum des ahd. Demonstrativpronomens *daz* zugrunde, das also in
dreifacher Hinsicht grammatikalisiert wurde.

# Literatur

Abraham, Werner (1990): "Zur heterogenen Entfaltung der Modalpartikel im Ahd. und Mhd". - In: Betten (Hg.) 124-138.

- (1991): "The grammaticalization of the German modal particles". - In: Traugott/Heine (eds.) Vol. II, 331-380.

- (1992): "Event structure accounting for the emerging periphrastic tenses and the passive voice in German". - In: Garry W. Davis und Gregory K. Iverson (eds.): Explication in historical linguistics (Amsterdam: Benjamins) (Amsterdam studies in the theory and history of linguistic science IV: Current issues in linguistic theory 84) 1-16.

Anderson, Stephen R. (1985): "Inflectional morphology". - In: Shopen (ed.) Vol. III, 150-201.

Anttila, Raimo (1972; 1989): Historical and comparative linguistics. Second revised edition. - Amsterdam, Philadelphia: Benjamins (Current issues in linguistic theory 6).

Askedal, John Ole (1984): "Grammatikalisierung und Auxiliarisierung im sogenannten 'bekommen/kriegen/erhalten-Passiv' des Deutschen". - In: Kopenhagener Beiträge zur Germanistischen Linguistik 22, 5-47.

Bassarak, Armin (1988): "Morphologisierungstendenzen im Türkischen". - In: Christine Römer (Hg.): 2. Jenaer Semantik-Syntax-Symposium. Wissenschaftliche Beiträge der Friedrich-Schiller-Universität (Jena) 222-233.

Behaghel, Otto (1924): Deutsche Syntax: Eine geschichtliche Darstellung. Bd II: Die Wortklassen und Wortformen, B. Adverbium, C. Verbum. - Heidelberg: Winter.

Benn, Gottfried (1966): Gesammelte Werke in vier Bänden. Dritter Band: Gedichte. Hg. Dieter Wellershoff. - Wiesbaden: Limes.

Betten, Anne (Hg.) (1990): Neuere Forschungen zur historischen Syntax des Deutschen: Referate der Internationalen Fachkonferenz Eichstätt 1989. - Tübingen: Niemeyer (Reihe Germanistische Linguistik 103).

Boretzky, Norbert, Werner Enninger und Thomas Stolz (Hgg.) (1990): Spielarten der Natürlichkeit - Spielarten der Ökonomie. Beiträge zum 5. Essener Kolloquium über "Grammatikalisierung: Natürlichkeit und Systemökonomie" vom 6.10.-8.10.1988 an der Universität Essen. 2. Band, 1. Halbband. - Bochum: Brockmeyer.

Brinton, Laurel J. (1988): The development of English aspectual systems: aspectualizers and post-verbal particles. - Cambridge usw.: Cambridge University Press.

Bühler, Karl (1934; 1982): Sprachtheorie: Die Darstellungsfunktion der Sprache. Mit einem Geleitwort von Friedrich Kainz. - Stuttgart usw.: Fischer.

Bybee, Joan L. (1985): Morphology: A study of the relation between meaning and form. - Amsterdam, Philadelphia: Benjamins (Typological studies in language 9).

- (1994): "The grammaticization of zero". - In: Pagliuca (ed.) 235-254.

- und Östen Dahl (1989): "The creation of tense and aspect systems in the languages of the world". -In: Studies in language 13, 51-103.

- und William Pagliuca (1985): "Cross-linguistic comparison and the development of grammatical meanings". - In: Jacek Fisiak (ed.): Historical semantics and historical word formation (Berlin: de Gruyter) 59-83.

-, William Pagliuca und Revere D. Perkins (1991): "Back to the future". - In: Traugott/Heine (eds.) Vol. II, 17-58.

-, William Pagliuca und Revere D. Perkins (1994): The evolution of grammar: tense, aspect and modality in the languages of the world. - Chicago: University of Chicago Press.

Cherubim, Dieter (Hg.) (1975): Sprachwandel. Reader zur diachronen Sprachwissenschaft. - Berlin, New York: de Gruyter.

Critchley, David H. (1983): "Application of a case framework to grammaticalization in German". - In: Studia Linguistica 37, 135-145.

Coseriu, Eugenio (1958; 1974): Synchronie, Diachronie und Geschichte. Das Problem des Sprachwandels. Übersetzt von Helga Sohre. - München: Fink [Span. Original 1958].

Dal, Ingerid (1966): Kurze deutsche Syntax auf historischer Grundlage. 3., verbesserte Auflage. - Tübingen: Niemeyer.

Dietrich, Wolf (1987): "Grammatische Metaphorik. Über die figurative Verwendung grammatischer Kategorien". - In: Sprachwissenschaft 12, 251-264.

Diewald, Gabriele (1991): Deixis und Textsorten im Deutschen. - Tübingen: Niemeyer (Reihe Germanistische Linguistik 118).

- (1993): "Zur Grammatikalisierung der Modalverben im Deutschen". In: Zeitschrift für Sprachwissenschaft 12, 218-234.

Doherty, Monika (1985): Epistemische Bedeutung. - Berlin: Akademie-Verlag (studia grammatica 23).

Dressler, Wolfgang Ulrich [u.a.] (1987): Leitmotifs in natural morphology. - Amsterdam usw.: Benjamins (Studies in language, companion series 10).

Duden: Grammatik der deutschen Gegenwartssprache (1995). 5., völlig neu bearbeitete und erweiterte Auflage. Hg. u. bearbeitet von Günter Drosdowski [u. a.]. - Mannheim usw.: Dudenverlag (Duden 4).

[DWB] Grimm, Jacob und Wilhelm: Deutsches Wörterbuch. 33 Bde. - Leipzig: Hirzel 1854ff. (Nachdruck München 1984). Neubearbeitung Leipzig 1966ff.

Ebert, Robert Peter (1978): Historische Syntax des Deutschen. - Stuttgart: Metzler (Sammlung Metzler M 167)

Elst, Gaston Van der (1994): Syntaktische Analyse. 5. Aufl. - Erlangen: Palm & Enke (Erlanger Studien 60).

Eroms, Hans-Werner (1978): "Zur Konversion der Dativphrasen". - In: Sprachwissenschaft 3, 357-405.

- (1990): "Zur Entwicklung der Passivperiphrasen im Deutschen". - In: Betten (Hg.) 82-97.

Fleischer, Wolfgang und Irmhild Barz (1992): Wortbildung der deutschen Gegenwartssprache. Unter Mitarbeit von Marianne Schröder. - Tübingen: Niemeyer.

Gelhaus, Hermann (1995): "Die Wortarten". - In: Duden: Grammatik der deutschen Gegenwarts-sprache, 85-398.

Gerdes, Udo und Gerhard Spellerberg (1986): Althochdeutsch - Mittelhochdeutsch. Grammatischer Grundkurs zur Einführung und Textlektüre. 6., durchges. u. erg. Aufl. - Frankfurt/M: Athenäum.

Givón, Talmy (1971): "Historical syntax and synchronic morphology: an archeologist's field trip". - In: Chicago linguistic society 7, 394-415.

- (1979): On understanding grammar. - New York, usw.: Academic Press.

- (1989): Mind, code and context: Essays in pragmatics. - Hillsdale, NJ usw.: Lawrence Erlbaum Associates.

Goossens, Louis (1989): Metonymy in metaphorization: From body parts (and other donor domains) to linguistic action. - Duisburg: L. A. U. D. (A 256).

Grice, Paul (1975; 1989): "Logic and conversation". - In: Studies in the way of words (Cambridge, Mass. usw.: Harvard University Press) 22-40.

Hagège, Claude (1987): Der dialogische Mensch: Sprache - Weltbild - Gesellschaft. Aus dem Französischen von Monika Hübner. - Reinbek bei Hamburg: Rowohlt.

Haiman, John (1980): "The Iconicity of grammar: Isomorphism and motivation". - In: Language 56, 515-540.

- (1994): "Ritualization and the development of language". - In: Pagliuca (ed.) 3-28.

Havers, Wilhelm (1931): Handbuch der erklärenden Syntax. Ein Versuch zur Erforschung der Bedingungen und Triebkräfte in Syntax und Stilistik. - Heidelberg: Winter.

Heine, Bernd (1991): "Observations on auxiliaries". - In: Norbert Boretzky [u. a.] (Hgg.):
    Sprachwandel und seine Prinzipien. Beiträge zum 8. Bochum-Essener Kolloquium über
    'Sprachwandel und seine Prinzipien.' vom 19.10.-21.10.1990 an der Ruhruniversität Bochum
    (Bochum: Brockmeyer) 86-102.
-   (1993): Auxiliaries. Cognitive forces and grammaticalization. - New York, Oxford: Oxford
    University Press.
-   (1994): "Grammaticalization as an explanatory parameter". - In: Pagliuca (ed.) 255-287.
-   und Mechthild Reh (1984): Grammaticization and reanalysis in African languages. - Hamburg:
    Buske.
-, Ulrike Claudi und Friederike Hünnemeyer (1991): Grammaticalization: A conceptual
    framework. - Chicago usw.: University of Chicago Press.
-   [u. a.] (1993): Conceptual shift: a lexicon of grammaticalization processes in African
    languages. - Köln (Afrikanistische Arbeitspapiere 34/35).
Helbig, Gerhard und Joachim Buscha (1986): Deutsche Grammatik: Ein Handbuch für den
    Ausländerunterricht. - Leipzig: Enzyklopädie.
Henne, Helmut (1995): "Wort und Wortschatz". - In: Duden Grammatik der deutschen
    Gegenwartssprache, 540-589.
Hentschel, Elke (1986): Funktion und Geschichte deutscher Partikeln: *Ja, doch, halt* und *eben*. -
    Tübingen: Niemeyer (Reihe Germanistische Linguistik 63).
Hook, Peter Edwin (1991): "The emergence of perfective aspect in Indo-Aryan languages". - In:
    Traugott/Heine (eds.) Vol. II, 59-89.
Hopper, Paul J. (1988): "Emergent grammar and the a priori grammar postulate". - In: Deborah
    Tannen (ed.): Linguistics in context: Connecting, observation and understanding  (Norwood:
    Ablex) 117-134.
-   (1990): "Principles of grammaticization: Towards a diachronic typology". - In: Lehmann (ed.)
    157-170.
-   (1991): "On some principles of grammaticalization". - In: Traugott/Heine (eds.) Vol. I, 17-35.
-   (1994): "Phonogenesis". - In: Pagliuca (ed.) 29-45.
-   und Elizabeth Closs Traugott (1993): Grammaticalization. - Cambridge: Cambridge University
    Press.
Humboldt, Wilhelm von (1822; 1988): "Über das Entstehen der grammatischen Formen, und ihren
    Einfluss auf die Ideenentwicklung". - In: Andreas Flitner und Klaus Giel (Hgg.): Werke in fünf
    Bänden, Bd. III, Schriften zur Sprachphilosophie. 6. unveränderte Aufl. (Stuttgart: Cotta) 31-63.
Ickler, Theodor (1994): "Zur Bedeutung der sogenannten 'Modalpartikeln'". - In: Sprach--
    wissenschaft 19, 374-404.
Jäntti, Ahti (1983): "Zu Distribution und Satzgliedwert der deutschen Modalverben". - In:
    Neuphilologische Mitteilungen 84, 53-65.
Jacobs, Joachim [u.a.] (Hgg.) (1993): Syntax. Ein internationales Handbuch zeitgenössischer
    Forschung, Bd.1. -Berlin usw.: de Gruyter (Handbücher zur Sprach- und Kommunikations--
    wissenschaft 9.1).
Jakobson, Roman (1939; 1974): "Das Nullzeichen". - In: Wolfgang Raible (Hg.): Aufsätze zur
    Linguistik und Poetik (München: Nymphenburger Verlagsbuchhandlung) 44-53 [Fr.
    Originalfassung von 1939 abgedruckt in: Selected Writings, Bd. II, 1971, 211-219].
-   (1965): "Quest for the essence of language". - In: Diogenes 51, 21-37.
-   und Morris Halle (1971): Fundamentals of language. Second, revised edition. - The Hague:
    Mouton.
Johnson, Mark und George Lakoff (1982): Metaphor and  communication. - Trier: Linguistic
    Agency University of Trier, Series A, Paper 97.
Keller, Rudi (1990): Sprachwandel: Von der unsichtbaren Hand in der Sprache. - Tübingen:
    Francke (UTB 1567).
Kern, Peter Chr. und Herta Zutt (1977): Geschichte des deutschen Flexionssystems. - Tübingen:
    Niemeyer (Germanistische Arbeitshefte 22).

Kluge, Friedrich (1989): Etymologisches Wörterbuch der deutschen Sprache. 22. Aufl. unter Mithilfe von Max Bürgisser und Bernd Gregor völlig neu bearbeitet von Elmar Seebold. - Berlin, New York: de Gruyter.

Kubczak, Hartmut (1986): "Metaphern und Metonymien als sprachwissenschaftliche Untersuchungsgegensstände". -In: Zeitschrift für Deutsche Philologie 105 (Berlin), 83-99.

Kuryłowicz, Jerzy (1964): The inflectional categories of Indo-European. - Heidelberg: Winter.

- (1965): "The Evolution of grammatical categories". - In: Esquisses linguistique II (München: Fink) 38-54.

Lakoff, George (1987): Woman, fire, and dangerous things. What categories reveal about the mind. - Chicago usw.: University of Chicago Press.

- und Mark Johnson (1980): Metaphors we live by. - Chicago: University of Chicago Press.

Langacker, Ronald W. (1977): "Syntactic reanalysis". - In: Charles N. Li (ed.): Mechanisms of syntactic change (Austin usw.: University of Texas Press) 57-139.

- (1992): "Prepositions as grammatical(izing) elements". - In: Leuvense Bijdragen 81, 287-309.

Lausberg, Heinrich (1960): Handbuch der literarischen Rhetorik. Eine Grundlegung der Literaturwissenschaft. - München: Hueber.

Lehmann, Christian (1982): Thoughts on grammaticalization. A programmatic sketch, Bd 1. - Köln (Arbeiten des Kölner Universalienprojekts 48). [1995 als: Thoughts on Grammaticalization. Revised and expanded version. First published edition. München usw.: Lincom Europa (Lincom Studies in Theoretical Linguistics 1)].

- (1985): "Grammaticalization: Synchronic variation and diachronic change". - In: Lingua e Stile 20, 303-318.

- (1989): "Grammatikalisierung und Lexikalisierung". - In: Zeitschrift für Phonetik, Sprachwissenschaft und Kommunikationsforschung 42, 11-19.

- (1991): "Grammaticalization and related changes in contemporary German". - In: Traugott/Heine (eds.) Vol. II, 493-535.

Lehmann, Winfred P. (ed.) (1990): Language typology 1987: Systematic balance in language. Papers from the linguistic symposium, Berkeley, 1-3 December 1987 - Amsterdam: Benjamins (Amsterdam studies in the theory and history of linguistic science IV: Current issues in linguistic theory 67).

Leirbukt, Oddleif (1987): "Bildungs- und Restriktionsregeln des bekommen-Passivs". - In: Centre de Recherche en Linguistique Germanique (Nice) (Hg.): Das Passiv im Deutschen. Akten des Kolloquiums über das Passiv im Deutschen, Nizza 1986 (Tübingen: Niemeyer) (Linguistische Arbeiten 183) 99-116.

Leiss, Elisabeth (1985): "Zur Entstehung des neuhochdeutschen analytischen Futurs". - In: Sprachwissenschaft 10, 250-272.

- (1992): Die Verbalkategorien des Deutschen: Ein Beitrag zur Theorie der sprachlichen Kategorisierung. - Berlin, New York: de Gruyter.

Lessau, Donald A. (1994): A dictionary of grammaticalization. 3 Bde. - Bochum: Brockmeyer (Bochum-Essener Beiträge zur Sprachwandelforschung 21).

Lindqvist, Christer (1994): Zur Entstehung von Präpositionen im Deutschen und Schwedischen. - Tübingen: Niemeyer (Linguistische Arbeiten 311).

Linke, Angelika, Markus Nussbaumer und Paul R. Portmann (1991): Studienbuch Linguistik. - Tübingen: Niemeyer (Reihe Germanistische Linguistik 121, Kollegbuch).

Lyons, John (1977; 1983): Semantik: Band II. Aus dem Englischen übertragen und für den deutschen Leser eingerichtet von Jutta Schust. - München: Beck. [engl. Original 1977].

Martinet, André (1952): "Function, structure, and sound change". - In: Word 8, 1-32.

- (1955): Economie des changements phonétiques. Traité de phonologie diachronique. - Bern: Francke.

Matthews, Peter (1993): "Central concepts of syntax". - In: Jacobs [u.a.] (Hgg.) Bd. 1, 89-117.

Mayerthaler, Willi (1981): Morphologische Natürlichkeit. - Wiesbaden: Athenaion.

Meillet, Antoine (1912; 1926): "L' évolution des formes grammaticales". - In: Linguistique historique et linguistique générale. 2. Aufl. (Paris: Société de Linguistique Paris VIII) 130-148 [Zuerst in: Rivista di scienzia 12 (1912), 6ff.].

Munske, Horst Haider (1993): "Wie entstehen Phraseologismen?" - In: Klaus J. Mattheier [u. a.] (Hgg.): Vielfalt des Deutschen. Festschrift für Werner Besch (Frankfurt/M. usw.: Lang) 481-516.

Orešnik, Janez (1990): "Periphrasen sind verstärkte Konstruktionen". - In: Boretzky/Enninger/ Stolz (Hgg.) Bd. 2,1, 85-99.

Pagliuca, William (ed.) (1994): Perspectives on grammaticalization. - Amsterdam usw.: Benjamins (Amsterdam studies in the theory and history of linguistic science 109).

Palmer, Frank. R. (1986): Mood and modality. - Cambridge (usw.): Cambridge University Press.

Paul, Hermann (1880; 1995): Prinzipien der Sprachgeschichte. 10. unveränderte Aufl. - Tübingen: Niemeyer (Konzepte der Sprach- und Literaturwissenschaft 6) [erste Aufl. Halle 1880].

[Paul/Henne 1992] Paul, Hermann (1992): Deutsches Wörterbuch. 9,. vollständig neu bearbeitete Auflage von Helmut Henne und Georg Objartel unter Mitarbeit von Heidrun Kämper-Jensen. - Tübingen: Niemeyer.

Peirce, Charles Sanders (1932; 1960): Collected papers of Charles Sanders Peirce. Vol. II. Elements of logic. Charles Hartshorne und Paul Weiss (eds.). - Cambridge, Mass.: Harvard University Press.

Quirk, Randolph [u. a.] (1985): A comprehensive grammar of the English language. - London, New York: Longman.

Reis, Marga (1976): "Zum grammatischen Status der Hilfsverben". - In: Beiträge zur Geschichte der deutschen Sprache und Literatur 98, 64-82.

- (1985): *Mona Lisa kriegt zuviel.* Vom sogenannten "Rezipientenpassiv" im Deutschen". - In: Linguistische Berichte 96, 140-155.

Sapir, Edward (1921): Language: An introduction to the study of speech. - New York: Hartcourt, Brace and World. [dt. 1961: Die Sprache. Eine Einführung in das Wesen der Sprache. - München: Hueber, 1961].

Sasse, Hans-Jürgen (1993): "Syntactic categories and subcategories". - In: Jacobs [u. a.] (Hgg.) 646-686.

Saussure, Ferdinand de (1916; 1967): Grundfragen der allgemeinen Sprachwissenschaft. Hg. von Charles Bally und Albert Sechehaye. Unter Mitwirkung von Albert Riedlinger übersetzt von Herman Lommel. 2. Auflage. Mit neuem Register und einem Nachwort von Peter v. Polenz. - Berlin: de Gruyter. [Frz. Original Lausanne 1916].

Schachter, Paul (1985): "Parts-of-speech systems". - In: Shopen (ed.) Vol. III, 3-61.

Schifko, Peter (1979): "Die Metonymie als universales sprachliches Strukturprinzip". - In: Grazer Linguistische Studien 10, 240-265.

Shapiro, Michael (1991): The sense of change. Language as history. - Bloomington, Indianapolis: Indiana University Press.

Shopen, Timothy (ed.) (1985): Language typology and syntactic description, Volume I: Clause structure, Volume II: Complex constructions, Volume III: Grammatical categories and the lexicon. - Cambridge usw.: Cambridge University Press.

Sitta, Horst (1995): "Der Satz". - In: Duden: Grammatik der deutschen Gegenwartssprache, 590-826.

Sonderegger, Stefan (1979): Grundzüge deutscher Sprachgeschichte. Diachronie des Sprachsystems. Bd. I: Einführung - Genealogie - Konstanten. - Berlin, New York: de Gruyter.

Stern, Gustav (1931): Meaning and change of meaning: With special reference to the English language. - Bloomington: Indiana University Press.

Sweetser, Eve Eliot (1988): "Grammaticalization and semantic bleaching". - In: Berkeley linguistics society 14, 389-405.

- (1990): From etymology to pragmatics. Metaphorical and cultural aspects of semantic structure. - Cambridge usw.: Cambridge University Press (Cambridge studies in linguistics 54).

Traugott, Elizabeth Closs (1988): "Pragmatic strengthening and grammaticalization". - In: Berkeley linguistics society 14, 406-416.

- (1989): "On the rise of epistemic meaning in English: An example of subjectification in semantic change". - In: Language 65, 31-55.

- [demn.]: Review of: Christian Lehmann: Thoughts on grammaticalization (München: Lincom Europa, 1995) (Lincom Studies in Theoretical Linguistics 1). - In: Journal of linguistics.

- und Ekkehard König (1991): "The semantics-pragmatics of grammaticalization revisited". - In: Traugott/Heine (eds.) Vol. I, 189-218.

- und Bernd Heine (eds.) (1991): Approaches to grammaticalization. Vol. I: Focus on theoretical and methodological issues. Vol. II: Focus on types of grammatical markers. - Amsterdam/Philadelphia: Benjamins.

Vinogradov, Victor A. (1990): "Historical morphemics and unit-order typology". - In: Lehmann (ed.) 115-122.

Wegener, Heide (1985): "*Er bekommt widersprochen* - Argumente für die Existenz eines Dativpassivs im Deutschen". - In: Linguistische Berichte 96, 127-139.

Weinrich, Harald (1993): Textgrammatik der deutschen Sprache. Unter Mitarbeit von Maria Thurmair, Eva Breindl, Eva-Maria Willkop. - Mannheim usw.: Dudenverlag.

Wellander, Erik (1964): "Zur Frage der Entstehung der grammatischen Formen". - In: Studia Neophilologica 36, 127-150.

Werner, Otmar (1989): "Sprachökonomie und Natürlichkeit im Bereich der Morphologie". - In: Zeitschrift für Phonetik, Sprachwissenschaft und Kommunikationsforschung 42, 34-47.

Wescott, Roger W. (1971): "Linguistic iconism". - In: Language 47, 416-428.

Weydt, Harald (1969): Abtönungspartikel. Die deutschen Modalwörter und ihre französischen Entsprechungen. - Bad Homburg, Berlin, Zürich: Gehlen.

- (Hg.) (1989): Sprechen mit Partikeln. - Berlin, New York: de Gruyter.

Wurzel, Wolfgang Ullrich (1988): "Zur Erklärbarkeit sprachlichen Wandels". - In: Zeitschrift für Phonetik, Sprachwissenschaft und Kommunikationsforschung 41, 488-510.

- (1990): "Morphologisierung - Komplexität - Natürlichkeit: Ein Beitrag zur Begriffsklärung". - In: Boretzky/Enninger/Stolz (Hgg.) Bd. 2,1, 129-153.

Zehetner, Ludwig (1985): Das bairische Dialektbuch. Unter Mitarbeit von Ludwig M. Eichinger, Reinhard Rascher, Anthony Rowley und Christopher J. Wickham. - München: Beck.

Zhou, Hengxiang (1994): "Diathetisch oder nichtdiathetisch. Zum Status der *bekommen* + Part. II-Konstruktion". - In: Susanne Beckmann und Sabine Frilling (Hgg.): Satz - Text - Diskurs. Akten des 27. Linguistischen Kolloquiums, Münster 1992, Bd. 1 (Tübingen: Niemeyer) 57-63.

# Sachregister

# Wortregister

www.ingramcontent.com/pod-product-compliance
Lightning Source LLC
Chambersburg PA
CBHW080913100426
42812CB00007B/2257